国 土 空 间 规 划 丛 书

教育部战略性新兴领域“十四五”高等教育教材体系建设团队编写

丛书主编　吴志强

国土空间规划原理

PRICIPLES OF SPATIAL PLANNING

吴志强　著

同济大学出版社
TONGJI UNIVERSITY PRESS
·上海·

图书在版编目（CIP）数据

国土空间规划原理 / 吴志强著 . -- 上海 : 同济大学出版社 , 2022.12（2025.5 重印）
（国土空间规划丛书 / 吴志强主编）
ISBN 978-7-5765-0296-1

Ⅰ . ①国… Ⅱ . ①吴… Ⅲ . ①国土规划－中国 Ⅳ . ① F129.9

中国版本图书馆 CIP 数据核字 (2022) 第 125289 号

战略性新兴领域“十四五”高等教育教材
国土空间规划丛书

丛书主编　吴志强

国土空间规划原理

吴志强　著

责任编辑：吕炜　|　**责任校对：**徐春莲　|　**装帧设计：**完颖

出版发行：同济大学出版社 www.tongjipress.com.cn
（地址：上海市四平路 1239 号 邮编：200092 电话：021-65985622）
经　　销：全国各地新华书店、建筑书店、网络书店
印　　刷：上海丽佳制版印刷有限公司
开　　本：787mm×1092mm　1/16
印　　张：20
字　　数：499 000
版　　次：2022 年 12 月第 1 版
印　　次：2025 年 5 月第 3 次印刷
书　　号：ISBN 978-7-5765-0296-1
定　　价：98.00 元

总序

“智人”（Homo sapiens）之所以在动物界中脱颖而出超越动物本能，是因为其具有谋划共同愿景、在共同目标下创造复杂工具技术、展开语言沟通交流及大规模集体协同行动的能力。其中包含三种关键能力：

（1）具有想象愿景的能力。可通过协商想象，制定出一个共同认同的、尚未现实存在的愿景目标（visioning）。

（2）具有为实现目标设置路径的能力。对大规模个体进行系统分工，分头分段推进计划（approaching）。

（3）具有语言沟通、协同调整的能力。在实施愿景的过程中，对于没有发生的场景进行过程沟通，不断优化目标、优化途径、优化分工，直到实现愿景，甚至实现超出原本愿景的目标（coordinating）。

这三种能力是人类区别于其他动物的本质能力，也是规划的三大核心要素：目标愿景、实施路径、沟通协调。因此，只要理解人类与动物能力的本质区别，就可以理解人类为什么一定会进行规划。

土地是人类生存的根本基础，也是动植物的生存基础。人类在现代文明之前，几乎所有的生存、生活和生产活动都在土地上发生。因此，人类在进入现代文明之前，各种族之间的竞争几乎都可以理解为对生存土地及土地之上的生产、生活资料的竞争。马克思主义诞生以前，西方对于财富的认识一般为：土地是财富之母，劳动是财富之父。马克思主义诞生以后，资本主义产生财富的依托要素被扩展至除土地、劳动之外的资本等其他要素。

空间比土地的含义更多，也更复杂。空间之所以比土地复杂，可以从以下三个方面来认识：

（1）从空间维度上，空间有地下、地面、地上、空中的深度和高度。

（2）从生产维度上，除了包含第一产业之外，更重要的是第二产业和第三产业，以及更高维度的生产组织和生产关系。

（3）从构成要素维度上，除了自然物质空间和人造物质空间外，还有社会空间，以及正在诞生的数字智能空间的多要素空间复合。

因此，我们现在一般称空间是复合的，空间进入了三度空间：物质空间、社会空间和数字空间。而三度空间在某个时段中又是一体化运行推进的，这也说明人类文明正进入更高的维度，空间的规划也变得更加多维、更加系统、更加复合，要求更高的文明来规划和治理。

空间规划是文明的产物，不同的文明阶段也对应了不同的空间规划。进入工业文明后，随着城市空间的立体化和城市财富要素的高速流动，大城市的规划成为一种职业，也是现代空间规划的起源。现代空间规划从大城市区域的空间规划，逐步发展到中小城市的规划，并延续到农业地区的规划，使得空间规划包含了城市和乡村地区人类居住空间的整体规划。

当前，我们这套“国土空间规划丛书”第1期共有22个分册，包括《国土空间规划原理》《数字国土空间》《国土空间规划概论》《国土空间规划理论与方法》《国土空间治理学（上册）》《国土空间治理学（下册）》《国土空间规划实施与治理》《国土空间使用与管理（上册）》《国土空间使用与管理（下册）》《国土空间总体规划编制》《国土空间详细规划编制》《乡镇域国土空间规划》《村域国土空间规划》《国土空间专项规划编制》《国土空间健康规划》《国土空间遗产保护与复兴规划》《国土空间产业规划》《国土空间生态规划》《国土空间规划与空间形态设计》《国土空间规划相关知识：自然卷》《国土空间规划相关知识：人文卷》《国土空间规划相关知识：陆海统筹》，基本涵盖了空间规划的维度和层级。

这套丛书汇聚了清华大学、北京大学、东南大学、天津大学、同济大学、华中科技大学、中国人民大学等众多高水平教学团队的智慧和经验，除完成系统整理和传播国土空间规划领域的知识、厘清学科脉络这一书籍的历史使命之外，我们还期望这套丛书在指导实际规划工作中的决策和操作、推介最新技术和方法、了解和适应国土空间规划行业变化、扩展跨学科和国际视野方面能提供实际的帮助。

“国土空间规划丛书”作为开放体系，随着科技进步和城市规划理论的发展而不断更新和完善，可能会增加更多探讨新兴技术和方法的分册、更新前沿的实际案例研究。我们也希望这套丛书能够成为国土空间规划领域的一个开放平台，吸引更多的学者和实践者参与进来，激发更多关于构建更加智能、可持续和公平的城市的讨论和探索，共同推动国土空间规划学科的发展。

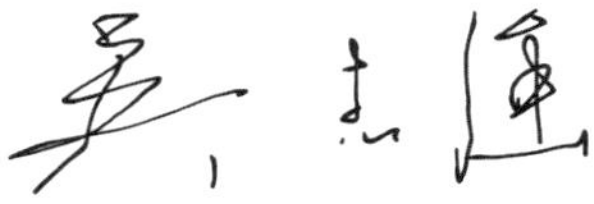

“国土空间规划丛书”总主编
中国工程院院士
教育部建筑类专业教学指导委员会副主任、城乡规划学分指导委员会主任

序

我国国土空间规划体系的发展尚在艰难的开拓创新过程中。这一过程中的艰难性主要体现在以下六个方面：

（1）完整的理论和原理体系尚未形成；

（2）完整的技术和规范体系尚在探索之中；

（3）针对来自当代各方的新进经验与变革，尚待各方形成共识；

（4）当汲取世界各国空间规划体系养分时，尚须理解其体系形成的原因，从知其然到知其所以然；

（5）大数据与人工智能等信息技术的发展如何为解决传统问题提供方法创新；

（6）全球气候变化与国内外复杂形势使得空间规划体系建构过程中面临的问题和挑战不断增多。

空间是生态文明建设的载体。空间规划的编制影响了地方发展的崛起、国家发展的昌盛，甚至当气候变暖等成为全球共同挑战时，它也影响着人类的未来。正如中华人民共和国自然资源部副部长庄少勤经常讲的那样：进入生态文明新时代，国土空间规划的理论、方法和实践，要顺应新时代发展的要求而迭代优化。

如何把握新时代的脉搏和趋势进而引领新时代？如何有效建立与新时代匹配的国土空间规划体系？如何在新的规划实践中真正让国土空间变得更美好？这是庄少勤副部长在本书立项时提出的三个命题。他指出，国土空间规划改革并非一帆风顺，始终面临新的知识，规划从业者和管理者边困惑、边探索、边实践、边总结，为建立更新的理念思维、更有效的工作体系、更落地的方案编制、更有韧性的行业发展而不断努力。我们都相信，空间规划学科和事业要走得更高、更远，必须通过知识来源于实践、实践反哺知识的互动。

从各国空间规划的工作对象范围拓展的历史来观察，空间规划体系的整体建立，都是基于可持续发展理念的思想和价值观的进一步统一，都是空间层次立体化的进一步完善，都是学科通过实践检验的进一步发展。在认识前述六点艰难性的基础上，我们在实践中还需要以下三方面的支撑。

第一，需要认识文明发展的空间原理。国土空间的所有目标都是将空间作为载体，去支撑一个文明向前发展。中华人民共和国国土空间的唯一宗旨就是支撑中华文明向前发展。空间中有人的地方才有文明，有文明的地方就是城乡，城乡空间是国土空间规划的文明核心。空间中没有人的地方是文明的护体，假如空间不支撑文明的发展，护体就不知道保护谁的文明核心。因此，任何脱离了支撑文明主体发展的空间规划，都是缺乏核心灵魂的“空空规划”。空间规划需要将文明发展作为主体服务对象，将空间作为文明发展的支撑底板，进而形成一套滋养今日文明和孕育明日文明空间系统的原理。

第二，需要明确规划的主客体原理。空间规划由主体和客体两个方面构成：我们所做的规划工作是主体，规划工作不同层面、不同类型的空间都是规划的客体。认识客体的目的是做好规划的主体工作，不掌握客体的知识与规律，就无法完成规划的主体工作；但如果抽离了规划的主体工作，空间规划就不再是空间规划，而只是空间知识的堆砌。空间规划的发展历史告诉我们，客体对象是可以不断扩张、不断变化的，而主体的知识系统架构具有空间规划不变的三个本质——创造、未来和全局。

第三，需要架构上中下联动的治理文明。国土空间规划依托的是国家空间治理体系。从原始文明的空间统治体系，到现代社会的空间管理体系，再到今天我们架构的空间治理文明体系，经历了从上层决策参与，到有社会中层参与规划，再到下层共同参与规划的文明进程。空间规划实践告诉我们，任何层面的空间规划只有都从上、中、下多层联动推进，才可以让每一层级的规划与其上、下层级的规划协同发力。大国空间的生态治理文明在于相信每一层级的规划都有创新力，相信文明永续发展的共同价值，相信多元多层级互动的持续力，此为当今世界空间规划体系之创新大势。

我与团队自 2018 年年初就着手推进《国土空间规划原理》的编撰。这本书中总结凝练出的 200 多条原理，既是我对空间规划思想原理的总结，也是我在 40 年规划实践工作基础上对工作方法的提炼。通过这本书，我也将参与国内外空间规划编制工作过程中体会到的难点梳理出来，与规划师同行们分享。

在本书编撰的过程中，我们得到了自然资源部副部长庄少勤和国土空间规划局局长张兵的多次指导。我们针对庄少勤副部长提出的要求，将本书组织为七大篇，用人类共性的语言解释了今天的“国土空间规划”是一件什么样的事，即按照人类的群体需求，创造人类生存载体的明天，并通过数字化技术，精准地将“明天”刻画为图像进行传达。

本书包括导论、体制与价值观篇、分级规划篇、专项规划篇、详细规划篇、感知评价篇和实施治理篇。七大篇从思想到实践，穿越了国土空间规划的各个环节。如何从直觉的、散点的思想感悟建构系统？如何从诸多法律法规和技术规范中提升要义？如何从国家的空间治理进化到文明体系，建立起空间规划独立的学科体系？本书通过我从 1982 年开始研究的系统编码方法把这些原理呈现给读者。这样做有以下三点原因。

（1）原理必须是原理，不能用长篇大论来模糊其边界、充斥其内容。原理条目下有拓展阅读，包括了与该条原理相关的国家法律法规和技术编制规范；为了更加具体、深入地解释原理，在原理条目下还设立了相关的规划实践案例，形成了“原理 + 拓展阅读 + 案例”的内容呈现模式。

（2）系统是有分类的，这本书采用了 7 个子系统：赤（R），橙（O），黄（Y），绿（G），青（T），蓝（B），紫（V）。每一条原理都有其独一无二的编码，原理的内容就像一棵树树干上的不同叶子，并不一定具有前后排列关系，但都是枝干存活的必要条件，而每一条枝干的存活又是整棵大树存活的必要条件。

（3）对原理的认识是增长的，所以编码系统未进行最后的封闭。今天，这本书选用的 200 多条原理是作者在 500 多条工作笔记中遴选出的一部分。只有系统，才有学科的历史性架构；只有开放成长，才有学科明日的生命活力。

国土空间规划具有三个主要特征：坚持新发展理念，走以生态绿色发展为导向的高质量发展新路；坚持以人民为中心，让群众对规划有真实的获得感、幸福感和安全感；坚持一切从实效出发，使规划“能用、管用、好用”。这就是庄少勤副部长常说的“走新路、守初心、接地气”。最重要的还有建立空间规划的法治制度；人民不仅是被服务的对象，更是空间规划的主人；现代化的过程也是从自上而下的单线，走向了自上而下和自下而上的互动模式，这也是中国式现代化发展的必然要求。

因此，经过长期的思考，我希望架构一套开放的国土空间规划原理的生态体系。书中原理的编码是留给同行进行逐条检验使用的，每一条都可以被修正甚至推翻，也可以更加精化、精进和精准。每一个案例虽不一定是法定成果内容，但都是有价值的研究探索，值得借鉴。

我希望书中分享给大家的图纸、案例和拓展阅读可以持续更新和扩充，因此本书进行了大胆创新。依托世界规划教育网络组织 WUPEN（World Urban Planning Education Network），构建起国土空间规划原理线上支撑平台，打通了线下线上、虚实融合的知识共享空间。本书中大部分图纸都可以通过扫码获得线上阅览通道，未来将进一步配备相关的空间规划课程视频，对书稿进行全方位的支撑和拓展，使作者与读者、分享与反馈之间建立更便捷、更高效、更可持续的互动和提升。

我相信这本书的创新体系将成为空间规划原理研讨、承续和创新的起点而非终点，让空间规划原理中好思想、好实践的创新不断地涌动，让空间规划这棵大树枝繁叶茂、茁壮生长。

希望本书可以达到庄少勤副部长看完本书稿后评价的高度：“本书为国土空间规划

决策、建设管理、运营治理等方面的领导、学者提供参考思路和理论依据，同时也可以作为城乡规划、道路交通、市政建设等专业的教师和学生研读的前沿参考文献。”

我们的时代一直在发展，因此，我们的规划学科也必须跟着发展。我期待获得同行对每一条原理的检验和修正，让我们的学科形成共同的、群落的公理体系；也通过这个公理体系不断地推陈出新，一起使学科生生不息。本书一定还有许多不足之处，庞大的国土空间规划体系非我个人知识体系所能覆盖，恳请各位同行斧正、赐教。

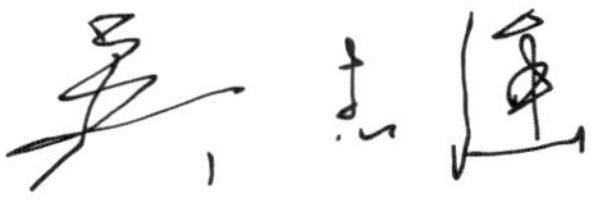

2022 年 8 月

致谢

本书中的很多思想传承了我国老一辈城市规划学者长期不懈的思考和努力，同时又结合当下国土空间规划的变革，形成了新的指导思想和理论框架。在编写过程中，编撰团队采用了理论和实践相互佐证的模式，与规划设计一线实践团队深度沟通，经历了无数次的交流碰撞，终于定稿。

在本书付梓之际，我要特别感谢自然资源部庄少勤副部长、国土空间规划局张兵局长对本书的战略指引和方向性指导；感谢同济大学彭震伟教授、周俭教授、张尚武教授、杨贵庆教授、孙施文教授、邵甬教授、耿慧志教授、卓健教授、干靓副教授、陈晨副教授、王雅娟副研究员、肖建莉副教授等专家对本书相应章节提出的专业建议和细致校对；感谢上海同济规划设计研究院的国土空间规划项目团队，王新哲、李继军、裴新生、邵华、姚凯、王颖、杨雨菡、宋伟、陆天赞、韩胜发、李航、开欣、袁晓秋、刘振宇等众多同事，不断在空间规划实践中探索、突破和创新，这些源自一线的实践思想和规划技术都被凝练融进了本书。

在整个撰写过程中，青年学者和研究生们也积极投入到资料查阅、图纸绘制、文稿整理和出版辅助等工作中，尤其是杨婷、周咪咪、徐浩文、刘朝晖、唐晓薇、邓弘、温晓诣、刘晓畅、甘惟、张修宁、李俊、刘治宇、徐小东、荣丽莹、董文、何睿、何珍、赵倩、穆星宇等，在此一并向他们致以衷心的感谢。

我也要特别感谢同济大学出版社社长助理吕炜老师，感谢WUPEN网站梁靖、沈妍君、王培安、张少涵、王薇、贾蔚怡、黑静好、李澜等工作人员，正是他们的努力才使得本书得以及时出版，并以实体和在线联动的创新面貌展现在广大读者面前。

最后，我要感谢我的夫人和两个女儿。我与她们在周末的学习讨论，使我能够从更加人性的层面观察空间规划的意义和作用。

吴志强

2022年12月

目录

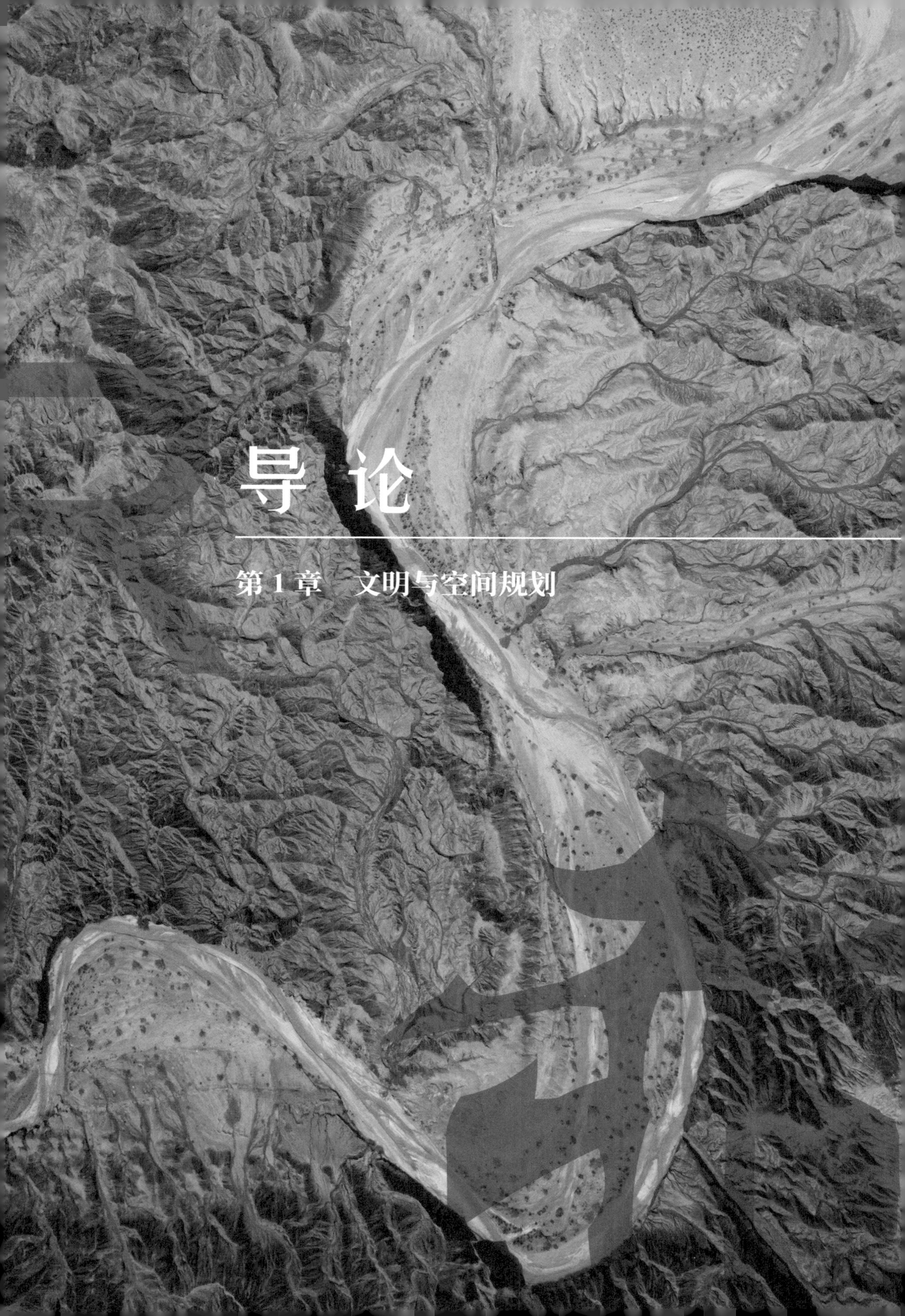

导 论

第 1 章　文明与空间规划

R1

第1章

文明与空间规划

R1

原理 R101 国土空间规划的定义

国土空间规划是国家空间治理行为，是国家治理现代化的必然结果。国土空间规划工作由主体和客体两部分构成，其工作的主体是规划，工作的对象客体是不同的国土空间。

“国土”是规划范围，指覆盖国家全域的领土；“空间”是指承载“生态、生产和生活”的土地及其上下的空间各个层级。我国现在已经明确的五个层级——国家级、省级、市级、县级和乡镇级，都与行政建制层级有对应主体关系。

“规划”是基于对客观自然世界和人造世界的系统认识，对国土空间所承载文明发展规律的系统把握，进而对承载文明发展的自然世界和人造世界做出的合理、健康、永续的未来空间安排。

拓展阅读 R1011 国土承载了文明发展

人类约在8000年前进入了文明社会，同时也有了城市。城市是文明社会的标志物，是人类文明的载体。只有拥有城市，才算有了人类文明。

市民（civil）和城市（city）两个单词同源于拉丁语civic，civic就是城市和市民的意思。从这个意义上来说，英语中的civilization可以翻译为文明化过程，也可以更加直白地翻译为城市化和市民化过程，城市空间是文明的载体。中国人对“文明”的理解是从文字带来的开明开始，而不是从对城市化和市民化的理解开始，中国人去寻找自己的文明史的时候，一定是找最早的文字起源，并将其作为文明开始的依据。

鉴于以上对文明的不同认识，联合国教科文组织（United Nations Educational, Scientific and Cultural Organization，简称UNESCO）一般认为文明可以由以下三个方面共同特征构成：是否有城市建设？是否有文字记载？是否有治理架构？联合国为了尊重各个文明之间的差异，加强联合国框架内各文明的互动交流与合作融合，还专门成立了联合国文明联盟（United Nations Alliance of Civilizations，简称UNAOC）。

中华文明是一个多元一体的文明，自良渚文化就已出现了城市建设的遗迹，甲骨文是中华文明的重要依据，三星堆遗址出土的文物见证了早期的社会统治阶级及其统治制度，也体现了中华古文明中的治理体系。

拓展阅读 R1012 空间内涵包含且拓展了土地

空间比土地的含义更多，也更复杂。土地是人类生存的根本基础，也是动植物的生存基础。在现代文明之前，人类几乎所有的生存、生活和生产活动都在土地上发生。因此，在现代文明之前，人类各民族之间的竞争几乎都可以理解为对生存土地及土地之上的生产、生活资料的竞争。一直到马克思主义诞生之前，西方对于财富，一般也认识为：土地是财富之母，劳动是财富之父。马克思主义诞生以后，指出除土地、劳动之外，资本也是财富的创造要素。今天，文明空间创造的要素除土地、劳动、资本外，还包括科技和信息等。

拓展阅读 R1013

规划活动让人类超越了动物本能

人类能够在整个动物界中脱颖而出，不是因为其动物本能的强大，而是因为智力水平高。“智人”（homo sapiens）之所以超越了动物本能，是因为其具有了谋划共同愿景的能力，能够在共同目标下发现规律、创造工具、发明技术，通过沟通交流形成大规模协同行动能力。其中，包含了以下三项关键能力。

（1）想象愿景的能力：可通过想象协同制订出一个共同认同的、现实中尚未存在的愿景目标（visioning）。

（2）为实现目标设置路径的能力：对大规模集体行动进行系统分工，分头分段推进计划（approaching）。

（3）语言沟通协同调整能力：在实施愿景的过程中，对于没有讨论到的场景进行过程沟通，不断优化目标、优化途径、优化分工，直到实现愿景，甚至可以取得比原定愿景更好的成效（coordinating）。

这三项能力是人类区别于其他动物的本质能力，也是规划的三大能力：目标愿景设定能力、实施路径选择能力、过程沟通协调能力。因此，只要理解人类与动物的本质能力区别，就能理解人类会产生规划的原因。

原理 R102　文明空间发展的四大特征

厘清空间规划的发展历史，才能理解空间规划构成的基本要素。文明空间发展包含以下四大特征。

（1）保障生存安全：空间规划的起点是为保障文明生存安全而作出的空间安排，是文明生存的空间底线。

（2）考虑生产空间：随着文明的发育，人们会开始考虑生产空间的分配。通过空间来支撑生产需要考虑权属、大小、品质和功能适宜性这四个基本属性，这也是文明发展的四个空间关键属性。

（3）文明扩张边界：一个文明在满足其生存、生产需求的过程中，边界会不断扩张，随之也会受到扩张所产生的代价的约束，由此形成相对稳定的空间边界。

（4）空间等级秩序：由于文明对于其内部空间秩序的要求，空间在内部使用过程中呈现非均质性，逐渐产生统治主体空间、社会空间序列、信仰空间、教育空间与社会资产在空间上的分异。因此，空间规划不仅仅要考虑与自然条件的对应关系，也必须解决社会各阶层的均好问题，关注弱势群体的利益，体现社会性、人民性和文明特性。

案例 R1021

联合国教科文组织世界文化遗产巴比伦

两河流域孕育了璀璨无比的古巴比伦文明，西亚巴比伦城（Babylon City）的平面呈矩形，四周城墙又高又厚，为两重墙，两重墙间隔 12 米，城墙外有很深的壕沟环绕，有明显的防御目的，以此来保障生存安全和生产空间。

巴比伦城在公元 3000 年前只是一个小镇，随着巴比伦第一王朝的兴起成长为圣城，在公元前 604—前 562 年，新巴比伦王朝进入鼎盛时期，形成了相对稳定的文明扩张边界。

一些重要的建筑都沿着城市的轴线排列，包括宫殿、保护神的神殿和天地交合塔，塔和神殿的附近均有城墙保护，是城市中的圣地，塔的四周是仓库和祭司们的住房，体现了强烈的空间等级秩序（见图 1-1）。

古巴比伦文明彻底消失的原因不是单一的，但其中至关重要的因素是环境问题。由于巴比伦城位于两河流域，经常发洪水。加之古巴比伦人出于生产生活的需要不断开发，造成水土流失、土地荒漠化，耕地急剧减少，环境问题更加严重。这些都是人类忽略自然生态而造成文明消失的有力证明。

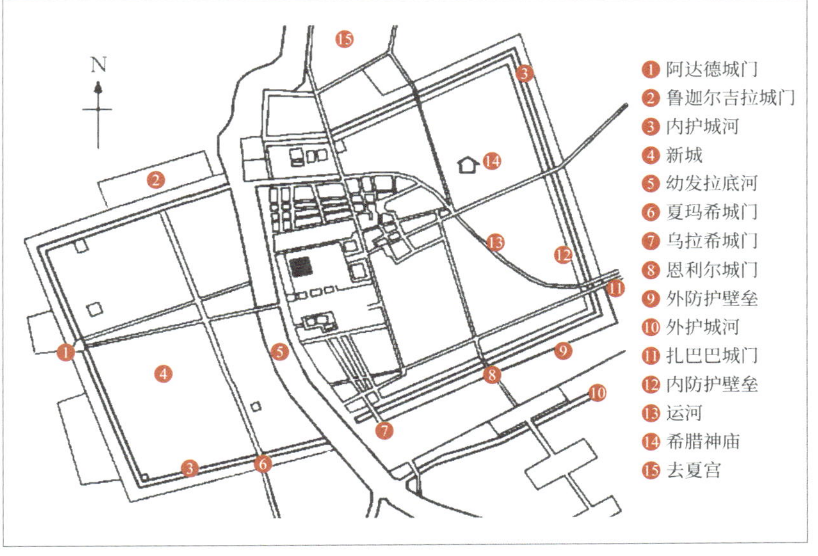

图 1-1 巴比伦城平面图

来源：笔者读书笔记。

原理 R103　现代城乡空间规划与国土空间规划

城乡规划是国土空间规划的先导和奠基，国土空间规划是在城乡规划积淀的基础上，发展起来的覆盖国土全域的空间规划。各国国土空间规划以城乡规划为起点，向上拓展至省域规划、区域规划、国域规划和跨国规划，向下拓展至县域规划、乡镇规划与社区规划。城乡规划历史上积累的规划知识体系构成了国土空间规划的核心内容，国土空间规划需要在城乡规划已有的城乡发展规划知识体系、思想方法、工作方法、技术标准和治理体系的基础上，拓展到城乡之外的其他国土空间领域，如农业、生态和海洋等国土空间。

在现代化过程中，现代空间规划在矛盾最突出的大都会建立起来，以反思现代大都会的空间问题，并理性建构了规划的目标体系、工作框架和技术体系。这套空间规划体系之后逐步向中小城镇空间扩展，并逐步走向农业地区。现代空间规划从城市层面的点状规划开始，逐步扩张至包括海、陆、空在内的整个国域，这是空间规划发展的客观历史，也是必然规律。

拓展阅读 R1031　我国国土空间规划体系的建构

2018 年 3 月，《深化党和国家机构改革方案》和《国务院机构改革方案》先后发布，其中的一项重大变化——组建中华人民共和国自然资源部，负责建立空间规划体系并监督实施，将原中华人民共和国国土资源部的规划职责、中华人民共和国国家发展和改革委员会的主体功能区规划职责和住房和城乡建设部的城乡规划管理职责进行了整合。这一改革措施，顺应了空间规划发展的大势和世界规律，适应了我国空间规划多规合一的客观需求，对各专项规划起到指导统筹作用，表明我国的空间规划治理体系进入了一个新的历史阶段。

案例 R1031　德国空间规划的历史发展演进

扫二维码了解以下内容：德国空间规划（来源：Senate Department for Urban Development, Building and Housing）

1960 年代，随着发达工业国家城市社会问题日益尖锐，社会发展规划被逐步纳入城乡规划之中；1970 年代，能源危机与环境问题爆发，城乡空间规划中逐步导入了环境影响规划；1980 年代，空间规划已变得更加系统和丰富，流域规划、区域规划和海岸线规划等大量出现，推进了城乡空间向区域规划拓展；1990 年代，经济全球化快速推进，促使空间规划视野逐步扩展到跨国、跨洲的城镇群之间的信息与物质交流。

几乎是伴随着德国的统一、欧洲共同市场的形成，德国经济的全球化趋势日渐明显。同时，德国树立起了考虑今后几代人的可持续发展的观念以及主动性环境保护的意识。此外，来自东欧的大量移民和德国内部从东部到西部的大量移民，对德国的发展带来了巨大的社会经济问题，同时也带来了空前的发展机会，这些都要求德国制定新的空间规划标准。

德国的空间规划在 1890 年代从大城市空间规划开始，逐步走向中小城镇和农业地区，将空间规划覆盖范围拓展到全国国土范围，建立起空间规划的各项法律法规、政策和技术体系，并建立了完整的多级空间规划体系，在不断迭代推进中，完成了多级、多类空间规划治理体系的建构（见图 1-2）。

德国的空间规划体系由以下几个层次构成：联邦空间秩序规划（Bundesraumordnung，即全国范围内的联邦土地空间规划）；州域规划（Landesplanung）；地区规划（Regionalplanung）；地方规划（Ortsplanung）。

与世界上大部分市场经济国家一样，德国的地方规划即城镇规划，也包括两个部分：土地利用规划（Flaechennutzungsplanung，简称 F-Plan）和建造规划（Bebauungsplan，简称 B-Plan）。地方规划的 F-Plan 和 B-Plan 后来在学术上被明确地定义为城镇建设指导规划（Bauleitplan）。

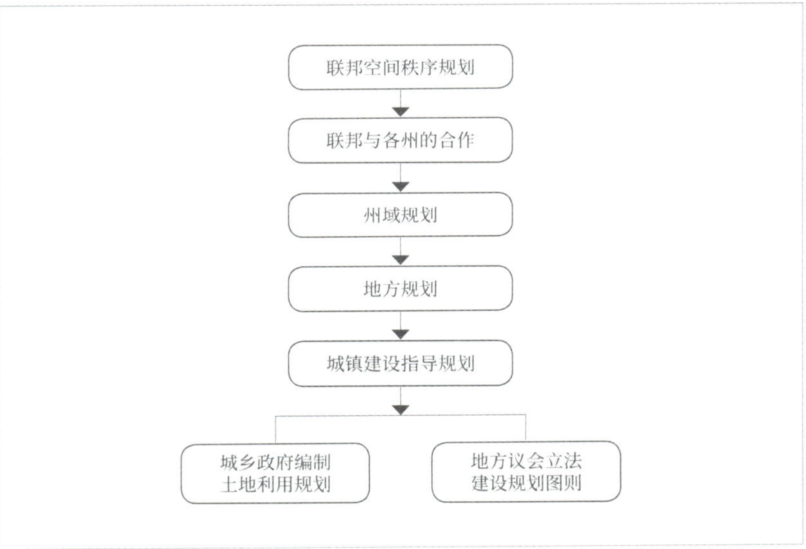

图 1-2 德国空间规划体系

原理 R104 当代国土空间规划制度建构的原因

当代国土空间规划制度的建立是为了文明更好地发展，从而解决来自内外的、自然的、社会的、经济的可能存在的对文明健康的威胁，对文明未来发展状态提前做出制度安排，让文明生存空间的内外关系走上全面系统、全民普惠和永续发展的道路。

空间规划体系是一个国家现代化过程中现代理性不可缺失的组成部分。在国家走上现代社会后，治理范围不仅包括城乡空间，而且包含了更大的空间，如农业空间、生态空间和海洋空间等。现代国家的空间规划，诞生在现代大都市。工业革命引起的空间问题，首先在大都市爆发。为了治理大城市的问题，实现人类社会理想，直接诞生了大都市的空间规划，并成为现代国土空间规划的起始点。国土空间规划的大量原理诞生于城乡规划学科，因此，建立一个现代国家的空间规划体系必须吸纳城乡规划理论和原理，完成现代国土空间规划体系的思想和学科内核的建构。

建立一个完整的国家空间规划体系是一项极为重要的历史性使命。只有建构了一个完整的多层面构成的空间规划体系，城市规划才不至于在整个国家空间发展中落入孤军奋战的境地，才能从理论上澄清国家行政建制中的矛盾和部门权限不清的问题，才能在实践中逐步修正、完善行政建制。

拓展阅读 R1041

空间规划诞生于现代大都市

现代大都市人口的大规模集聚与空间密度的大规模提升诱发了一系列空间问题，主要包括：都市疫情频繁、都市火灾频发、阶级空间分异、团伙犯罪加剧、工业污染集聚和生态环境破坏。

以上大都市的空间问题，在一个国家现代化的过程中被扩展到整个国土范围。因此，为了治理整个国家的空间问题，实现国家和地区对于空间上下多层次互动的现代理性治理，保障国家的可持续发展，国家空间规划从大都市扩张到小城市、农村等，并覆盖整个国土。

从都市人口集聚与膨胀，到伦敦、巴黎无产者的群居；从资本家对城市中工业用地的贪婪扩张，到英国、德国皇室要求对城市居住空间的保障；从城市中的抢劫暴乱，到各城镇的家乡警察部队的建立与强行管制；从城镇持续几十年的霍乱，到回到维多利亚时代的田园生活梦想；从粪便无序排出造成的大都会中心的恶臭[1]，到各党派城市斗争形成的法律制度[2]……现代工业文明在欧洲第一批大都市中不仅困惑着城市的无产者、市民，也困扰着资本家和皇室。问题已经爆发，表象到处存在，是从技术上处理，还是从管理上处理？是从理想社会出发，还是逃避大城市？

空间规划[3]就是在大都市空间问题集聚爆发、亟待处理的背景下，在社会理想的指导下，在现代市政工程技术的支撑下，在城市不同阶级共同呼吁和推动下，首先在大都市诞生的。

1. 泰晤士河的污染日益严重，伦敦所有的排水沟经下水道流入河流，下水道成为恶臭的“催化剂”。维多利亚时代，约瑟夫·巴泽尔杰特（Bazalgette Joseph）于1858年设计伦敦下水道系统，将下水道的排放口置于泰晤士河伦敦段南北岸的下游，减少了对泰晤士河的污染，改善了伦敦的下水道排水状况。
2. 以巴黎公社为代表。
3. 这里是指现代空间规划，从广义上来说，工业革命之前，在封建社会甚至在原始部落都是有空间规划的。

拓展阅读 R1042

现代空间规划制度的三条推进路径

现代空间规划制度在大都会诞生后，沿着三条路径向前推进。

路径一：在大城市周边通过空间规划制度建设新城。

路径二：大城市的规划体系和制度向中小城镇扩散，在当时的英国、法国、德国都出现了一批中等城市和小城镇的现代空间规划。

路径三：发达国家的空间规划制度影响了发展中国家的空间规划制度建立。

各国的空间规划制度虽然是基于各国自身的政治制度、经济发展阶段而建立发展的，但是作为现代国家和现代城市治理制度的一部分，具有共通性。正因为这种共通性，构成了空间规划的规律性，并使得空间规划制度在各城市之间得以跨地区、跨国界、跨洲际地相互借鉴和相互学习。

拓展阅读 R1043

抓住智力城镇化与体力城镇化转型关键期

基于对全球各国或地区人均 GDP 和城镇化率关系的研究，在城镇化率超过 50%、走向稳定城镇化的进程中，会逐渐出现“Y”形道路分化趋势，即出现依靠智力创新的“智力城镇化”道路和依靠资源环境、廉价劳动力的“体力城镇化”道路。城镇化率在 60%~65% 的阶段是决定城镇化道路是向“智力”还是向“体力”发展的关键时期。

两种发展路径的根本区别在于，智力城镇化道路国家主要以智力化的产业为支撑，走创新、科技的高附加值经济发展道路，在全球化经济网络中占据中心或关键节点位置；体力城镇化道路国家经济增长依靠能源、资源、廉价劳动力为主的产业，劳动附加值低，在全球化经济网络发展中处于劣势地位。我国正处于城镇化转型的窗口期，需要抓住由体力城镇化向智力城镇化转型的关键阶段。

原理 R105 国土空间规划主体的五大核心环节

国土空间规划的工作主体是规划。从学理上，规划必须包含五大核心环节：目标愿景建构、战略路径选择、发展动力组织、过程沟通决策、效果测评优化。五个规划核心环节同样也构成了国土空间规划的主体过程闭环，并在实践中不断循环递升。

拓展阅读 R1051

规划和 Planning

在中外语境中，“规划”一词都有丰富的语义。

1.《古汉语词典》的“规”与“划”[1]

1）规

（1）< 名 > 画圆形的工具；圆规。《劝学》：“木直中绳，輮以为轮，其曲中～。”

（2）< 名 > 圆形。《梦溪笔谈》：“图为一圆～，及画极星于～中。”

1. 来源：《古汉语词典》。

（3）<名>法度；准则。《三国志·臧洪传》：“以趣舍异～，不得相见。”

（4）<名>典范。王粲《咏史》：“生为百夫雄，死为壮士～。”

（5）<动词>谋划；规划。《桃花源记》：“闻之，欣然～往。”

（6）<动词>谋划；打算。《三国志·诸葛亮传》：“与豫州协～同力。”

（7）<动词>劝告，告诫。《邵公谏厉王弭谤》：“近臣尽～，亲戚补察。”

（8）<名>古代田制之一。

2）划

（1）<动>割开；分开。柳宗元《惩咎赋》：“进路呀以～绝兮。”

（2）<动>谋划；筹划。杜甫《送从弟亚赴安西判官》：“须存武威郡，为画[1]长久利。”

2.《现代汉语词典》对“规划”的词义辨析

（1）<名>预先拟定的做事的内容、步骤、方法等。

（2）<名>动词。事先做计划，订规划。

3.《牛津词典》“planning”释义

“规划（Planning）是为某事制定计划的行为或过程。规划（也称城镇规划）是对城镇及建筑、道路等发展的控制，以使其成为能够让人们居住得舒适与便捷的地方。”

4. 维基百科（Wikipedia）“planning”释义

“规划是对实现预期目标所需的活动进行思考的过程。规划是以预见 / 预测为基础的，构想未来可能会是什么样子。规划是智能行为的基本属性，利用人类的逻辑思考能力和想象力，不仅能构思出一个期望的最终结果，而且能设想出实现该结果所需的步骤。根据既定原则进行规划是许多专业职业的核心部分，特别是在管理和商业领域。一旦制定了规划，就可衡量、评估其进展、效率和效能。随着环境的变化，需要对规划进行动态调整甚至放弃原有规划。”[2]

5. 笔者见解

规划由“规”和“划”组合而成。其中，“规”字是由偏旁“夫”和“见”组成的，“大夫之见”的意思。简体的“划”字左侧为“戈”，右侧为“刀”，强调法律和法规，而在中国的语境下，“划”字的繁体字由“画”和“刀”组成，更多了一层传统的诗情画意。因此，国土空间规划也需要融入中国的文化基因，在世界语境下展示中国空间规划的特色。

1. 画：此处“画”取“筹划”之意。
2. 维基百科（Wikipedia），原文为：Planning is the process of thinking regarding the activities required to achieve a desired goal. Planning is based on foresight, the fundamental capacity for mental time travel. Planning is a fundamental property of intelligent behavior. It involves the use of logic and imagination to visualize not only a desired end result, but also the steps necessary to achieve that result.Planning according to established principles is a core part of many professional occupations, particularly in fields such as management and business. Once a plan has been developed it is possible to measure and assess progress, efficiency and effectiveness. As circumstances change, plans may need to be modified or even abandoned。

原理 R106 国土空间规划的空间客体

国土空间规划的工作客体是不同的空间，学理上可以概括为“7+1”的八个层级。

“7 级”即：国域级、区域级、省域级、市域级、县域级、镇域级、村域社区级。

“1 级”即空间规划在学理上还可以发展至“跨国”层级。欧洲在 1990 年代就出现了许多跨国的空间规划。在我国的一些边境城镇也出现了与邻国城镇共同编制的空间规划。

我国目前法定的国土空间规划，对应我国的行政管理体系，分为五个层级，即：国家级、省级、市级、县级、乡镇级。

不同层级规划的侧重点和编制深度不一。国家级规划侧重战略性，省级规划侧重协调性，市县级和乡镇级规划侧重实施性。

拓展阅读 R1061 我国国土空间规划客体合一

长期以来，我国国土空间中的四大空间（城镇空间、农业空间、生态空间、海洋空间）没有合一，中华人民共和国自然资源部的成立，使得国土空间的四个空间在各个方面都得到了形式的统一。国土空间规划的多规合一除了形成空间规划同一文本外，还需要将四大空间各自规划的理论、标准和方法进一步融合。

案例 R1061 欧盟跨国空间规划

《欧洲空间发展规划》（*European Spatial Development Perspective*，ESDP）始于 1989 年，已经历了 30 余年的发展。期间，欧盟国家为了增强欧洲凝聚力，在 ESDP 的基础上发展出《领土国家条约》（*The Territorial State*，TS）等条约，同时提出了欧洲结构基金（Structural Funds，SF）作为增强欧洲凝聚力的保障。

1989 年，欧盟空间规划部长非正式会议在法国南特举行。1991 年，欧洲空间发展委员会成立。1993 年，德国受该委员会想法的启发，发起了一场将欧洲空间规划作为政府间关注事项的运动，希望欧洲各成员国开展协调合作。1996 年，ESDP 的建立程序在威尼斯会议上得到初步审核，1997 年，完成第一个《欧洲空间发展远景》草案。1999 年，正式通过发布了《欧洲空间发展远景》。最新一版 ESDP2019 年通过生效，是至今为止全世界最多国家共同参与的空间规划（包含了 27 个国家），旨在引导欧盟各成员国的空间发展政策和部门政策，作为各成员国对未来空间发展五大挑战和五大目标的共识。

五大发展挑战包括：结构不平衡；能源价格上涨；气候变化；人口变化；移民。

五大主要目标包括：促进多中心空间发展；建立新型城乡伙伴关系；一体化发展基础设施；平等获取知识；有效管理自然和文化遗产。

《领土国家条约》

《领土国家条约》（TS）的背景是宪法条约，该条约将领土凝聚力定义为欧盟的目标，可以看成是ESDP的补充。但这些文件是由会员国自己编写的，因此它们不是欧盟委员会的正式文件。TS的重要性是认识到欧盟的政策制定对区域发展有领土影响，必须考虑到区域的特点和情况。

TS在ESDP的基础上增加了以下空间规划内容：以多中心模式推动城市发展网络化；加强城乡伙伴关系；促进具有跨国竞争力和创新的区域集群；加强跨欧洲技术网络；促进跨欧洲风险管理；加强生态结构；文化资源共享。

欧盟结构基金（Structural Funds）[1]

现有的欧盟凝聚政策有三个主要目标，这些目标旨在创造繁荣、竞争力和更平等的经济分配。欧盟为此设立了欧盟结构基金，细分为凝聚基金（Cohesion Fund，CF）、欧洲社会基金（European Social Fund，ESF）、欧洲区域发展基金（European Regional Development Fund，ERDF）。凝聚基金涉及15个成员国，支持发展跨欧洲运输网络和环境改善。而为了改善欧洲的就业状况，欧洲社会基金支持提高女性就业率，使女性失业者和移民获得终身学习和知识的机会，以及消减就业市场上的歧视。欧洲区域发展基金支持各种目标，旨在平衡欧洲地区之间的不平衡，创造其领土内的经济、社会和领土凝聚力。

1. 曹 侃 CEC. ESDP European Spatial Development Perspective: towards Balanced and Sustainable Development of the Territory of the European Union. Luxembourg: Office for Official Publications of the European Communities, 1999.

原理 R107　国土空间规划的生态思想导入

随着空间规划思想和学术的发展，更多生态思想导入空间规划之中。生态系统是一个复杂系统，其主要特征是多要素间具有复杂交互关系，经常会形成因变量和自变量的互换。例如，道路建设越多，车辆越多，车辆的增加又反过来导致道路数量的增加，互为因果的现象在城市中大量存在。

空间系统包含了多要素互为因果的复杂关系，超越了机械时代的简单因果关系。用生态思想来观察思考空间复杂系统的发展，用生态思想来分析演绎空间干预的影响结果，是空间规划思想方法在生态文明时代的重要提升。生态思想的导入对空间规划是历史性的重要思想贡献。

拓展阅读 R1071

国土空间作为复杂系统

国土空间是一个复杂系统。所谓复杂系统（complex system），是指由许多可能相互作用的组成成分所组成的系统（见图 1-3），其特征如下：

（1）连锁性失效。由于国土空间中各组成要素之间的强耦合关系，一个子系统的失效可能导致空间中整体系统的连锁性失效，这可能对空间系统的功能运营造成灾难性后果。

（2）记忆性。由于国土空间是个动态系统，随着时间的推移而变化，以前的状态可能会影响现在的状态。复杂系统往往表现出自发失效和恢复以及迟滞现象。

（3）套叠性。国土空间组成子系统本身就是复杂的层级系统。例如，一个省的经济运营体由市县的经济运营体组成，市县的经济运营体又是由乡镇经济运营体组成，经济活动一直深入社区家庭。

（4）多样性。由于国土空间内部有许多局部的交互与连接，因此，每个国土空间都有自身特性，总体上呈现子系统的多样性。

（5）涌现现象。国土空间系统的主体功能由其系统基本组成空间的活动决定，需要在多个上下层空间域进行联动分析和规划治理。

（6）非线性。国土空间系统的整体表现特性常常会因来自外部的一个小的扰动而发生系统非线性的变化。

（7）反馈循环。国土空间系统之间会发生相互的正面和负面的反馈影响，对于规划和治理措施的干预可以产生正面和负面效果。

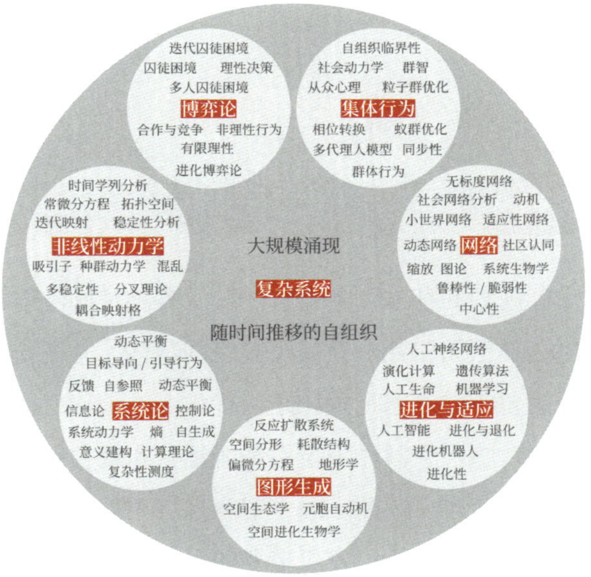

图 1-3 复杂系统的特征

来源：笔者根据纽约州立大学宾汉姆顿分校的一个跨学科的有组织研究中心关于复杂系统研究的凝练。

原理 R108 人与自然的环境和谐、人与人的社会和谐、历史与未来的发展和谐思想

1. 人与自然的环境和谐

“人与自然的环境和谐”是对工业城市建设思想中以现代工业文明战胜自然环境的哲学理念的一次反思和扬弃。在生态文明的背景下，应该以尊重自然的态度，从自然的生存中汲取智慧，得到启发。

2. 人与人的社会和谐

“人与人的社会和谐”强调不同文化背景和不同社会集团之间的社会和谐，重视区域内不同文化背景和社会集团之间居民生活的和谐，避免社会空间的强烈分割和对抗。

3. 历史与未来的发展和谐

“历史与未来的发展和谐”强调保持城乡发展过程中历史的延续性，保护文化遗产和传统生活方式，促进新技术在城市发展中的运用并使之为大众服务，努力追求城乡文化遗产保护与新科学技术运用的协调。

原理 R109 空间要素的动态组织运行

国土空间规划的基本任务是整体统筹各种空间功能间的关系。空间规划统筹各空间功能，包括自然空间和社会空间及其空间载体，并不止于静态的结构和要素配置，而是在一个系统运营中的动态配置和结构优化。在地球气候变化加剧和社会经济活动日益复杂多变的今天，国土空间作为自然系统运营和社会经济活动的主要空间载体，处于前所未有的动态变化状态。因此，国土空间规划不仅要考虑静态的结构和空间布局，还需要保障动态运营中的组织运行，更重要的是，当自然界处于千年未有之大挑战之际，社会经济也面临千年未有之大转型，需要把控自然空间和社会空间未来的重大趋势，为未来的永续发展完成创新架构。

原理 R110 国土空间规划的腰部架构

与完全市场经济模式和行政指令模式存在根本的不同，在社会主义市场经济下，规划需要完成上下作用力在腰部的整合——既能满足市场的需求，又有利于上级政府的宏观资源优化调配。腰部整合能力的高低是决定规划治理能力优劣的重要方面。

因此，面对新时代加快完善的市场化改革，只有通过空间规划实现城乡空间长周期计划目标与短周期市场行为的结合，才能保障发展合力的最大化。建立国土空间规划的腰部架构，关键是要建立上下层级政府清晰的规划管理事权，对于事项是否在权责范围以内，需要做出何种回应（该不该管，该如何管）进行明确划分，即划清腰部的结合边界。

原理 R111 市场化的本质及核心功能

市场作为资源配置方式之一，本质是为无数本无关联的市场参与者打造互动协作的平台。通过市场化，各种要素在市场上有序流动，充分显现分工协作的增值效应，社会经济从而获得长期的增长发展。市场作为互动协作平台，具有传递稀缺信息、促进分工合作和引导成果分配三个功能。

（1）传递稀缺信息。通过市场交易，资源在市场参与者间实现了交换；在交易中，供需关系决定价格机制，驱使有限的生产要素被配置到能产生最大价值的地方，也就是“谁用得好就归谁”；而违背供需关系、无视价格规律、进行错配的经济行为，最终将在市场竞争中被无情淘汰。

（2）促进分工合作。按照比较优势原则，现代生产体系下商品生产的各个环节被分解为由不同的生产者完成，从而实现了广泛的分工合作。

（3）引导成果分配。要素由市场评价贡献、按贡献决定报酬，资源拥有者和使用者通过市场交易实现资源使用价值最大化，也保证了资源拥有者的收益最大化。只有保证了市场参与者的合理收益，才能激发市场参与者的积极性，实现更广泛的资源配置和分工合作，进而实现市场机制的正反馈作用。

市场化改革的核心目的就是建立市场，并保障市场实现三个基本功能。与市场化改革的核心目的相一致，城乡规划变革的核心目的就是保障市场能更好地发挥基本功能。

原理 R112 空间规划激发最大发展合力

改革 4.0 的着眼点是实现“无形之手”和“有形之手”合力的最大化，城乡规划是在国土空间上实现发展合力最大的手段。

（1）应对变化是人类社会面临的根本挑战。人类社会与自然界的一个根本区别在于人类意识的作用，自然界是循环往复的，而人类社会每天都在接受意识变化的冲击。正如哈耶克（Friedrich August von Hayek）所提出的，“人类社会要解决的问题，不是怎么让边际平衡的问题，而是在发生了新变化以后，我们应该如何应对的问题”。

（2）以市场手段应对短周期局部变化。对于经济体系而言，最重要的是关于谁在什么地方、愿意以什么样的代价、购买什么商品的局部信息。哈耶克把这些局部信息称作“知识”。这些知识分散在不同人的大脑里，如何把这些分散的知识利用起来，从而时刻不停地对变化做出反应，就是人类社会要面临的艰巨任务。哈耶克作为自由主义的经济学大师，认为只有市场经济下的价格体系才能够巧妙地把分散的知识利用起来，恰如其分地对每个人的判断和行动做出奖惩，从而解决人类社会的应变问题。

（3）以计划手段应对长周期整体变化。虽然市场能够对短周期局部变化做出及时反馈，并引导资源到最合理的地方，但正是短周期反馈的灵敏性，影响了市场对于长周期整体性变化的反应，将长周期变化信息隐藏在了短周期的繁杂信息中，从而影响了市场应对变化的有效性，进而导致了所谓的“市场失灵”，也产生了所谓的“公共品”和“外部性”等问题。这些问题从根本上讲，都是短周期市场价格无法对长周期经济问题进行反馈所导致的。在这种情况下，就需要用计划手段进行干预，克服市场的自身不足。

（4）规划可以实现计划与市场合力最大化。在计划经济时代，城乡规划被认为是国民经济计划的延续，是计划经济在城市空间上的具体化；改革开放后，随着市场经济的发展，特别是随着控制性详细规划的产生，城乡规划变革的目标就围绕市场化，探索如何为市场行为明确空间边界和行为准则。但城市空间使用与一般的经济行为存在着一个巨大的差别，就是空间功能的改变具有延迟性。城市空间一旦确定了使用方式和功能，如再进行改变，其周期往往远远长于一般的经济行为。从周期发展的角度看，单纯使用市场手段配置城市空间并不适合，特别是针对城市功能中的“公共品”，如公共设施和市政设施等，而在长周期上反馈经济行为，就必须要用到计划手段。因此，面对新时代加快完善的市场化改革，必须通过城乡规划实现城市空间上的长周期的计划目标与短周期市场行为的结合，从而保障发展合力的最大化。

原理 R113 提升国土空间效益

国土空间效益的提升是国土空间规划的应有结果。通过对国土空间包括自然空间和社会空间的合理安排，统筹协调，减少对空间的浪费和破坏，使得每一寸国土都具有自己的生态、社会和经济效益，造就一个文明的永续发展，造福人民的幸福生活。

国土空间效益是否得到提升，是否杜绝了空间的浪费和破坏，是否造就了文明的永续发展条件，是否造福人民幸福生活的家园，是国土空间规划编制水平高低的衡量标志。

国土空间效益具体包括了国土空间的自然效益、社会效益和经济效益，三项效益合称为“空间效益”。

拓展阅读 R1131 国土空间评价关键评价指标

城市空间是社会、经济和生态的载体，城市空间背后的社会、经济和生态三者之间转型交互是最重要的。社会、经济和生态不是三股平行的力量，而是互为支撑的，城市空间使用的水平在于社会、经济和生态这三个相位相互搭接的水平。

原理 R114 国土空间规划的六大逻辑

结合规划实践来看，国土空间规划存在六大逻辑。

逻辑一：未来导向，战略引领。

逻辑二：综合统筹，三生互动。

逻辑三：以流定形，形流相生。

逻辑四：时空交换，数字智能。

逻辑五：法治管控，流程管理。

逻辑六：留白弹性，生生不息。

原理 R115　国土空间规划未来发展趋势

国土空间规划对象在不断变化和演进。空间地域上，从城市到乡村、从城乡到森林、从陆地到海洋等，从点状空间到国域空间全覆盖；思考方式上，从物质空间到社会空间，从技术主导到人民为本，从传承到创新，从规划管理到空间治理，从静态蓝图到动态优化，从简单要素思考到全系统永续发展。

今天，数字化、信息化、智能化成为空间规划的新发展动力。文明的空间形态将由物质空间、社会空间和数字空间构成。数字智能技术将赋能国土空间规划的感知、学习和迭代升级。

未来，国土空间规划主要有以下四个方面的趋势：人类共享生态文明、人民参与规划治理、虚实空间相生交互、文明基因传承创新。

拓展阅读 R1151　数字文明提供规划新技术

数字科技不但提供了用大数据开展城市研究的新视角，提升了对城市生命规律的理解，大数据、人工智能、移动互联、云计算、区块链和物联网技术，即“大智移云链物”技术，还为城市规划技术体系提供了强有力的新技术工具，使城乡规划对空间数据的发展预期判断更加准确。

(1) 社会需求识别。改变传统访谈和问卷调查低效和存在样本误差的缺陷，信息科技支撑的社会需求识别技术体系，具有更加高效和全面的特点，极大提高了社会需求识别的效率和准确性。可供发展的技术方向包括：数字化智能问卷访问调查技术、多元数据互校的全样本社会需求智能诊断感知技术。

(2) 空间特征诊断。改变传统的城乡统计数据和现状图纸分析方法的片面、低效和延时缺陷，信息科技支撑的空间特征诊断技术体系具有全面、高效和及时的特征。可供发展的技术方向包括：城市大数据库平台、大数据监测与分析的智能分析技术、智能规划成效评价技术。

(3) 功能智能匹配。改变传统规划自上而下的单一方向城市空间布局的弊端，信息科技支撑的城市功能智能匹配技术体系，具有城乡规划及治理与市场化要素体制机制改革的共通逻辑，以及上下之间寻求腰部平衡的全新特点。可供发展的技术方向为针对各类属性用地的多方多元的博弈模拟技术体系。

(4) 规划成效模拟。改变传统技术无法准确预知规划成效的缺陷，信息科技支撑的未来成效模拟技术体系，具有准确预知、高度可视化的特点。可供发展的技术方向包括：人工智能的规划设计模拟优化应用场景分析技术、城乡空间关键问题智能推演技术、人视空间智能模拟分析技术。

来源：作者读书笔记。

拓展阅读 R1152

扫二维码了解以下内容：
2020 年后关于人类未来发展的
TOP 书单

2020 年后关于人类未来发展的 TOP 书单

1. “人类文明”相关书籍推荐

The Federalist Papers，Alexander Hamilton, John Jay, James Madison 著。

The Story of a Soul (L'Histoire D'une Âme)，Saint Thérèse de Lisieux 著。

The Declaration of Independence and the Constitution of the United States，Pauline Maier 著。

Count of Monte Cristo，Alexandre Dumas 著。

The Lost World，Sir Arthur Conan Doyle 著。

2. “未来城市”相关书籍推荐

City of Bits: Space, Place and the Infobahn，William J. Mitchell 著。

The Metapolis Dictionary of Advanced Architecture: City, Technology and Society in the Information Age，Federico Soriano, Fernando Porras, José Morales, Manuel Gausa, Vicente Guallart & Willy Müller 著。

Cities in Civilization，Peter Hall 著。

The City of Tomorrow: Sensors, Networks, Hackers and the Future of Urban Life，Carlo Ratti & Matthew Claudel 著。

Local Code: 3,659 Proposals about Data, Design and the Nature of Cities，Nicholas de Monchaux 著。

3. “未来规划”相关书籍推荐

Smart Cities, Smarter State: The Technologies of Expertise and the Future of Governing，Beth Novek 著。

Smart Cities: Big Data, Civic Hackers, and the Quest for a New Utopia，Anthony M. Townsend 著。

Triumph of the City: How Our Greatest Invention Makes Us Richer, Smarter, Greener, Healthier, Happier，Edward L. Glaeser 著。

Smart Cities, Introducing Digital Innovation to Cities，Oliver Gassmann，Jonas Böhm，Maximilian Palmié 著。

The Smart Enough City: Putting Technology in its Place to Reclaim Our Urban Future，Ben Green 著。

拓展阅读 R1153

对空间规划重大问题的思考

1. 空间规划保底六个关键点

空间整个发展过程中必须要保住什么？应包括以下六个关键点。

（1）保住我们生存的自然环境；

（2）保住安全底线；

（3）保住粮食安全；

（4）保住公共空间的密度；

（5）保住遗产空间；

（6）保住遗产的格局。

2. 空间规划未来发展趋势的把握

空间规划未来发展需把握以下六大趋势。

（1）全球气候变化；

（2）国际形势变化；

（3）对城市发展要求的变化；

（4）城市的经济社会背景变化；

（5）城市主人的变化（未来人受教育程度越来越高）；

（6）通过空间历史兴衰规律推演空间未来的发展。

3. 空间规划对空间基因智慧的传承

（1）向历史智慧基因学习。历史是一位老师，尤其在处理与自然的关系时，我们应该充分向历史学习。

（2）向历朝历代的思想学习。每一代的城市发展、规划思想不断在演进，经济社会文化的提升和空间的提升，值得我们充分地凝练经验和吸取教训。

4. 空间规划未来的提升路径

历史上做过什么？没有做什么？未来基于历史的新高点是什么？在什么空间范围内，辐射圈是怎样的？如何在新的都市圈里提升自己？这些都是在空间规划中需要思考的问题。同样关键的还有，如何提升都市品质？提升到怎样的程度？生态与文明如何交接才能将生态更好地融入文明空间？

此外还有，应对农业从事人口的下降，如何依托未来的科技，对农业进行赋能，为未来农业提供有效的解决方案？

5. 空间规划需要确定的内容

（1）要定大格局；

（2）要定线；

（3）要定作为城市发展引擎的重大项目落地；

（4）要定发展过程中的关键指标。

6. 空间规划不需要定的内容

（1）给农业、产业、科技等内容留有弹性，请相关领域的专家定夺；

（2）上级部门已经确定的规划内容不应随意修改；

（3）给战略留白空间以更多的弹性。

体制与价值观篇

第 2 章　国土空间规划体制

第 3 章　国土空间规划的价值观与思想方法

第2章

国土空间规划体制

原理 O101 国土空间规划多目标整体统一

生态文明是一个文明整体，国土空间规划有不同的子系统，如生态、海洋、农田、城镇等不同空间系统，各子系统的目标必须统一在生态文明的整体框架中和永续发展总目标之下。在空间规划的编制过程中需要不断协调各子系统，形成整体观，从而达成国土空间规划多目标的整体统一。

国土空间规划作为生态文明的空间治理形态，必须实现以下六个基本目标。

（1）保障国土安全：包括防止传染病传播，防止火灾蔓延，防止自然灾害，保障边境安全，保障粮食安全，保护海洋生物，保护自然资源。

（2）落实生态保护：包括规定 15 分钟内必须见绿的田园城市的生态模式，国土空间完整生态体系的架构，具体地域空间中生态要素循环流动，保护动植物多样性，以及与生态文明空间配套的建设。

（3）支撑社会治理：面向多主体需求，实现精准空间配置，建设现代治理制度，包括以街坊为单元的高度、密度、形态，以及对社会犯罪团体的管控[1]。

（4）繁荣经济产业：包括避免现代大都市工业生产空间与生活空间的冲突，保障国民经济体系的发展空间，尤其是落实支撑产业迭代升级的科创教育文化空间，保证国家和地方财源空间动力[2]。

（5）实现文明美丽：包括大都市沿街立面、道路和节点广场的城市设计[3]，国土空间规划中的文化遗产保护、中华文明复兴与新的生态文明创新。

（6）布局基础设施：包括城乡污水统一排入地下管道，建设大规模市政设施[4]，保障国家航空、铁路、公路、河道、通信等国土空间基础设施装备网络空间。

1. 在德国柏林等大都市的沿街面改建中，当时立法规定，所有街面上的通入街坊的入口必须设大门并安装门锁，以防警察在打击群落犯罪时，嫌疑人逃入各个街坊，并明确规定只有居住在街坊里面的居民才可以拥有大门的钥匙，平时不得开门和开锁。

2. 奥斯曼（Hausmann）在完成大巴黎规划的同时，也担任着国库总管。由此可以看到大都市的大规模建设和改建需要国库力量的保障。相反，如果过度使用国库资金，虽然会实现都市表面美观，但会影响国库财力。

3. 在大都市规划中，功能之外的美观和美学原则一直陪伴着现代城市发展。除了强调城市管理、理想社会之外，有一批城市设计学者持续推动城市设计美学的发展，其中卡米洛·西特（Camillo Sitte）是这个方向的最早的开拓者。

4. 现代市政建设也是空间规划中直接把空间引入地下的重要步骤，现代大城市和传统封建城市的重大的区别在于是否有大规模的市政建设。中国现代沿海城市崛起过程中的一部分市政建设的印记留存至今，如青岛老城区的地下管道，许多电影也记录了巴黎地下管道城的枪战场景。

拓展阅读 O1011

各国国土空间管控体系的程序化、法制化发展历程

建立全要素的国土空间管控体系是迈向生态文明的必经之路。在世界各国建立全面的国土空间管控体系的历程中，程序化、法制化是其中的重要特征。

在最早建立现代立法体系的英国，1932 年第一部《城乡规划法》（*Town and Country Planning Act*，1932）的出台标志着地方政府对土地使用的行政干涉扩大到城乡空间，从单一的城镇发展到城乡的双向管理，并且在随后的百年发展历程中逐步通过立法对海洋、农田、湿地等建立起有效管控。20 世纪末 21 世纪初，随着全球气候变暖以及地方主义盛行，环境保护以及粮食安全成为国家可持续发展的关键着力点，各国均对自然空间进行了进一步的治理探索。比如，在技术工具层面，美国于 1990 年开始致力于土地评价工具（Land Evaluation and Site Assessment），以期客观科学地为土地政策的制定与管理提供有力支持；在法律层面，美国基于农地保护与城市扩张的矛盾，于 1994 年正式颁布制定《农业与食品法》（*Agriculture and Food Act of 1981*），最大限度减少规划项目对农地的影响以及农地转换的合理性。

值得一提的是，为了应对土地市场与国家发展的不确定性以及提升土地利用效益，美国土地评价与立地分析 LESA（land evaluation and site assessment）系统尝试对土地价值进行更为系统的评价。评价包括土地评价(land assessment) 以及场地评价（site assessment）两部分，将土地本身的农用价值、土地农用的土壤要素（agricultural factor）、发展压力 (development pressure) 以及其他与场地相关的公共价值 (public values of a site) 都考虑在内，也就是说空间发展的目标并非是单一导向的。尽管城镇、海洋、农地在发展目标上的确有所区别，但从复杂视角来看，统筹于国土空间之中对土地价值的认知应多目标于一体，这与土地的可持续性内涵一致。土地经济价值、社会价值、生态价值任何一方失之偏颇，都会导致严重的生态灾难、社会动荡以及发展倒退，这均是发展的陷阱。

原理 O102 国土空间规划的有效性原则

不同国家和地区的空间规划制度和模式是政体在空间治理上的直接反映，但必须符合以下有效性原则。

（1）凡空间问题能够自行组织解决的，国家空间规划无需立法；

（2）凡空间冲突需要公权干预，必须纳入空间规划的内容；

（3）凡需要公权进行控制和引导的空间规划内容，必须设定专门的审批公权机构；

（4）凡空间管理机构不审批、不管理的内容，暂不纳入空间规划正式文本，只作为空间规划学科研究内容。

拓展阅读 O1021

德国空间规划工作的三项原则

1996年德国的建设部（全称为空间秩序规划、建设与城市规划部，Bundesministerium fuer Raumordnung, Bauwesen und Staedtebau）为德国的空间规划体系确定了三项原则。

1. 可持续发展原则

研究长远的发展计划、指导性原则以及规划和秩序措施，以避免城镇居民点的破坏与超负荷，保证资源的长远合理利用。

2. 区域性原则

从经济的、社会的和生态的角度，发展整个区域，以创造对经济相对弱势边缘地区人口外流的反作用。

3. 公平原则

在经济强势和经济弱势地区进行政策平衡，尽可能地在空间上取得共同发展。地区的公平性指尽可能让区域内大多数居民就近拥有住房、工作、基础设施和健康环境，使全体人民分享社会的发展进步。但公平性并不意味着绝对的平均和相同，也就是说不是让所有的地方都朝一个相同方向发展。

原理 O103 国土空间规划的体系结构

现在建构实践中的中国国土空间规划尚集中在编制与实施两个层面，完整的国土空间规划体系，由以下系统构成。

规划流程方面，包含两个子系统：规划编制审批体系和规划实施监督体系。

规划运行方面，包含两个子系统：法规政策体系和技术标准体系。

学科方面，包含两个子系统：空间规划价值体系和空间规划知识体系。

人才培养体系方面，包含两个子系统：空间规划专业教育体系和空间规划职业制度体系。

未来拓展方面，将诞生第九个子系统：空间规划的数字体系。

其中，空间规划专业教育体系是促进学科乃至国土空间规划整体可持续运行的重要基础。因此，空间规划价值正确是避免将规划变成人类灾难的关键，价值体系是空间规划体系的根本基础，是空间规划持续转型的动力之一，也是空间规划可持续发展的保障。

拓展阅读 O1031　国土空间规划的国际比较

通过比较，可将全球其他国家国土空间规划归纳为“七大家族”。

第一家族是以德国为代表的社会市场经济家族：顶层宏观调控分配，底层市场经济推动。

第二家族是以法国为代表的集权家族：中央政府通过特派专员进行统一管理，强调顶层调控分配。

第三家族是以美国为代表的分权家族：中央政府权力较弱，国家二级政府权力较强。

第四家族是以北欧国家为代表的多元家族：更加关注公众参与，阶层等级差异小。

第五家族是以英国为例的法律法规家族：完善的空间规划法律法规体系，特有案例法评判体系。

第六家族是以日本为例的高密度发展经济体家族：形成从上而下的国土空间规划体系，分级分类引导，各司其职，共同编织。

第七家族是以印度为代表的发展中国家混合体系家族：城市规划的行政管理基于各邦的立法开展。

拓展阅读 O1032　英国国土空间规划推进模式

在英国，随着议会中贵族力量和资产阶级力量逐步结合，19 世纪中叶开始通过立法手段解决大城市空间问题：1848 年通过了《公共卫生法》（见图 2-1a），1855 年《消除污害法》（见图 2-1b），1851 年《环境卫生法》，1890 年《住宅法》，1909 年《住宅、城镇规划诸法》（见图 2-1c）。英国走上了一条以法制化处理城市空间问题的道路。

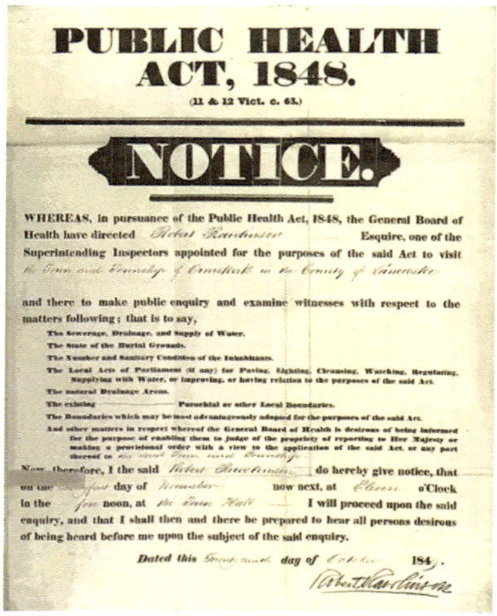

PUBLIC HEALTH ACT, 1848.

(11 & 12 Vict. c. 63.)

NOTICE.

WHEREAS, in pursuance of the Public Health Act, 1848, the General Board of Health have directed Robert Rawlinson Esquire, one of the Superintending Inspectors appointed for the purposes of the said Act to visit the Town and Township of Ormskirk in the County of Lancaster

and there to make public enquiry and examine witnesses with respect to the matters following; that is to say,

The Sewerage, Drainage, and Supply of Water.
The State of the Burial Grounds.
The Number and Sanitary Condition of the Inhabitants.
The Local Acts of Parliament (if any) for Paving, Lighting, Cleansing, Watching, Regulating, Supplying with Water, or improving, or having relation to the purposes of the said Act.
The natural Drainage Areas.
The existing ——— Parochial or other Local Boundaries.
The Boundaries which may be most advantageously adopted for the purposes of the said Act.
And other matters in respect whereof the General Board of Health is desirous of being informed for the purpose of enabling them to judge of the propriety of reporting to Her Majesty or making a provisional order with a view to the application of the said Act, or any part thereof to the said Town and Township.

Now, therefore, I the said Robert Rawlinson do hereby give notice, that on the ... day of November now next, at Eleven o'Clock in the fore noon, at the Town Hall I will proceed upon the said enquiry, and that I shall then and there be prepared to hear all persons desirous of being heard before me upon the subject of the said enquiry.

Dated this ... day of October 184.

Robert Rawlinson

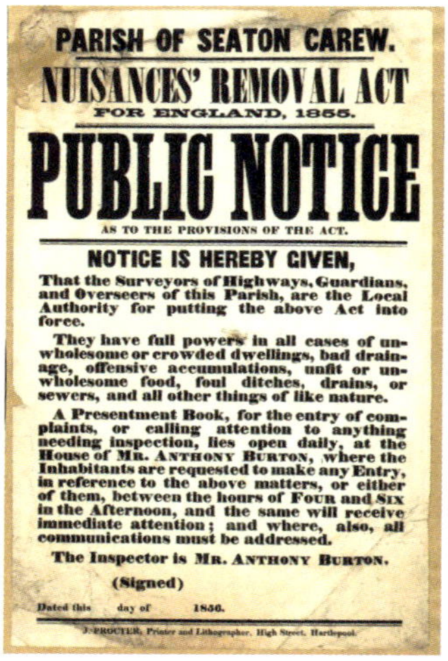

PARISH OF SEATON CAREW.

NUISANCES' REMOVAL ACT

FOR ENGLAND, 1855.

PUBLIC NOTICE

AS TO THE PROVISIONS OF THE ACT.

NOTICE IS HEREBY GIVEN,

That the Surveyors of Highways, Guardians, and Overseers of this Parish, are the Local Authority for putting the above Act into force.

They have full powers in all cases of unwholesome or crowded dwellings, bad drainage, offensive accumulations, unfit or unwholesome food, foul ditches, drains, or sewers, and all other things of like nature.

A Presentment Book, for the entry of complaints, or calling attention to anything needing inspection, lies open daily, at the House of Mr. Anthony Burton, where the Inhabitants are requested to make any Entry, in reference to the above matters, or either of them, between the hours of Four and Six in the Afternoon, and the same will receive immediate attention; and where, also, all communications must be addressed.

The Inspector is Mr. Anthony Burton.

(Signed)

Dated this day of 1856.

J. PROCTER, Printer and Lithographer, High Street, Hartlepool.

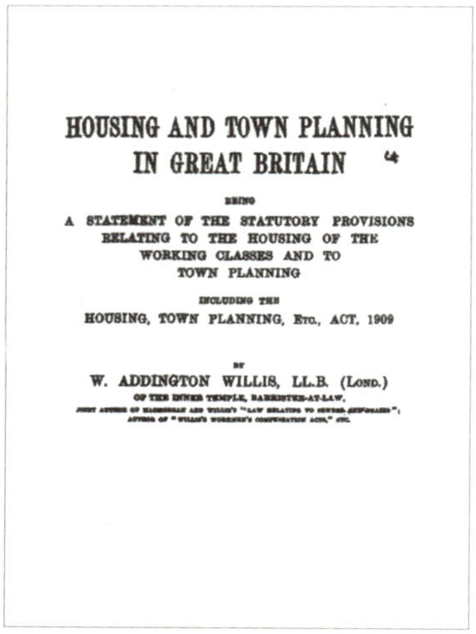

HOUSING AND TOWN PLANNING IN GREAT BRITAIN

BEING

A STATEMENT OF THE STATUTORY PROVISIONS RELATING TO THE HOUSING OF THE WORKING CLASSES AND TO TOWN PLANNING

INCLUDING THE

HOUSING, TOWN PLANNING, Etc., ACT, 1909

BY

W. ADDINGTON WILLIS, LL.B. (Lond.)

OF THE INNER TEMPLE, BARRISTER-AT-LAW,

从左至右依次为：图 2-1a 1848 年《公共卫生法》；图 2-1b 1855 年《消除污害法》；图 2-1c 1909 年《住宅、城镇规划诸法》。

拓展阅读 O1033

扫二维码了解以下内容：
由奥斯曼主持的巴黎改建规划

法国国土空间规划推进模式

在法国，19 世纪中叶随着国王的力量继续集聚和加强，由皇家通过国库直接改建旧城，主导、编制整个城市的总体规划，规划细化到整个城市的主干路系统，城市关键节点的城市设计改建、建造与实施。最典型的是巴黎的凯旋广场和香榭丽舍大街的城市设计和改建推进，从中可以充分感受到王权的力量通过空间的处理直接解决社会治安问题、防灾安全问题、城市交通问题和城市形象美学问题。

拓展阅读 O1034

德国国土空间规划推进模式

在德国，20 世纪中后期开始出现双层规划的推进模式。这种模式的第一层面是为整个城市未来发展扩展用地布局的总体规划 Stadterweiterungsplan，后面发展成为 Flaechennutzungsplan；第二层面是通过当地议会立法的街区建造管理规划，称为 Zonenplan，后来发展成为 Bebauungsplan。

1. 城市土地利用规划

城市的土地利用规划（Flaechennutzungsplan，F-Plan）属于城市规划的战略层面，反映的是一个城市政府对自己城市空间配置的战略构想和意图。城市土地利用规划与城市的社会经济发展目标相配合，把一个城市的社会经济发展战略落实到城市的土地利用上。德国的城市土地利用规划由各城市的规划局负责编制，城市规划局是编制城市土地利用规划和管理城市市域所有土地的专门政府机关，不存在除了规划局外，还有一个土地局的状况。城市规划局的工作职责是明确的：本市市域范围内所有土地的规划和管理。所以，城市的土地利用规划，即 F-Plan，自然构成城市规划局工作的核心，整个城市管辖的市域范围 F-Plan 的编制，既是规划局工作的任务，编制通过的 F-Plan 又是规划局土地管理工作的依据。

2. 社区的建造规划

社区的建造规划（Bebauungsplan，B-Plan）属于城市规划的开发实施管理层面，反映城市土地利用规划在每一小块城市用地上的具体落实。B-Plan 具有法律效力，任何城市建设活动都必须按照 B-Plan 的具体指标和规定进行。B-Plan 由最低一级的政府社区负责组织编制，在 B-Plan 没有编制完成时，任何城市建设活动都是没有法律保障的。

在德国的《建设法典》中，F-Plan 和 B-Plan 两项规划统称为《建设指导规划》（*Bauleitplanung*）。按照德国的《建设法典》，《建设指导规划》是一个城市社区政府在需要时有义务制定的任务。假如一个社区需要发展和维持日常秩序，就必须编制以上两项《建设指导规划》。

德国的街区建造管理规划 Zonenplan 影响了美国现代空间规划制度的建立。1916 年，美国出现了第一部 zoning 街区空间规划，其中吸取了德国的街区的概念、用地范围控制、功能控制、密度控制、交通出入口控制等德国 Zonenplan 的要素，但是省略了德国 Zonenplan 中软性的引导内容，比如建筑风格、建筑材料的指导。在第二次世界大战后，美国规划体系在东亚传播，使得街区控制性规划在东亚有一定的影响力，它是我国改革开放引进的控制性详细规划的主要思想和控制手段。

不管是英国国家层面的立法法制模式，法国的集中建设模式，还是德国的双层规划模式，它们对于现代国家的空间规划都起到了奠基作用。人们在看到现代化运动对传统城乡空间造成巨大冲击的同时，也开始感受到现代生活带来的巨大吸引力。

尤其是现代大都会初建的空间规划制度，使人们开始对现代化生活有了未来可预测、可掌控、可期望的信任。而这种社会信任，是现代化运动成功的社会保障。因此，是现代化运动让城市空间规划及其管理制度和实践从混乱野蛮走向了秩序。

但是，现代化运动及其现代工业生产并不局限在大都会中，不管是工业、交通还是生活方式，都快速从大城市蔓延到中小城市。同样，大都市中的立法、规划、设计、建设到审批制度也开始外溢到中小城市。

在现代空间规划体系的建构中，1917 年美国规划师协会诞生，1918 年在美国华盛顿召开第一届全美城市规划会议，正式把规划师职业提为现代规划体系建构中的重要内容。

原理 O104　国土空间规划的工作框架

城市空间规划和制度始于现代工业与传统城市间的利益冲突、风格冲突、交通冲突、卫生冲突等空间问题的解决。为了解决这些空间上的冲突问题，空间规划分别从以下四个分系统来建构。

（1）空间大小的上下层级规划体系：国、省、市、县、乡镇、村庄与社区的上下层级互联互动。

（2）空间功能与专业规划体系：生态、经济、社会、文化、交通、基础设施等空间上的专项规划体系。

（3）空间规划方法体系：引导性规划方法、控制性规划方法、效果评价的纵向体系。为了达到空间发展目标，解决原有的空间问题，避免未来可能出现的空间问题，需要明确国土空间规划是怎么控制、引导、统筹、保障以及迭代的。

（4）空间规划的类型：从现有编制的规划成果类型上来划分，可以把空间规划分成以下三种成果类型。

总体规划：对一定空间层级的综合性规划，如保护、开发、利用、修复等的全局性安排。

专项规划：针对特定发展和保护的专门规划，如交通、基础设施专项规划，江河流域、城市群、都市圈等区域专项规划，针对自然灾害和传染病的防灾健康安全专项规划。

详细规划：对具体地块用途和开发强度等作出的实施性安排。

以上内容将分别在本书的分级规划篇、专项规划篇、详细规划篇中进行论述。

拓展阅读 O1041

德国建设部的三个纲领性文件

面对来自经济全球化、政治欧洲一体化的挑战，面对来自东欧的大量移民潮和国家统一后由东部向西部的人口大规模迁移，面对社会上主动性环境保护意识的要求和长远可持续发展的呼声，德国建设部制定了三个重要文件。

（1）1993 年，德国统一后的第一个全面的空间发展规划报告《空间秩序规划报告 1993》（*Raumoednungsbericht 1993*）呈交德国国家议会。

（2）1993 年 2 月德国《空间秩序规划政策导向框架》（*Raumordnungspolitischer Orientierungsrahmen*）公开发表，其中确定了德国空间发展的 4 项方针。

（3）在以上基础上，德国建设部于 1995 年 3 月 8 日在杜塞尔多夫召开了中央联邦政府与各州政府共同参加的国家空间秩序规划建设部部长会议，通过了《空间秩序规划政策措施框架》（*Raumordnungspolitischer Handlungsrahmen*），作为国家中期改制行动的纲领。

德国中央政府联邦层面上的空间规划政策框架由此确定，指导全国的居民点体系发展，明确区域间交通框架、环境保护政策措施、空间景观保护的导向及方针。

《空间秩序规划政策导向框架》和《空间秩序规划政策措施框架》确定了德国空间规划跨入 21 世纪的发展方向。这两个框架文件有四点值得注意。

第一，强调地区是空间秩序实施行动的层面。

第二，强调用欧洲的尺度思考空间发展问题，在考虑大城市和边界城镇发展时强调与欧盟合作。

第三，强调在国家空间发展中交通和环境特别重要的作用。

第四，进一步明确在空间秩序规划和州域规划编制与实施过程中中央联邦政府职能主管机构及地方政府的权力与义务。

原理 O105 空间规划的现代化和法制化要义

国土空间现代治理体系是一个法治社会下的空间治理形态。

传统的空间规划，需要从指令式的土地使用转变为社会主义市场经济下的土地使用规划分类方法。具体来说，传统苏维埃式的用地分类方法是计划经济下对用地功能的指定；社会主义市场经济下的规划用地，应该按照法治思想，确定具体地块的负面清单，法无限制皆可为。

传统的土地规划，需要从粗放式的土地分类提升为现代社会土地上的多层空间使用分类与组合并进行细化。具体来说，传统规划只管到单层土地上的功能；而现代空间规划讲究的是对土地之上和之下的垂直不同层面空间进行细化，土地的高效就在于细化到立体的空间，并通过规划避免和杜绝不同层面空间功能间的矛盾。

进入当代数字化阶段后，国土空间规划更应该进行不同空间在不同时段上功能的精准配置，通过法律法规和协商治理，促进土地的高效集约使用，使国土空间的效益最大化。

拓展阅读 O1051

空间规划体系与城市规划法系的完善

回顾各个市场经济国家的城市规划法系的完善过程和发展历史，我们发现，各个国家的空间规划体系伴随着城市规划法系的完善，在同步地建构完善。所谓的空间规划体系包括以下几个层面。

（1）国家一级的国土规划、区域规划、跨省跨州的空间规划、流域规划等。

（2）以一个城市或一个城市群为主体的城镇体系的规划等。

（3）城市总体土地利用规划、城市发展战略规划、城市综合规划等。

（4）城市建造管理规划、开发控制的规划、建设引导条例、区划等。

法国的城市规划体系按照其国家的行政机构的四个层次，即国家、大区、省和市镇，分别设立了 9 个大都市地区开发行政机构、214 个市镇规划机构、35 个地区规划机构，以及 17014 个社区间发展联合体。这些规划机构共同执行法国的城市规划法律法规，并在不同的层面上完成整个国家的空间规划体系。

德国的空间规划体系，包括各联邦州的土地利用空间规划、联邦州内大区的空间规划、针对特殊地理环境和经济发展制定的跨联邦州界的空间规划、各城市编制的城市总体土地利用规划（F-Plan）和各个城镇社区编制的建造规划（B-Plan）多个层面。这个空间规划体系的建立，是依托城市规划法系的不断完善进行规范化和制度化的。

各国空间规划体系的建立，也反映在城市规划法系结构的变化上。如德国专门针对空间规划，编制了《空间秩序法》（*Raumordnungsgesetz*）和《联邦州规划法》（*Landesplanungsgesetz*）两部重要的国家级空间规划法律。

案例 O1051

德国城市规划的行政和立法体系

德国，全称德意志联邦共和国，其城市规划的行政体系和立法体系分为联邦级（Bund）、州级（Land）、社区级（Gemeinde）三个层次。德国在统一后共有 16 个州，一个州不是简单的省，而是具有自己的独立宪法，但州立法律必须符合联邦基本法的原则和联邦相关法。

1. 联邦级（Bund）

德国《基本法》（*Grundgesetz*）规定的联邦权限是，联邦的专属立法权有外交、国防货币、铁路、航空事项以及部分税法。联邦的管理机构实际上只有外交、海关、铁路、邮政、职业介绍、军队和联邦国防等机构。联邦的司法权只限于联邦宪法法院和最高法院，这两个法院负责联邦法律的统一诠释。其他所有法院都是州属法院。德国的联邦宪政发展到今天的结果是，立法方面以中央集权为主，而管理方面则强调地方自治。

2. 州级（Land）

各州的立法权限包括《基本法》没有明确的和联邦没有加以规范的事项。国家大部分的行政工作由各州独立处理。各州的工作重点是行政管理，以及在联邦参议院制定联邦法律。各州的管理机构同时还负责联邦法律规定的执行。州的管理任务可分为三类。

（1）执行属于州管辖的任务（例如学校、警察、区域规划）。

（2）独立执行联邦法（例如建设规划法、企业法、环境保护法）。

（3）受联邦委托执行联邦法（例如修建联邦公路、资助教育等）。

3. 社区级（Gemeinde）

社区是德国的最低一级政府，社区有权在法律规定的范围内自行管理本地事务。社区的自治法规主要包括城镇内的公共交通道路建设、供电、供水、供气、城镇建设规划，还包括学校、剧院、博物馆、医院、运动场及游泳池等设施的建设和维护。超过小城镇能力的工作，可以由上级行政机构——县来完成。较大的城市不属于任何县，称为“县外市”。各社区有权自行征税，包括土地税和工商税，可增收当地的消费税和附加税。每个居民都有权在社区的公民大会上发表自己的看法，可以与社区代表交换观点，可以查看社区的财政预算和讨论建设规划。

原理 O106 构建并遵循空间规划的技术标准体系

加快构建新时代国土空间规划技术标准体系。标准的内涵可以概括为“五要素一目标”：“五要素”即一套可以重复的事物、广泛的实验基础、协商程序、机构发布，为所有主体共同遵守，这些要素缺一不可。“一目标”即实现最佳秩序。

空间规划的技术标准体系可以分为以下三个维度。

第一维度是空间尺度。作为规划的核心特征是任何类型规划不可回避的。尺度贯穿于编制阶段中规划问题的提出、规划路径的选取以及实施阶段中的规划事权等各个重要环节之中。

第二维度是规划过程。规划作为一项极具公共属性的政策工具，必须是基于实际问题的切实的措施，即坚持目标导向、行动导向与结果导向的三元融合，需要兼顾包括编制、审批、实施、监督评估与预警、调整的全过程。

第三维度是基于未来发展议题增多、管理难度不断提高的状况，遵照我国标准体系由“点”至“面”的发育过程，建构兼顾综合标准、基础标准、通用标准、专项标准的全面的体系。值得一提的是，随着全球化语境下合作的逐渐深入，中国承担大国责任不断通过“一带一路”倡议为世界发展提供方案，应重视国际合作中话语权的掌握，在国际标准制定中扮演重要角色。

总体上来看，新时期国土空间规划技术标准体系发展的元模式可以表达为 5×5×5 的“空间魔方”（见图 2-2）。

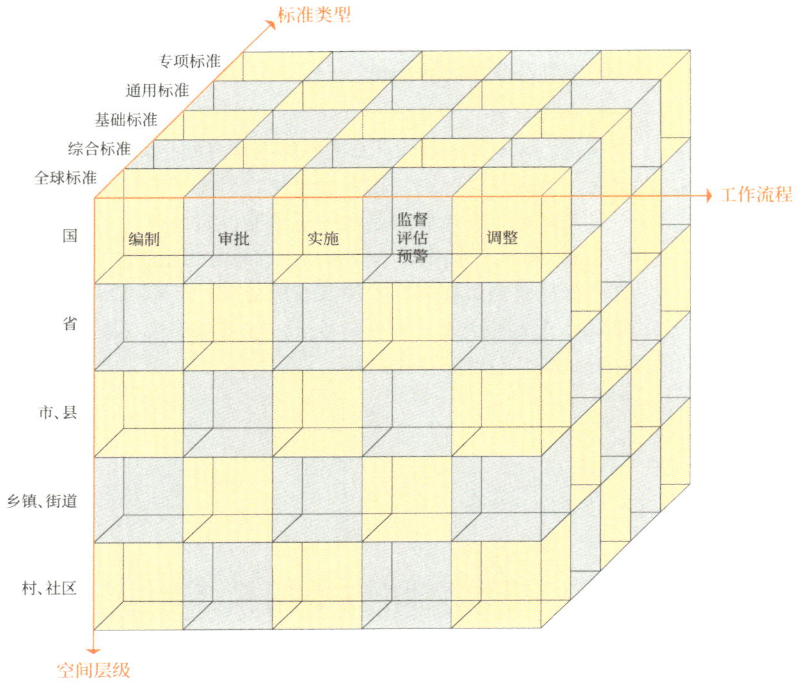

图 2-2：空间技术标准体系逻辑——5×5×5 魔方

拓展阅读 O1061

我国城乡规划标准体系的演进过程

城乡规划技术标准工作起步较早，其迭代和完善与中国城市建设的推进和发展紧密联系。中国的城乡规划标准的演进过程大致可以分为五个阶段：1949—1965 年，行政指令主导下的“城市计划”；1965—1978 年，编制技术在曲折中前进；1978—1989 年，规划编制技术蓬勃发展；1990—2008 年，技术标准体系规范化发展时期；2008—2019 年，标准建设与规划发展脱节；2019 年至今，全面建构国土空间技术标准体系的新时期。通过研究我国的技术标准的发展历程，从标准制定的粗细与实践进程两个维度进行总结，可以归纳出三点特征。

来源：吴志强 . 加快构建新时代国土空间规划技术标准体系 [R]. 国土空间规划分技术委员会第一次工作会议，2020。

（1）标准体系发展从单一走向系统，如早期编制技术标准的支撑文件《城市规划设计程序（草案）》主要围绕着标准的初级形式——定额进行规定，此时的重心带有计划色彩，关注指标的分配，总体来看标准针对的对象单一、

扫二维码了解以下内容：
我国城乡规划标准体系的演进过程

管控方式单一、制定主体单一。而在随后的过程中随着发展与议题的复杂化，催生标准体系本身构成的多元化。

（2）标准从笼统规定逐步走向专业化、精细化。比如从针对规划程序粗线条的规范化逐步构建起“基础标准—通用标准—专用标准”体系，由“点”至“面”完成了对规划过程中不同阶段、不同对象、不同思维深度要素的规范化。

（3）技术标准的发展与时代发展议题息息相关。如2008年完成修订和更名的《中华人民共和国城乡规划法》，是法规体系得到进一步完善的标志。从“城市”到“城乡”的转变不仅仅是经济发展模式的倒逼转型，也是发展意识的拔高，即将城市的发展放置于城乡一体与融合的大背景中考量，始终与国家的发展命题相融合。

拓展阅读 O1062

空间规划技术标准建构的难点

1. 标准的编制处于被动状态

一方面，空间规划技术标准覆盖的内容桁架广泛且复杂，绝非一蹴而就，看需求与分步走是必然之抉择。另一方面，如果完全被多变的发展状况所牵制，全然基于眼前实践研制标准，会由于编制周期过长使得“编”与“用”之间出现断裂。而如何化被动为主动应形成一套工作方法——整架构、研需求、要评估，“分步走”是当下之要务。

2. 行政内容与技术内容混淆

技术规范必须由法律进行支撑，因此对于国家法律的研究具有重大支撑性意义。作为国家级的空间规划法律体系，应该具备以下六个共性要素：背景法、主干法、专项法、从属法、相关法、技术条例。而现今《空间规划法》仍在研究讨论之中，欠缺相关法理的支撑，必然会滋生混乱与困惑，缺乏一定技术标准的规范必然使得权力有机会“越俎代庖”。

3. 技术标准的社会属性欠缺

在法理逻辑下无论规划版本如何更新，均有着一脉传承的重要目标——可持续发展，即所有的规划必须以人为中心、生态友好，并且兼顾生态、经济、社会的三元功才能达到发展势能充足。这与我国破除城乡桎梏实现社会服务均衡化，通过新型城镇化实现城乡融合的战略部署具有共同之处。

技术标准不仅仅是机械地规范一个过程，更重要的是保证这项工作是否可持续。技术标准人本化需要去扩充更多与人生活体验相关的标准，比如2018年颁布的《城市居住区规范设计标准》中“生活圈”的提出，以人的步行体验为核心替代了单一的空间距离，反映了标准人本的迭代观点。

4. 国际视野缺乏

随着人类社会进入信息时代，技术属性逐渐成为核心生产要素，技术标准逐渐成为企业和世界大国竞争的制高点。比如，如今境外国际合作园区在“一带一路”倡议的铺开推动了我国开发区规划技术标准的境外传播与转译，带动了我国开发区规划技术的升级优化，也推动了城乡规划技术标准走向海外，掀起了规划技术标准对接“一带一路”的新高潮。国际标准的建设不仅是跨国合作得以顺利进行的保障，更是争取国际话语权、实现文化输出的重要抓手。

来源：吴志强．加快构建新时代国土空间规划技术标准体系［R］．国土空间规划分技术委员会第一次工作会议，2020。

第3章

国土空间规划的价值观与思想方法

原理 O201 空间域上下层决策联动

任何空间域都有比它更大一级的空间域，其规划都是在外部空间域的条件下对一个有限空间域的要素作出空间上的安排。因此，编制某空间域的规划不仅需要聚焦这一规划的空间域，更需要统筹考虑周边范围。

任何空间域的规划都有比它更小一级的空间域，该空间域的规划总是可以深入内部更小一级的空间域来进行规划和设计，只有当下一级的规划明晰后，才能进行上一级空间精准布局的规划决策。

现代国家的国土空间规划以国家空间规划纲要为最高级规划，往下依次为省级、市级、县级、乡镇级、村级和社区级规划，各层规划相互之间既是包含关系，也是互动关系。在操作某个空间级别规划时，必须同时启动其上下级的规划思考，至少应包括上级空间的下一轮规划大纲和下级空间规划。虽然在实际操作中无法同时启动上、中、下三级联动规划的行政指令，但作为规划专业工作，必须同步启动上下级的规划分析。

案例 O2011 海南省国土空间规划中的国—省—市—县四级规划联动设计

海南省国土空间规划（以下简称“省国空”）在编制过程中充分加强向上对全国国土空间规划纲要的承接、向下对市县国土空间规划（以下简称“市县国空”）的传导，并通过多轮交流实现不同层级空间规划在行政逻辑和技术逻辑上趋向一致。

国家赋予海南建设“三区一中心”和自由贸易港的总体要求，在全国国土空间规划纲要中对海南省的水资源利用上限、耕地和永久基本农田保护面积、林地保有量和森林覆盖率、建设用地总量等进行指标控制，并划定国家级的城市化地区、农产品主产区、重点生态功能区。省国空在落实国家要求的基础上，对各项指标和要求进行分解落实，并在细化的过程中，结合海南省实际的发展情况提出诉求。例如，起初乐东县应划为国家级重点生态功能区，但在征求海南省意见时，分析了粮食产量占比、耕地面积占比和南繁种业基地发展诉求等条件，得出了乐东县在农业生产上的地位更为重要的结论，通过与自然资源部的多轮磋商后，最终将乐东县划定为国家级农产品主产区，相应的指标要求和配套政策都得到了落实。

海南省实行省直管县的扁平化行政管理模式，向下传导分为控制性和引导性两种传导类型。其中控制性传导包括指标的传导和控制线的传导。省国空分解下达各市县生态保护红线面积、耕地保有量、永久基本农田面积、林地保有量、建设用地总规模、城乡建设用地规模、自然岸线保有率等指标；市县国空不得突破上述规划控制指标。省国空确定全省生态保护红线、永久基本农田、城镇开发边界三条控制线的总体格局和重点区域，提出市县级规划划定任务；市县国空严格落实省级规划要求，统筹划定三条控制线。引导

来源：上海同济城市规划设计研究院有限公司、南京大学、海南省海洋与渔业科学院、海南国源土地矿产勘测规划设计院联合编制团队，《海南省国土空间规划（2020—2035年）研究报告》。

性传导包括策略、名录和布局的传导，需在市县国空中传导落实，同时也可根据实际情况，进行适当的调整和细化。例如，在双评价成果应用方面，海南省级城镇建设适宜性评价更加关注地形、坡度、地质灾害等要素的影响程度，造成城镇建设适宜区结果对于海口等平原城市在划定城镇开发边界时缺乏反向约束作用，因此要求各市县对评价结果进行细化，一方面市县要强化区位优势度要素的影响力，另一方面要叠加现状稳定利用耕地、高标准农田、粮食主产区、生态公益林等政策性红线要素，从而更加精准识别城镇建设适宜区。

在省国空编制过程中采用征询市县意见和市县国空汇报讨论两种方式进行上下联动。在沟通过程中，省层面希望保障国家和省级发展战略落地、守住粮食安全和生态安全底线，市县层面希望给自身多一些发展空间。博弈聚焦在水、人、地的平衡，从总体控制到具体项目、地块的争论，从历史遗留问题如何解决到新增空间的选址，体现了国土空间规划的复杂性和动态性。最终找到合法合规层面、经济可行层面、操作难度层面的妥协结果，实现了上下规划的一致性。

原理 O202 保障空间运营有序性是规划的基本点

从系统运营方面观察，任何空间规划都是为了保障该空间整体系统运营的有序性，这是空间规划的基本目标，有序性保障是空间规划的基本点。

空间的有序性是指空间上的生产、生活和生态及社会文化生存与发展中表现出来的稳定性、规则性、重复性和相互的因果关联性。而无序性则表现为不稳定性、不规则性、随机性和彼此间的相互独立性。

空间规划通过对各空间上的发展规律的把握，认识空间物质载体形象之下的本质，编织空间内部要素，使其具有有序性，从而形成空间规划。凡空间规划中不以空间发展规律为基础的划线、定地、定形象的表面处理，都会引起对空间规划工作本身意义的否定，造成编制工作疲于奔命，无序性的简单定形规划成果将不断受到未来空间发展的质问。空间规划学科提供空间发展有序性的规律体系，是空间规划发展的科学内核。

在保障整体空间系统有序运营的同时，空间规划还必须考虑各子系统的有序运营。有序性包含了该空间上系统要素和各子系统的有序诞生、有序发育、有序成长、有序老化和有序迭代。保障空间系统的有序性包含了该空间内部系统的生产、生活和生态的可持续发展等内容，须实现系统运行的最少紊乱，科学上称为“空间减熵”。

拓展阅读 O2021

熵、熵减与生命现象的概念

1. 熵的概念

熵（entropy），其本质是一个系统“内在的混乱程度”。熵作为混乱程度的度量，越大意味着物体内部越混乱；越小意味着物体内部越有序。熵也可以用于度量一个空间系统中的失序现象，诊断城乡系统的混乱程度。

2. 熵增的概念

按照热力学第二定律，城乡空间生命系统如果脱离了区域环境，其混乱程度增大即为熵增。熵增随着时间的推移只会增加，不会减少。城乡空间的熵增过程是一个自发的由有序向无序发展的过程。

3. 熵减的概念

城乡空间是一个生命系统，体现了物质运营的一种高度的秩序和规律。从某种程度来讲，城乡生命力在于抵抗自身走向混乱（即熵增）的能力。现代城乡空间规划和国土空间规划治理都是针对系统运行熵增的有效工具，在城乡生命发展过程中，空间载体及其之上的自发和非自发运行同时存在，相互依存。凡治理能力及熵减大于自身熵增的进程，都使城乡生命体得以延续；凡空间规划和治理能力小于自身熵增的进程，则会使城乡生命体不断地由有序走向无序，最终走向老化和衰亡。

来源：埃尔温·薛定谔，《生命是什么》，1944；Bortz，1986；Roth，1993。

拓展阅读 O2022

德国颁布《空间秩序法》

图 3-1 《空间秩序法》

2017 年，德国颁布《空间秩序法》(*Raumordnungsgesetz*)（见图 3-1），由三个词构成：“raum”（空间）、“ordnung”（秩序）、“gesetz”（法），直接把规划的目的——保持空间的有序性，反映到了规划法的名字和要义上（周宜笑，2020）。

《空间秩序法》是针对德国总体国土空间的主干法，包含了三大部分：空间规划的指导思想，空间规划的任务要求和对各个州空间规划的要求。其中，对于空间规划的环境评价包含：人类健康；动物植物生物多样性；土壤、水、空间、气候和景观；历史文化和其他有形资产。

原理 O203 空间特性是规划的依据

不管是哪一级的国土空间规划都具有与该空间相适应的特性，无论是空间总体规划、专项规划或是详细规划，最后都要落到空间。因此，国土空间规划无论是在哪个级别的空间域，包括国、省、市、县、乡镇和村，都必须落到空间，并从土地与空间使用开始着手调查，最后也应落实于对土地与空间的保护与使用。

原理 O204 认识空间特性的多重维度

空间可以从以下五方面来认识其特性。

（1）从空间维度上，空间有地下、地面、地上、空中的深度和高度。

（2）从时间维度上，历史、现在和未来的变化与延续，传承与创新。

（3）从要素维度上，除了自然物质和人造物质要素外，还有社会要素、数字要素等其他要素。

（4）从产业维度上，除了承载第一产业外，更重要的还有发展第二产业和第三产业中更高维度的生产力和生产关系。

（5）从主体与环境维度上，主体空间及其周边空间的关联关系。

因此，我们现在所谓的空间一般是复合的，包括三度空间——物质空间、社会空间和数字空间。而三度空间在某个历史时段又是一体化传承与创新的，每个空间都与其周边的环境相关联。这也说明人类文明承载的空间不断演变迭代，其空间要素不断聚散，不断在熵增与熵减之间摆动，空间规划也变得更加多维、更加系统、更加复合，要求更高的文明来规划和治理。

原理 O205 空间系统的内外时空特征

任何空间域都是一个完整的系统，空间系统包含四大特征。

（1）空间是由要素构成的。

（2）要素之间的关系构成了这个空间域的不同子系统，如人流与物流系统、能源与粮食流动系统和垃圾与废水处理系统。

（3）系统整体是随着时间相位的变化而发生迭代变化的，所以系统本身是由时间相位来进行结构定义的，随着高一级空间域的时间发展，系统会产生由分散到集中，由集中到分裂的不同阶段，因此必须对每个系统产生的阶段进行判断。

（4）系统是可以进行外部干预的，除了系统本身形成的密度、力量造成系统的发展演进之外，外部的干预力量可以对系统的运行进行不断地调整和干预，空间规划应该成为一种保证系统健康运行的正向干预。

拓展阅读 O2051

系统的内涵和结构特征

系统是由一组相互作用、相互关联的元素根据一组规则行动而形成的统一整体。系统受其周围环境影响，可由其边界、结构和目的来进行描述，并在其功能作用中得到体现。研究系统的学科包含系统论和其他系统科学。

系统的英文“system”一词来自古希腊语σύστημα，后发展为拉丁语systema，表示“由几个部分或成员组成的整个概念、体系”。

系统的概念包括：环境和边界系统、自然和人造系统、理论框架系统、转化过程系统、系统模型或结构。

从应用范围来看，系统多应用于信息和计算机科学、工程和物理学、社会学、认知学、管理学、纯逻辑学和战略思维。

来源：作者读书笔记。

原理 O206 有限土地资源创造最佳空间效益

在国土空间规划中要协同国家发展和改革委员会、交通运输部、水利部等多部门的土地需求问题，而一个地方的土地资源是有极限的。任何一个地方的空间规划所面对的土地和空间都是世代留下的遗产，也是当代留给子孙后代的资本。

国土空间规划有责任重塑土地价值理性，进行空间效益估算，协调配置土地要素，保障协调土地可持续供给机制，在有限的土地资源上创造最佳空间效益。这一可持续发展的根本问题成为空间规划领域中经典的“投入—产出”问题。该问题需要算清楚三笔大账：每年出让的土地，能创造多大的空间效益？每一幅土地的开发，需要多大公共财政的投入？在空间规划期结束时，这些土地投入能产生多大的空间效益？

传统区位理论是基于工业文明的科技和生产关系形成的，数字文明时代随着科技和生产关系向高阶转变，空间区位的底层逻辑也将发生彻底改变，具体表现为三个方面：由空间经济原则转向空间综合效益原则；由集聚密度原则转向单元组织原则；由中心距离竞租原则转向网络节点布局原则。

案例 O2061

济南市空间效益评价

在济南市国土空间总体规划的专题研究中，以空间效益为导向，从生态效益、社会效益和经济效益等方面遴选各类效益评价指标，利用大数据和人工智能技术实现了从城市到区县再到地块等不同空间层次和不同用地类型的精准量化空间效益评价。

在济南市地块层面的空间效益评价中，分别针对“三调”图斑中的工业

来源：上海同济城市规划设计研究院有限公司，《济南市城镇建设用地绩效潜力评估及集约利用研究》。

扫二维码了解以下内容：
济南市空间效益评价示意

和物流仓储用地、商业和商务用地以及居住用地等，构建以生态效益、社会效益和经济效益为基础的空间效益评价指标体系，利用投影降维等人工智能算法，挖掘不同指标之间的数据结构和特征关系，进而计算每个地块的空间效益评价数值，并在此基础上进一步搭建空间效益预测模型，为空间潜力评估提供坚实量化基础。从工业和物流仓储用地的评价结果来看，空间效益较高的区域主要有高新区核心区、孙村片区、槐荫天桥工业园、明水开发区、新材料产业园和济南经济开发区等；从商业和商务用地的评价结果来看，经四路、泉城路、纬二路、北园大街以及经十路呈现带状的高值效益分布区域；从居住用地的评价结果来看，东部城区、西客站区域以及市中区南部的空间效益较高。

在此基础上，提出了二次审批的土地集约管理思想，从生态效益、社会效益和经济效益中选取最具代表性的碳汇能力、地均专利和地均税收三大指标，对济南市全域进行生态、经济和社会三大空间效益以及总体评价，并将效益评价结果作为各类用地指标的分配依据，开展对重点评价指标的动态监测和信息化平台模块建设，为济南市国土空间总体规划和城市发展决策提供持续支撑。

原理 O207　主动建设规划和永续保底规划

国土空间规划有多种分类方法，有层级分类、类型分类、国定分类和创新分类等，本条原理将规划分为主动建设规划与永续保底规划两种类型。

主动建设规划：直接由政府与公共投资的建设项目的空间安排。该类规划主要集中在专项规划中，充分落实国家、省市政府发展战略，并由政府主动投资建设，以保障国土空间的基本质量和永续发展。

永续保底规划：针对市场经济主体投资建设的项目的空间安排。该类规划要点是：以整体的、长远的、公共利益的永续为底线；建立法律法规框架；给予市场经济动力与法律框架内的发挥空间。永续保底规划在处理审批市场投资行为时，应有明确的底线标准，并以法律法规为准绳，落实到国土空间总体规划中，在此基础上进一步将规划内容落实到控制性详细规划条文中。

案例 O2071

扫二维码了解以下内容：
《丹东新区土地开发导引》示意图

来源：上海同济城市规划设计研究院有限公司，《丹东新区土地开发导引》。

丹东新区土地开发导引

在丹东新区土地开发引导中，按照政府主动建设规划与市场投资永续保底规划的分类思想，将规划用地细化为政府开发、市场开发、政府与市场联合开发及特殊用地，并按照划分内容进行分类规划开发引导。

原理 O208 聚焦主要问题和矛盾

各级国土空间规划需要在生态保护的底线上，谋定社会经济发展总战略，直面并聚焦该地在发展中所面临的重大问题与挑战，尤其是空间布局问题，切忌分散主要问题和主要矛盾，避免追求面面俱到而缺乏对本发展阶段今天和明天所面临的关键问题的聚焦。

案例 O2081

21 世纪德国空间规划的九大目标解析

德国建设部在 1996 年公布了 21 世纪德国空间规划发展的九大发展目标和任务。

(1) 加强疏解全国居民点结构。

(2) 建立城镇体系网络。

(3) 扩大城市与周边地区的联系。

(4) 保护农业地区民族文化的多样性。

(5) 合理混合居住、工作与游憩用地。

(6) 保证自然生存基础条件的可持续性。

(7) 建构可承受交通。

(8) 与欧洲邻国合作。

(9) 建设首都地区。

其中第（9）点是因德国统一后柏林重新成为德国首都而订立的，但把柏林与其所在的勃兰登堡州以及与柏林连接的地域空间结合在一起共同完成一个空间发展规划，这是国际上尚未有的先例，其中规划运作机制和大都市及其周围城镇群建设规划控制等一整套做法是十分值得借鉴的，这也被专门列作第（3）点中的核心思想。

第（1）（2）（3）点反映的是主导德国 21 世纪空间规划的核心思想，即分散化集中、城镇结构网络化和城乡一体化。

第（4）点指对传统民族文化在地域空间的保护。

第（5）点是特有的官方对现代主义和后现代城市规划观点的空间布局答案。

第（6）点指环境保护和可持续发展政策。

第（7）点提出了区域大交通的建设新观念——“可承受性”，其包括环境和城镇的可承受度。

第（8）点指欧洲联盟建立的新尺度的空间规划方针。

案例 O2082 河南省国土空间规划问题研判与解决措施

河南省国土空间规划分析和列举了诸多问题和挑战，如城镇体系结构不完善、资源有限等，但在此基础上，再一次聚焦未来 15 年河南省的关键问题，针对河南省在全国城镇格局中的中枢区位特征以及中原城市群与国家其他重点城市群之间协同互动的趋势，提出了与四面八方建立链接的空间战略，顺应发展规律，提出开放协同的空间战略，强化国家中枢作用，在空间格局上形成“四方联动，八方协同”的中原九宫格（见图 3-2），打造中原—长三角经济走廊，联动长三角城市群；推进黄河流域生态保护和高质量发展，联动山东半岛城市群；培育郑洛西高质量发展合作带，联动关中平原城市群；强化京广城镇发展带，联动京津冀、长江中游城市群。

来源：上海同济城市规划设计研究院有限公司、河南省国土资源调查规划院、河南省城市规划设计研究总院股份有限公司联合编制团队，《河南省国土空间规划（2020—2035 年）研究报告》。

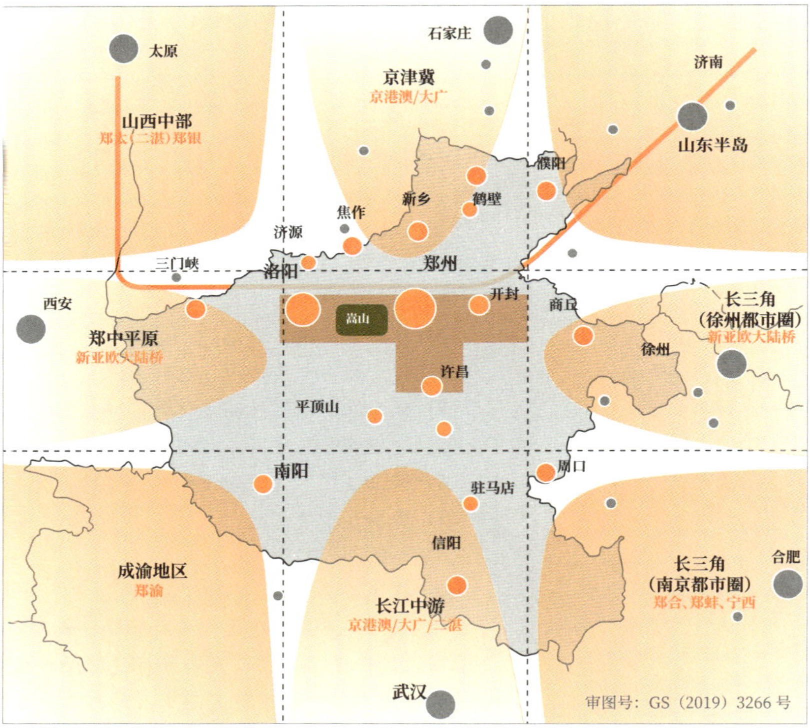

图 3-2 河南省“中原九宫格”发展格局

原理 O209 延续历次规划基因的空间创新

国土空间布局是历史发展的结果，每一轮国土空间规划都是发展历程的组成环节，国土空间规划须在延续历史的基础上对未来空间布局结构进行预测。因此，在编制空间规划的过程中，必须对该空间上的历次空间规划，尤其是其战略目标与布局结构进行充分的跨时空连续跟踪分析，以架构具有历史延续性和未来创新性的发展目标与空间结构。

案例 O2091

东京都市圈战略规划的发展路径与规划应对

扫二维码了解以下内容：
东京都市圈规划空间结构演变（来源：日本国土交通省、Phelps，2019）

城市发展趋势：东京都市圈的发展呈现出“人口向心聚集—推动人口外流—中心城与边缘城市人口结构趋向稳定”的态势。东京都“一极”结构造成了城市过度拥挤、城市规模无限扩张、城市功能过度集中等问题。

问题驱动变革：为了适应经济的发展，控制中心区人口、产业和功能的过度集中，东京城市规模不得不向外扩张，进一步改变城市空间结构。在第一至第三次首都圈建设规划（1958—1976 年）中，从单体城市到城市区域，由传统的“一极结构”向“多极结构”转变。在后续的多次国家首都区规划中，均强调了都市圈和多中心空间结构发展的模式。

未来发展理想：以世界模范都市为目标，进一步强化国际竞争力的建设愿景。推进可持续发展、科技发展、社会发展，向多核心、网络状都市群结构演变，加强东京都的国际商务中心功能，提高国际金融中心集聚力，促进住宿、停留、居住、商业、医疗和教育等多功能中心的形成。

来源：作者读书笔记。

原理 O210 国土空间规划的人本主义

虽然现在的国土空间规划覆盖的空间比城市空间规划覆盖的面积更大，但是人的需求永远处在空间规划的中心。随着技术的进步，对人的关心和对人群需求的关注不仅仅停留在抽象的人民或人群，而是可以更细化地针对个体的多样性需求。因此，应该做好空间规划对于人的多需求、多层次的多样细化分析，提高规划的精准水平，并加强对规划后的实施效果的动态评价。

拓展阅读 O2101

社会层次与城市结构

1785 年，机械化生产开始出现在欧洲的作坊，纺织工业以及钢铁厂的扩张使得在欧洲城市中出现了大面积的纺织厂和铁厂，资本家的获利造成对城市空间的重新分布，资本的力量已经开始不断占领城市中间原有市民的居住空间，国家为了保障子民的住房和城市住区不被资本家的工业用地扩张无限

来源：作者读书笔记。

地占领，1790 年，在一些城市中间开始建立控制性详细规划。这种规划在当时被称为街区规划（Zonenplan），它包含了三个部分。

（1）控制性内容：明确了城市用地的边界、用地的使用功能、用地上建筑高度、用地的总建筑面积和总体积。

（2）引导性内容：明确了各块用地上的建筑风格、建筑形态、屋顶的坡度、建筑材料等建筑风格，以引导城市风貌的和谐。

（3）城市空间和用地的规划编制及其审批程序制度。

历史上，大都市工业化过程中，机械化生产的扩张挤压了人的社会生活空间，资本的逐利造成城市空间的重新分布，其中包含了四部分社会阶层的互动。这些阶层包括：国王与皇室；企业与资本家；城市无产者；知识分子和工程师。可以采用空间处理的手段来缓解大都市不同阶层之间的矛盾与冲突（见图 3-3 a, b, c, d）。

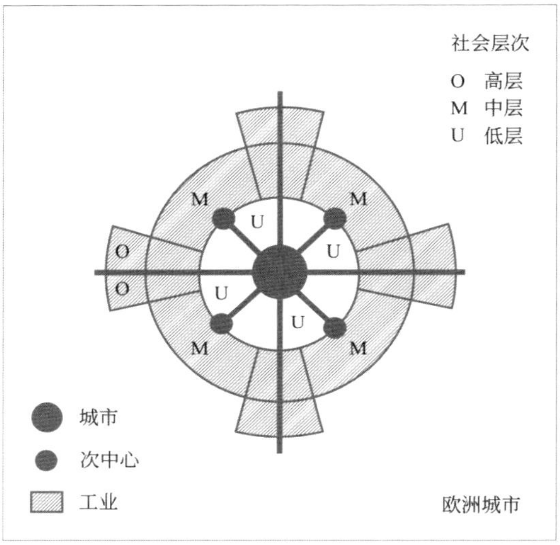

图 3-3a 欧洲城市结构

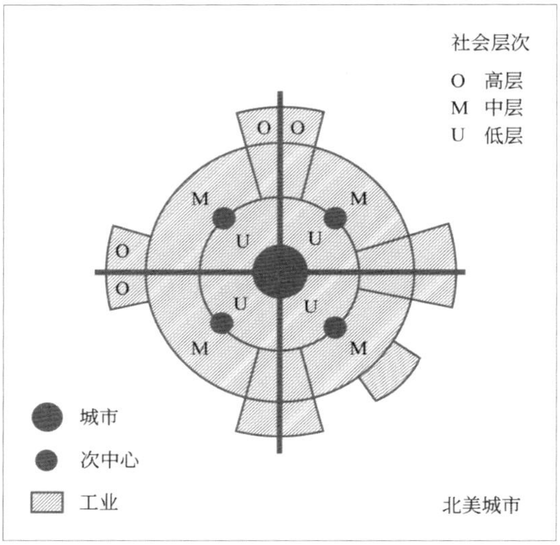

图 3-3b 北美城市结构

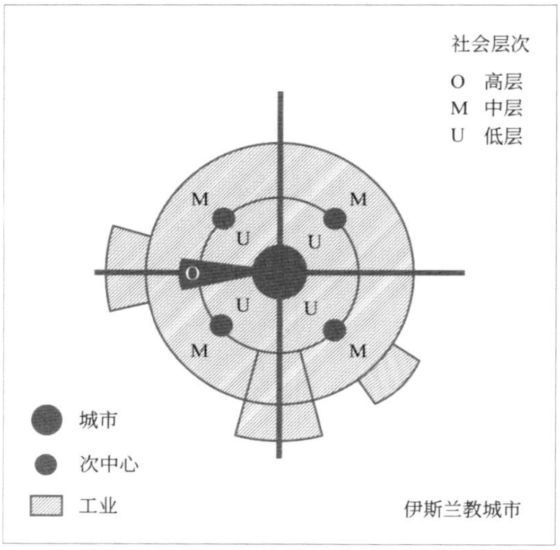

图 3-3c 伊斯兰教城市结构

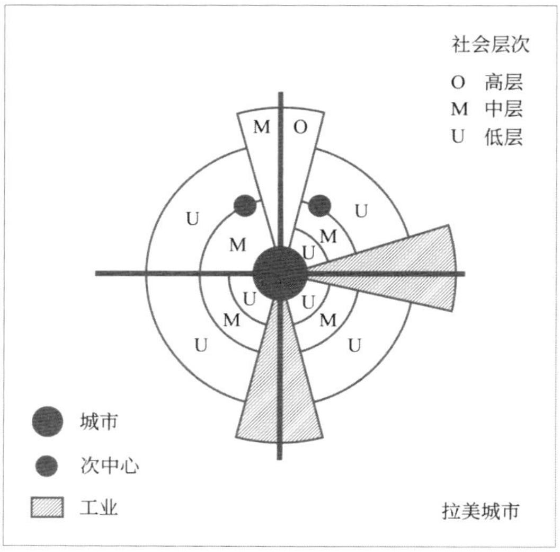

图 3-3d 拉美城市结构

原理 O211 空间规划思想方法的变革

新时代的国土空间规划思想需要对传统思想进行变革：由单向的封闭型思想方法转向复合的开放型思想方法；由最终理想状态的静态思想方法转向过程导控的动态思想方法；由指令性的刚性思想方法转向引导性的韧性思想方法；由机械时代简单理性的思想方法转向生态文明时代生态理性的思想方法。

原理 O212 以实现可持续发展为国土空间规划目标

传统的发展模式给人类造成了各种困境和危机，为实现生态、社会和经济的良性循环，必须坚持走可持续发展的道路。国土空间资源是有限的，空间规划必须时刻贯彻可持续发展理念，国家文件也明确指出“国土空间规划是国家空间发展的指南、可持续发展的空间蓝图，是各类开发保护建设活动的基本依据”。新时代国土空间规划中的目标价值导向，主要体现了生态保护优先的开发思维、全域全要素一体化战略思维、交通与空间协同发展思维以及以人为本的高质量发展思维四种思维模式。

拓展阅读 O2121 国土空间规划的重要性

国土空间规划是国家空间发展的指南、可持续发展的空间蓝图，是各类开发保护建设活动的基本依据。建立国土空间规划体系并监督实施，将主体功能区规划、土地利用规划、城乡规划等空间规划融合为统一的国土空间规划，实现“多规合一”，强化国土空间规划对各专项规划的指导约束作用，是党中央、国务院作出的重大部署。

来源：作者读书笔记。

原理 O213 现实底板与发展愿景的统一

对于空间规划而言，需要建立对于“底板”的辩证思考。过去与现在的发展状态是规划的底板，但不是唯一依据。空间规划是需要梦想的，需要依照文明发展的规律，将未来作为明确目标，连接今天的状态和未来的理想状态，并将历史的积淀与未来的发展目标进行路径关联。空间规划不是简单的历史外推，它经常是历史发展阶段提升的有效工具。空间规划更不能是所有城市的“一刀切”和土地平均分配，而是文明对其空间使用有效性的迭代升级。将历史现状和未来的理想愿景统一，是空间规划编制工作的基点。

案例 O2131

伦敦大都市空间战略规划

扫二维码了解以下内容：
伦敦都市圈历次战略规划（表）

来源：作者读书笔记。

每一次伦敦大都市空间战略规划，都对现状发展的问题进行了归类，对历史发展至今的规律做了总结和推演，同时，也面对世界大都市发展的竞争局面提出未来创新的目标。在空间总体规划制定战略目标时，综合了三个思维导向（见表 3-1）。

（1）规律导向：该空间域历史规律的向外推演。

（2）问题导向：该空间域面临挑战和问题的反思，以及解决问题的方案。

（3）理想导向：该空间域未来发展竞争格局中创造性的思想理念。

表 3-1 伦敦都市圈历次战略规划

背景	规划	目标
工业革命	1889 年	区域治理
国家干预时期：凯恩斯主义 控制市区蔓延，疏散伦敦中心区的人口和工业——确定新城建设思路 现状人口 650 万，规划疏散人口 100 万	1938 年《绿带法》	田园城市
	1940 年《巴罗报告》	田园城市
	1942 年《厄斯瓦特报告》	土地产权理论储备
	1944 年《大伦敦规划》	田园城市
	1946 年《新城法》	新城建设
	1947 年《城乡规划法》《城市及田园计划法》	城市控制
	1949 年《住房法》	住房建设
伦敦郡议会时期 战后复苏，引导人口产业有组织外迁，引导城市扩张，14 座新城 现状人口 700 万，1945—1965 年流出人口的 32% 转移到新城	1960 年《大伦敦规划》调整	格局转变
	1964 年《大伦敦规划检讨》	制度改革
制造业萎缩，港口城市向金融服务城市转型，内城复兴，新城计划终结 现状人口 750 万	1969 年《人与规划》	强化公众参与
	1976 年《大伦敦发展规划》	服务城市转型，内城复兴，新城计划终结
	1978 年《内城法》	内城复兴
撒切尔时期：自由主义改革 自由主义改革，经济复苏，老龄化缓解，世界金融中心城市，强调市场机制，以旗舰项目的开发带动城市更新	*Unitary Development Plan*，UDP	不做规划
	1980 年《英国地方政府规划与土地法》	地区更新
	1980 年《企业区条例》	
	1980 年《英国地方政府规划与土地法》	
	1980 年《住房法》修改	住宅私有化
	1980 年《住房协会法》	改善居住环境
	1980 年《城市空间战略规划指引 SPG》	指导一体化规划（UDPs）

续表

背景	规划	目标
布莱尔时期：第三条道路 地区发展不均，房价大幅增长，中心区人口回升，能源危机	1995 年《企业特区评估》《规划政策指引》	产业复兴
	1998 年《政府城乡规划白皮书》	
肯·利文斯顿士奇 金融危机，全球化，人口增长与生活品质追求产生矛盾；进一步国际化和产业结构高级化； 欧洲一体化； 中心区人口回升	2000 年《走向伦敦规划》	重启规划
	2003 年《伦敦市长文化战略草案》	城市文化复兴
	2004 年《大伦敦规划》	伦敦复兴
	2004 年《规划与强制收购法》	制度改革
鲍里斯·约翰逊，奥运遗产、经济全球化、气候变化、住房需求变大	2008 年《大伦敦规划》	一个更美好的伦敦
	2008 年咨询预案	
	2016 年大伦敦规划	

原理 O214 社会发展与技术规范的统一

国土空间规划应该坚持社会发展与技术规范相统一。应站在社会发展的前沿，面对社会生活组织中的问题和挑战，尤其是面对未来一代社会主人的生活偏好和需求，以及曾经为社会发展做出一代贡献的老人生活和养老的基本保障需求，综合提出未来社会理想的空间组织模式。例如，在德国工业化时期，现代资本家在厂区附近为工人建造了大量工人新村，满足了从农业社会进入工业社会的工人阶级四代同堂的居住需求，形成了以“西门子城”为代表的工人新村。但随着时代的发展，德国生育力大幅下降，1970 年代后，受过高等教育不婚不育的一代大量涌现，造成对小型住宅的大量需求。因此，在新建住宅中，大量采用了两室一户的受青年欢迎的住宅，同时，对原来四世同堂的工人新村进行了户型改建。

前瞻性地判断社会发展趋势和空间载体变化，需要不断对技术规范进行动态调整。在实际空间规划操作中，面临着大量技术规范的约束，而这些技术规范都是在历史社会经济条件下凝练而成，对于未来社会需求的满足是有限度的，尤其是对于创新人才、创新需求、职住合一的生活工作方式等新型社会需求。另外，5G 技术、快递系统、共享交通等新型技术在传统技术规范中都缺乏弹性布局。因此，在空间规划实践中必须敏锐地观察到社会需求与现有技术规范之间的矛盾冲突点，尽可能在现有的技术规范中实现未来社会需求。同时，空间规划编制工作者也应努力更新现有的技术规范，使技术规范不断迭代进步。

案例 O2141

西门子城德国住宅改建

扫二维码了解以下内容：
西门子环形城，大户型住宅平面与单元划分（1929—1930 年），定制化住宅房型（1970 年后）

西门子公司为了适应工人阶级的大量集聚，在 1910 年建造了大量适应三代同堂的大户型住宅，形成著名的“西门子城”。1970 年代，德国家庭出现小型化趋势后，“西门子城”对原有房型进行了如下定制化改建。

（1）单间住宅：适应于青年单身，一个单独的学习区域与客厅相邻。

（2）共厨住宅：适应于青年单身共享一个中央厨房，布置多个独立卧室。

（3）共生住宅：适应于安度晚年的老年退休员工，由多套公寓联合形成住宅群落。

拓展阅读 O2141

从“物化指标”向“人本指标”的转型

指标体系将空间规划目标量化，强化实施性，为监督、评估、预警提供了基本的依据。在新国土空间规划体系建设的背景下，其承担更加复杂的任务：需寻求普适性与差异性的统一、刚性与弹性的统一、动态与静态的统一、上部（国家治理）与下部（地方需求）的统一，以适应新时代要求与发展理念以及空间规划改革的新要求。

在这一复杂任务中有一条根本主线，即应坚持从“物化指标”向“人本指标”转型。人本的规划、战略，需要以人本的指标进行实施保障。从指标内容上来看，既往指标体系与人的基本需求与属性的脱钩造成本身指标设置与管理的意义有待考量。例如，在社区家园塑造中，过去用设施的人均绝对数量作为考核指标，该指标尽管直观，却忽视了人生理需求与机会选择；而以步行尺度构建的“家园模式”则充分体现指标的社会属性。2021 年 3 月伦敦发布 *The London Plan* 2021 支撑其在未来 20 年的可持续发展，基于其在住房、经济等八个方面的战略部署，制定了 12 个关键指标（key performance index），包括：经济主体下的居民可负担的工作空间（affordable workspace），交通主题下的绿色交通分担率（model share），以及健康主题下伦敦市民参与公园骑行活动的平均时长（londoner engaging in active travel）。这些精简的与地区发展战略紧密联系且又以“人视角”切入的指标设置强化了战略实施，体现了全球城市发展下的本地性与人本性。

来源：作者读书笔记。

原理 O215 土地价值与空间效益的统一

土地是空间规划学科的根本对象，是设施布置和人类活动的基本载体。其价值具有多元性，除了土地的市场价值，还必须同时考虑其作为载体的生态价值与社会价值。空间规划必须对一个地区有限的土地空间资源进行统一谋划，以实现生态功能的维系、社会活动的有序开展和经济的持续发展；但也必须明确，土地资源是有限的。

对于传统的城乡规划师来说，急需补充土地经济学的基本理论和基本规律，使得规划学科更加扎根于市场经济的基本规律；而对于传统的国土空间规划师来说，也急需补充社会学理论与规律，补充规划学对于多目标系统在发展时段上的统一整合方法。

拓展阅读 O2151

以空间总成本衡量规划成效

以规划实现计划与市场合力最大化，那么判断合力最大化的标准是什么？空间总成本。作为衡量规划成效的标准，空间总成本可以理解为城乡空间在实现当前功能组合时所放弃的最大代价和额外产生的代价的总和。城乡规划只有充分理解了空间总成本问题，才能顺应城市发展规律，通过实现空间总成本最小化，从而在城乡空间上实现市场和计划的合力最大化。在城乡规划中可以从以下几个层面实现空间总成本最小化。

(1) 降低空间权利的交易成本。关于交易成本，张五常认为凡是在一个人的社会里不存在、而在多个人的社会里存在的成本就是交易费用。科斯认为在交易费用为零或足够低的情况，不管资源的主人是谁，资源都会同样流动到价值最高的用途上去。通过制度设计让资源的流动和分配更便捷，便可以提高各项经济资源被重新配置和使用的效率。城乡规划具有设定城乡空间功能使用规则的制度设计功能，通过合理的规划可以避免城市空间使用上的“寻租”行为，减少社会总资源耗散：通过规划对空间资源的责任权利进行界定，保障交易内容的权益清晰，由此空间用途和使用方式上的纠纷便可以低成本地通过评估空间生产效率的方式进行交易配置；通过规划确定空间交易规则，降低交易行为本身的成本；通过规划确定交易违约成本，保障交易的有效性。

(2) 减少空间使用的内部耗散。在社会运行中有一类特殊的成本损耗现象，被称为“破窗理论”或“造锁成本”。经济学家从经济发展的不同周期出发对于这类现象是否具有促进增长的意义存在着争议，但从社会总成本的角度上看，这类现象就应被坚决避免，因为它们只能产生社会成本，造成资源损耗，却无法带来社会财富的增加。同样从空间总成本的角度，城乡规划应基于城市发展规律、在考虑近远期平衡的基础上，尽量减少空间成本。包括以下努力方向：合理的空间集聚程度；合理的基础设施建设；合理的公共服务设施配置；合理的住房供给标准；等等。

(3) 平衡空间冲突的时间成本。关于空间使用功能的争议，很多都是时间成本混乱造成的，应兼顾城市社会空间的周期平衡与城市生产空间的周期平衡。以城市社会空间的周期平衡而言，在城市空间使用功能的再分配，相较于城市优势人群，对底层城市居民需求的成本投入，必然会影响城市空间短期内增长效率，但从长期看，城市空间基尼系数的增加，必然会影响城市社会稳定，损害城市整体发展环境。而对城市生产空间的周期平衡而言，比如城市建设、农业生产和环境保护之间对国土空间使用的竞争，就需要在空间的时间维度上来衡量短期冲突和长期需求的成本，将长期成本贴现，用持平的眼光看待发展、污染和粮食问题，并在三者之间取得一个平衡。

案例 O2151

上海世纪大道土地再开发综合评价

扫二维码了解以下内容：
现状楼盘经济分析图，土地综合评价分析图（综合评价说明），土地综合评价分析图（竖向综合开发）

1. 综合评价说明

对世纪大道两侧地块开发或更新所产生的社会效益和经济效益进行综合评价，考虑的因素包括：区位因素（包括交通区位和经济优势）；土地经济收益状况；现状地块建筑年代、质量（或项目批租开发状况）。

将各项评分加权求和、取整得到最终综合评分等级，分为 1~6 级。级别越高表示该地块各方面综合条件较好，可以优先开发。

2. 竖向综合开发

在市场经济主导下，传统土地开发模式已不再适用，单一土地性质不能使土地发挥最大的经济效益。作为上海最重要的都市景观轴线，世纪大道是一个集商业、办公、娱乐休闲等综合功能于一体的区域。所以，竖向空间经济价值随楼层的增高而增高。因此综合考虑各方面的因素对世纪大道两侧地块兼容性开发做了初步规划。

原理 O216 中国特色的空间规划治理

对于中国空间治理现代化的探索并不存在“标准模板”。我国需要借鉴发达国家成熟的空间规划规律，但正如各国各地区建立的空间规划制度都是各自经济社会发展和自然地理条件的特别设计，我国的国土空间规划应该根据中国特色和各地域的特点进行内化与转译，形成具有我国特色、各地区特点的空间规划治理体系。

拓展阅读 O2161

从管理向治理转型

从“管理”范式向“治理”范式转型，在空间规划领域的重要体现可以从三个方面进行理解：明晰上下空间事权分配；不同部门高效协商运作；市场、市民以及政府之间畅达联结。尊重市场规律是治理的支配逻辑，明晰上下权力边界，简化审批沟通环节将极大减少空间项目运行的阻碍，提升运筹“活性”，管住政府土地管理“负向清单”，强化应对市场不确定性的“韧性”，尊重底部动力，强化多元主体在社区建设中的参与性以提升“黏性”。

相对于社会意识，治理的模式仅仅是一种表征，不同语境下国家选择、改革模式均不一样。2011 年，英国通过大刀阔斧的空间规划改革强化其空间治理能力，受地方主义思潮的影响，削减空间规划层级，将权力大幅度下放至社区，以期绝对强化其在经济低迷下应对多变市场形势的灵活性，但实际上也带来了区域协作能力下降、“邻避主义”盛行、改革反复等问题。

分级规划篇

第4章

省级与区域国土空间规划

原理 Y101 省级与区域国土空间规划的目标和任务

省级与区域国土空间规划在国土空间规划体系中具有承上启下、统筹协调作用，是对全国国土空间规划纲要的落实和深化，是一定时期内省域和区域国土空间保护、开发、利用、修复的政策总纲，指导省域与区域内相关专项规划，是市县级国土空间规划编制的依据。

省级与区域国土空间规划在国家建立国土空间规划体系并监督实施中具有协调国家战略和地方发展关系的腰部作用，具有战略性、协调性、综合性和约束性，既承担了国家战略的落实任务，也要发挥促进省域和区域协调发展的任务。主要任务包括以下六项。

（1）落实国家主体功能区战略、区域协调和国家重大发展战略的任务，明确空间发展目标战略。

（2）明确全省和区域总体布局及资源环境底线约束的内容，协调并提出下辖各单元承担的任务要求。

（3）预测与把握未来城镇化中长期的发展趋势，协调对分区差异化发展的指导。

（4）明确支撑体系建设重点任务，加强对专项系统的协调和指导。

（5）加强与周边省份在重大基础设施、产业布局、生态、文化、公共服务等领域的协同，促进区域联动发展。

（6）明确空间规划实施政策机制保障和责任落实要求，建设信息平台。

拓展阅读 Y1011 省级国土空间规划的审查要点

自然资源部《关于全面开展国土空间规划工作的通知》（自然资发〔2019〕87 号）提出，按照“管什么就批什么”的原则，对省级和市县级国土空间规划，侧重控制性审查，重点审查目标定位、底线约束、控制性指标、相邻关系等，并对空间规划程序和报批成果形式做合规性审查。

其中，该文件对省级国土空间规划审查要点作出了规定，包括：①国土空间开发保护目标；②国土空间开发强度、建设用地规模，生态保护红线控制面积、自然岸线保有率，耕地保有量及永久基本农田保护面积，用水总量和强度控制等指标的分解下达；③主体功能区划分，城镇开发边界、生态保护红线、永久基本农田的协调落实情况；④城镇体系布局，城市群、都市圈等区域协调重点地区的空间结构；⑤生态屏障、生态廊道和生态系统保护格局，重大基础设施网络布局，城乡公共服务设施配置要求；⑥体现地方特色的自然保护地体系和历史文化保护体系；⑦乡村空间布局，促进乡村振兴的原则和要求；⑧保障空间规划实施的政策措施；⑨对市县级规划的指导和约束要求等。

案例 Y1011

完善主体功能区战略制度

主体功能区规划在发挥空间政策引导、推动区域差异化发展等方面发挥着积极作用，是国土空间治理的重要手段，但也存在一定问题和挑战，需要结合新的国土空间规划编制和实施不断完善。

1. 原有主体功能区规划的问题与挑战

（1）偏重于政策，空间传导性不足。在主体功能区规划实施中，其对下位规划的传导主要通过开发原则和战略目标的定性描述所实现。如何形成约束机制，将主体功能区规划的相关要求充分体现到其他相关规划中，有待进一步探索和完善。

（2）部分县域单元功能多元，难以准确定位。现行主体功能区划分以县域为基本单元，部分县域地区功能较为复合，以单一主体功能并不能代表县域功能的多元性。同时，随着浙江省步入后工业时代，县域基本单元的功能更加综合和多元，以县域为基本单元的“主体功能”无法涵盖所需要的复杂政策。

（3）海陆主体功能区规划分别独立编制，缺乏统筹。由于陆地和海洋主体功能区规划的编制部门和编制时间不一致，沿海县域陆地和海洋主体功能定位衔接不够，不利于整体统筹陆海开发与保护。

2. 省级规划完善主体功能区战略制度的对策

（1）细化主体功能类型（5+2），丰富主体功能定位。根据全国主体功能区战略设计（3+N），结合省情实际，以县（市）为单元，全省形成城市化地区、农产品主产区（国家级）、生态保护地区三大主体功能，执行国家针对各功能区的约束和管控要求。在此基础上，依据全省“双评价”结果，结合全省自然地理格局和城市发展实际，将国土空间主体功能细分为重点生态保护区、生态经济地区、农产品主产区、城市化优势地区和城市化潜力地区，并结合浙江发展特色，增加海洋经济地区和文化景观地区两类附加类型。

（2）两上两下，功能定位精准细化到乡镇单元。为提高主体功能分区精度，以实现精准表达、精准管控、精准治理，将全省主体功能区在空间单元上细分至乡镇。通过全省上下互动、相互反馈，结合批准的全省主体功能区规划，提出以乡镇为基本单元的主体功能区细化方案，形成乡镇主体功能与县域主体功能相互套嵌、相互融合的空间主体功能关系。

（3）以近岸地区为重点，统筹陆海主体功能。按照陆海统筹、海洋“二空间内部一红线”的总体要求，根据海洋空间开发利用适宜性评价，结合海洋资源保护与港口、城镇及各类基础设施发展要求，细化确定海洋主体功能区。

（4）制定差异化的政策，实施主体功能区分类指引。将主体功能区作为确定发展格局、用途分区、要素配置、绩效考核等的重要依据。按照主体功能定位，形成财政转移支付、生态补偿与产品交易、产业准入、用地供应、设施配套、用途管制等差异化政策导向。城市化地区高效集聚经济和人口，协调基本农田和生态空间保护；农产品主产区增强农业生产能力，确保农业的区域服务功能不断增强；生态功能区把发展重点放在保护生态环境、提供生态产品上，推动生态功能区的人口逐步有序转移，形成主体功能明显、优势互补、高质量发展的国土空间开发保护新格局。

来源：浙江省省级国土空间规划研究案例——完善主体功能区战略制度。

（5）完善主体功能区实施管控机制。一是以街道乡镇为单元，进一步细化主体功能空间政策单元，形成县（市）—乡镇—空间政策单元三级逐级落实、检测预警及动态调整机制。二是形成“主体功能区—政策单元”的网格化指引体系，强化空间政策单元在县级规划中的落实。三是围绕主体功能区管控指引，协同省、市政府与各相关部门，建立差异考核、要素配置、分区管控、项目投资、产业准入、用地供应、设施配套等综合实施措施，完善资源补偿与交易、环境保护、农业农村发展的综合配套政策和创新。

案例 Y1012

河南省省级国土空间规划定位

在《中共中央、国务院关于建立国土空间规划体系并监督实施的若干意见》出台之后，河南省于 2020 年 4 月 11 日发布了实施意见，明确河南省国土空间规划是对全国国土空间规划的落实，是对全省国土空间保护、开发、利用、修复的总体安排，是编制省级相关专项规划、市县国土空间总体规划的依据和基础。要全面落实国家和全省重大发展战略要求，科学确定全省国土空间发展定位和开发保护目标；统筹全省生产、生活、生态空间布局和三条控制线总体格局；优化主体功能区划分，发挥各地比较优势，增强郑州大都市区、洛阳都市圈（后合并整合为郑州都市圈）等重点地区和城市的经济、人口承载能力，优化全省人口和城镇空间布局；保障生态屏障、生态廊道、自然保护地和区域开敞空间，优化生态系统保护格局；完善交通、水利等基础设施和公共服务设施布局，构建均等化的城乡基本公共服务体系；提出省级相关专项规划、市县国土空间保护开发利用修复的约束性指标和刚性管控要求。省国土空间规划由省政府组织编制，由省自然资源厅牵头，会同有关部门做好具体工作。

河南省国土空间规划编制内容按照“问题、目标、战略、空间格局、支撑体系、治理体系”六部分进行组织，并以“问题—目标—战略”为逻辑主线，贯穿落实在空间格局、支撑体系和治理体系内容当中（见表 4-1）。

表 4-1 河南省国土空间规划内容框架

问题	现状问题与风险挑战
目标	发展愿景与总体目标
战略	呼应问题与目标的空间战略
空间格局	总体格局以及生态、农业、城镇三大基本空间格局
	凸显河南特色的乡村振兴、历史文化保护格局
支撑体系	安全与重大基础设施体系
治理体系	强化空间绩效，促进资源高效利用
	加强规划实施，构建系统指引与规划传导体系
	提升治理水平，建立现代规划管理体系

来源：上海同济城市规划设计研究院有限公司、河南省国土资源调查规划院、河南省城乡规划设计研究总院股份有限公司联合编制团队，《河南省国土空间规划（2020—2035 年）研究报告》。

原理 Y102　调研省域与区域国土空间现状

省级规划是指对省域国土空间作出未来空间安排，在规划前必须清晰地调研和把握现状特征，综合参考国家部委文件以及地方特色，主要包括以下十个方面。

（1）自然地理，包括地质地貌、水文气候、动植物多样性和环境风险条件等。

（2）生态环境与自然资源，包括山水林田湖草矿沙海冰等多种类型的自然资源。

（3）历史文化。

（4）重大战略，国家对规划省份及其所在区域的战略谋划。

（5）各类用地的总量、结构与分布。

（6）人口规模结构与流动。

（7）交通与基础设施。

（8）产业构成与发展动态。

（9）社会意识与社会治理要求。

（10）周边邻近空间的发展。

在规划实践过程中，应兼顾这十个维度的基础，各省份还应根据自身在空间、社会经济和治理模式上的特殊性，因地制宜地选择符合自身空间开发、保护、利用的要素进行重点研究。

案例 Y1021　海南省国土空间规划现状分析

1. 自然条件

海南岛是中国第二大岛，地处中国华南地区，北以琼州海峡与广东划界，西临北部湾，与越南相对，南部通过三沙海域与菲律宾、文莱、马来西亚相邻。

地形地貌。海南岛为大陆岛，地貌整体呈穹隆状，海南岛中间高耸，四周低平，由山地、丘陵、台地、平原构成环形层状梯级变化的地貌特征。

光热环境。海南岛气候资源独特，属热带海洋性季风气候，全年暖热，光热条件充足。

水环境。海南岛属热带海洋性季风气候，多年平均降水量较高，雨量充沛，年降水量 1000~2600 毫米。2019 年海南岛水资源总量为 252.3 亿立方米（多年平均水资源总量约为 304 亿立方米）。河流由中部山区丘陵向四周以辐射状流入海，南渡江、昌化江和万泉河等主要河流构成放射状的海岛水系。

空气质量。海南岛空气质量优良，2019 年全省环境空气质量优良率为 97.5%。

土壤与森林。海南岛土壤通气状况及保水保肥性能较优，土壤环境质量优良。全岛森林覆盖率稳定在 62.1% 以上。海南热带雨林是我国分布最集中、

来源：上海同济城市规划设计研究院有限公司、南京大学、海南省海洋与渔业科学院、海南国源土地矿产勘测规划设计院联合编制团队，《海南省国土空间规划（2020—2035 年）研究报告》。

保存最完好、连片面积最大的热带雨林，是全球重要的种质资源基因库。

矿产资源。海南省矿产资源种类较多，能源矿产丰富，金属矿产不足，油气资源储量位于全国前列。

海洋资源。海洋资源优质丰富，海南省管辖海域面积约200万平方千米，占全国海域面积的2/3。近岸海域分布有627个海岛（不含本岛）。

2. 历史文化

海南岛的人类历史可追溯到旧石器时代晚期至新石器时代早期。已发现的三亚市落笔洞古人类文化遗址，距今1万年左右。唐代改设崖州、儋州、振州、万安州、琼州5州共22县，统属岭南道管辖。海南简称“琼”，源于唐代的琼州。清代在海南设琼州府，辖3州10县，故史称“十三州县”。

1950年，海南岛解放，设海南行政区，隶属广东省。1951年设行政公署，驻琼山。在岛的南半部地区建立了海南黎族苗族自治州。1988年，海南建省并成立经济特区，省会为海口市。中华人民共和国成立以来，大批来自不同行业领域的人才来到海南，参与海南的军垦发展和特区建设，为海南的移民文化赋予了新的时代意义。

3. 现状土地使用

基于全国第三次国土调查成果进行的地类转换，海南岛现状土地资源利用格局为农用地总计30032.1平方千米，占陆域总面积的87.2%；建设用地总计2776.8平方千米，占陆域总面积的8.0%；其他用地1649.0平方千米，占陆域总面积的4.8%。

4. 人口规模

2019年海南省常住人口为944.7万人，其中城镇常住人口为559.6万人。2014—2018年常住人口年均增长率为0.8‰、年均增长7.7万，同期户籍人口年均增长率为0.2‰、年均增长2.2万。海南流动人口多，从2015年开始，海南省的常住人口由净流出变为净流入。

海南省人口总量在全国处于较低水平，但人口增长率长期高于全国平均水平。海南经济特区成立之后，总体表现为常住人口规模增长，常住人口增速逐步降低。

5. 产业发展动态

2019年海南省三次产业就业占比分别为38.1%，11.8%，50.1%。海南第一产业就业占比（38.1%）偏高（同期台湾地区为4.9%），第二产业吸纳劳动力比例较低。旅游产品附加值较低，特别是与文化、体育等产业融合的广度、深度不够。

原理 Y103　落实国家战略

省级国土空间规划作为国家级国土空间规划的下一层级，必须清晰界定其在全国国土空间总体战略格局中的地位，充分体现和落实全国国土空间规划纲要对该省规划的各项要求。省级国土空间规划要深入落实主体功能区战略以及国家重大战略，推动国家区域协调发展在该省域协同实施。省级国土空间规划作为本省未来导向的行动纲领，必须指明本省未来发展大势，包括经济产业结构发展、人口结构发展、生态资源发展以及城乡建设技术的发展，以顺应国家现代治理体系的发展大势。

案例 Y1031

河南省国土空间规划落实国家主体功能区，战略保障国家粮食生产安全、生态本底安全和资源保障安全，深入推进黄河流域生态保护和高质量发展国家重大战略和中部地区崛起区域协调发展战略

1. 深入落实国家主体功能区战略，保障国家安全

明确河南省在全国主体功能区战略格局中的地位，统筹与细化省域主体功能区布局，突出河南省对国家粮食生产安全、生态本底安全和资源保障安全的空间落实。

1）　保障国家粮食安全

落实黄淮海平原国家粮食生产基地建设，支撑国家小麦、玉米种业基地建设，保障粮食综合生产能力占全国 1/10 以上。规划明确以黄淮海平原和南阳盆地的国家产粮大县为主体，确定河南省 59 县（市）为省级农产品主产区。

2）　保障国家生态安全

保育太行、伏牛、桐柏—大别山三大生态屏障，加强黄河、淮河、长江、海河四大流域综合治理，保障黄河安澜、国泰民安。规划将生态屏障及流域生态重点地区的 12 个县（市）确定为省级重点生态功能区。

3）　保障国家资源安全

保护南水北调中线水源地丹江口水库及线路，保障一泓清水送首都；保障西北电力油气向东部输送线路及设施安全。规划对重要水源保护区和重大基础设施廊道采取名录控制。

2. 深入推进区域重大战略和区域协调发展战略

深入落实黄河流域生态保护和高质量发展战略要求：衔接国家“两横三纵”城镇化格局，发挥“米字形”交通对城镇发展的带动作用，建设国家交通枢纽，打造区域经济增长极和黄河流域人口、生产力布局的主要载体；推进黄河生态廊道建设，开展黄河干支流生态资源保护和综合治理。

积极把握新时代中部地区高质量崛起政策机遇，发挥河南承东启西、连南接北的区位和 1 亿人口大省市场优势，构筑国内大循环和国内国际双循环的关键环，夯实制造业脊梁，建设制造业基地，促进县域经济发展。

来源：上海同济城市规划设计研究院有限公司、河南省国土资源调查规划院、河南省城乡规划设计研究总院股份有限公司联合编制团队，《河南省国土空间规划（2020—2035 年）研究报告》。

案例 Y1032

海南省国土空间总体规划将国家战略的落实作为目标指引，实现空间转化

海南省国土空间总体规划以落实海南岛建设自由贸易港的国家战略为目标指引，实现国家战略性平台的空间转化。将海南省发展前景与自由贸易港国家政策相结合，通过六大平台支撑伟大复兴。六大平台中有先决性平台，有后发性平台，有全局影响平台，有专项影响平台。根据由先决到后发，由全局性到专项的顺序，六大国家级战略平台依次如下。

（1）国际客货运平台。为支撑海南打造最高开放水平的自由贸易港，需配备具有最高服务能力的国际客货运枢纽空港和货运枢纽海港。

（2）国际交往平台。以国际政务、国际高端商务、国际高品质文化交流为主导功能，配备相关设施及服务机构，成为关联产业集聚发展的中枢机构。

（3）国际教育平台。以培养国际政治、商务、旅游、文化交流、科学研究和各类工程技术人才，服务于南海和平发展、“一带一路”倡议下的建设为目的。

（4）空天产业平台。位于低纬度是海南的自然禀赋，以文昌航天发射场及文昌国际航天城为依托，发展研发及制造能力，打造国家空天产业平台。

（5）深海产业平台。以深海禀赋为依托，发展海洋科技产业，重点集聚深海科技、海洋产业领域。

（6）种质资源平台。依托热带气候优势，以南繁科技城为核心，发展动植物育种科技、国际种业交易、种业知识产权交易、热带特色农科等功能。

来源：上海同济城市规划设计研究院有限公司、南京大学、海南省海洋与渔业科学院、海南国源土地矿产勘测规划设计院联合编制团队，《海南省国土空间规划（2020—2035 年）研究报告》。

原理 Y104 保护生态、农业空间与自然资源节约集约利用

在生态文明背景下，省级国土空间规划应体现保护优先理念，确定自然资源利用上线和环境质量安全底线，以总体安全观与底线思维，统筹生态、农业空间以及水、矿产等自然资源等的保护与利用，以格局、规模、保护要求、限制利用条件等方式落实在空间规划成果中。规划内容主要涉及土地资源、水资源、矿产资源、海洋资源、能源等，以节约集约利用为总体目标，提出供给、结构以及布局调整的重点和方向。

案例 Y1041

海南省以生态保育为前提，锚固生态安全格局

来源：上海同济城市规划设计研究院有限公司、南京大学、海南省海洋与渔业科学院、海南国源土地矿产勘测规划设计院联合编制团队，《海南省国土空间规划（2020—2035 年）研究报告》。

海南要牢固树立和全面践行“绿水青山就是金山银山”的理念，要实行最严格的生态环境保护制度，建立自然保护地体系，锚固“1+1+3+N”的生态安全格局，建成林城相融、林水相依、林田纵横、山海相连的生态岛。

“1+1+3+N”即“一心一环三江多廊”，“一心”是以热带雨林国家公

园为主体的生态绿心；“一环”是以环岛生态岸段和生态海域为主体的生态蓝环；“三江”是南渡江、万泉河、昌化江生态水源，“多廊”是连通山海的十三条生态廊道。

同时，通过雨林产品的提供、生态旅游的推动、医疗养生的结合、基因多样性的培育，构建南高岭森林生境展示区、鹦哥岭智慧科普教育区、黎母山黎族文化体验区、五指山热带雨林探秘区、吊罗山热带雨林休闲区、霸王岭雨林文化体验区、大广坝生态亲水区、尖峰岭原生风景观赏区、卡法岭生态修复展示区，并在国家公园界外的一定范围内，依托特色资源，规划引导建设相应支撑板块，强化生态价值转换纵深，打造海南热带雨林国家公园品牌。

案例 Y1042

河南省国土空间规划构建生态空间格局

河南省空间总体规划锚固了省域生态安全格局，构建“一带、三屏、四廊、多点”的生态空间格局。

“一带”为黄河流域生态保护核心轴带，是依托黄河干支流水系打造的生态空间保护的核心轴带，也是省域最重要的生态安全廊道，重点实施水资源保护、水环境综合治理、水土流失防治等，维护黄河流域生态安全。

“三屏”为太行山、伏牛山、桐柏山—大别山三大生态屏障。三大生态安全战略区的空间布局和主导功能分别为：太行山以土壤保持与水源涵养为主导功能、秦岭（伏牛山）以生物多样性保护和水源涵养为主导功能、桐柏山—大别山以水源涵养和生物多样性保护为主导功能。

“四廊”为淮河、南水北调中线水源地及干渠沿线、隋唐大运河及明清黄河故道、沙颍河共四个生态保育廊道，重点贯通省域的四个主要生态保育廊道，打通生态系统关节和脉络的关键地带。

“多点”为豫西山丘区、太行山区、南阳盆地区、黄海平原区、豫东平原区、淮河平原区等以自然保护地为基础的生态节点。山区生态节点重点加强森林、湿地生态保护，切实保护生物栖息地，增强水源涵养、水土保持等生态功能；平原区生态节点重点加强农业面源污染及水环境治理，实施平原地区国土绿化工程，完善农田防护林建设。构建城镇生态系统，夯实生态空间保护节点支撑。

来源：上海同济城市规划设计研究院有限公司、河南省国土资源调查规划院、河南省城乡规划设计研究总院股份有限公司联合编制团队，《河南省国土空间规划（2020—2035 年）研究报告》。

案例 Y1043

河南省国土空间规划自然资源节约集约利用

以资源治理体系和治理能力现代化建设为重点，统筹自然资源的有效保护和合理开发利用，全面提升自然资源利用管理水平，提高经济社会发展的质量和效率。

1. 提升水资源利用水平

明确水资源利用上限。坚持以水定城、以水定地、以水定人、以水定产，严格落实国家下达河南省的地表水、地下水取水总量控制指标，实行水资源消耗总量和强度“双控”及用途管制，建立水资源最大刚性约束机制。完善河南省四大流域水量分配方案，严格流域和省、市、县取用水总量控制指标管理。实施年度用水计划管控，控制流域和区域取用水总量。积极培育水市

来源：上海同济城市规划设计研究院有限公司、河南省国土资源调查规划院、河南省城乡规划设计研究总院股份有限公司联合编制团队，《河南省国土空间规划（2020—2035 年）研究报告》。

场，鼓励开展水权交易，运用市场机制合理配置水资源。到2025年和2035年，将全省用水总量分别控制在292.47亿立方米和302.78亿立方米以内。

严格水资源节约利用管理。至2035年，全省万元GDP用水量、万元工业增加值用水量分别降低至26.9立方米和16.4立方米，农田灌溉水有效利用系数提升到0.649。

2. 提高土地资源利用效率

优化土地利用结构。在严格保护耕地特别是永久基本农田的前提下，坚持生态优先、以市场为导向，调整优化园地、畜牧养殖用地等农用地的结构，为发展现代高效农业提供空间支持；坚持“严控增量、盘活存量、增存挂钩”原则，科学预测建设用地总规模，调整城乡建设用地的结构。

节约集约利用土地资源。增量建设用地配置坚持“效率优先、兼顾公平”原则，向中心城市和都市圈倾斜。提高各类行业用地的节约集约标准。推进土地复合利用，探索增加混合产业用地供给。

确立用地标准与绩效目标。以高品质生活和集约节约用地为导向，推动各类建设用地效率提升。依据规划人口和城乡建设用地规模，以高品质生活和集约节约用地为导向，确定建设用地利用绩效标准。

加强城镇地下空间统筹规划利用。根据城市发展定位和规模，将全省县级以上城市分为四类地下空间开发利用区。

3. 节约和综合利用矿产资源

优化矿产资源勘查开发布局。依据全省矿产资源分布及产业集中度，构建豫北能源建材盐卤、豫中煤铝建材盐卤、豫西有色贵金属萤石、豫南建材非金属、豫东能源五大资源产业发展区。

提升矿产资源开发利用水平。推广先进适用技术，支持矿山企业加强主要共伴生矿产资源综合勘查评价和一体开采利用，推进优质优用、梯级利用和循环利用，提高矿产资源“三率”（开采回采率、选矿回收率和综合利用率）和规模化集约化程度。

全面推进绿色矿山建设。新建露天矿山必须符合绿色矿山建设标准，实现矿山固体废弃物综合利用、生产废水循环利用、矿山粉尘有效防治、矿山环境显著改善。

加强矿山生态修复。以矿产资源集中开采区为重点，以维护生态环境安全为核心，大力推进矿山生态保护修复。加快推进历史遗留、政策性关闭、违法开采矿山的地质环境治理，修复受损矿山生态系统和自然景观。

4. 推进资源循环利用

加快建设“无废城市”。围绕低碳城市建设目标，规划建设零碳排放项目、推行绿色建筑标准、建设绿色社区、引导绿色出行。促进产业绿色转型发展，加大产业园区循环化改造力度，规划建设资源循环利用基地、循环经济示范城市与园区，建设“无废城市”。以科学设置、集中布局废弃物处置设施为切入点，建设资源循环利用基地，实现多种废弃物循环利用。支持许昌市深入推进“无废城市”建设试点。

原理 Y105　特制空间结构

我国幅员辽阔，涵盖了有着巨大空间差异的地区。以省级单位（包括自治区和直辖市）来看，有的面积广袤，也有的面积较小，不同省级单位的空间范围有着巨大的差异。在空间范围差异的基础上，伴随着发展路径的不同，不同省级单位还将产生社会经济层面的差异，例如更为密集或稀疏的城市群落体系。因此，对于不同的省级国土空间规划，采用统一标准来构建各省的空间战略、套用“模版”式的规划文本是决不可取的。

有效提升省级国土空间规划编制质量的根本要义，在于从空间规模、人口规模和产业规模三个维度进行针对性的总体结构设计。空间规模作为发展的本底资源，在现状以及利用等方面都具有显著的地区差异，需要因地制宜地开发保护利用策略；人口的数量变化、年龄结构以及空间分布，都深刻地影响了未来空间格局的确定；三次产业构成、增长速度与未来产业类型的变化也是一个复杂的社会空间过程。因此，不存在“划一”的空间结构和规划模式，需要根据地方的特点，针对性地展开从愿景到实施再到管控的空间规划逻辑闭环，建构起“特制”的空间结构，从而实现空间治理的现代化。

案例 Y1051　海南省国土空间格局

海南本岛形成“南北两极带动、西翼集聚推进、东翼组群协同、中部生态保育、陆海统筹布局”的总体格局。

1. 南北两极带动

分别以海口和三亚为核心，构筑“海澄文定”和“大三亚”两大经济圈，引导人口集聚、要素配置倾斜，形成功能组织上密切联系，生态、产业、服务、设施等空间布局一体化发展地区，对本岛发挥辐射带动作用。

2. 西翼集聚推进

强化“儋州—洋浦”的区域中心职能，结合洋浦国际枢纽港、东方物流机场等重大枢纽建设，构建以“儋州—临高—昌江—东方”为主体的临港产业城镇组群，以产业发展促进人口集聚和功能提升，进一步带动本岛西部地区的城镇和园区充分发展。

3. 东翼组群协同

提升琼海市的区域中心职能，形成经济密切联系、职能互补分工、各级城镇协同发展的东部城镇组群。构建以“琼海—万宁”为主体的“城镇 + 滨海度假区 + 乡村田园”相融合的特色化、精品化的组团式城镇群。加快完善国际会展、国际医疗等专业化功能，建设成为国际合作平台、文化交流平台和医疗旅游先行区。

来源：上海同济城市规划设计研究院有限公司、南京大学、海南省海洋与渔业科学院、海南国源土地矿产勘测规划设计院联合编制团队，《海南省国土空间规划（2020—2035 年）研究报告》。

4. 中部生态保育

培育五指山市作为区域中心城市，加强生态保护和旅游服务基地职能的建设。保护好具有海南特色的黎族、苗族文化传统，维护乡土村落格局，形成具有海南特色的热带山水城乡风貌。以热带雨林国家公园为主体，构建本岛绿色生态核心。

5. 陆海统筹布局

统筹陆海生态空间，构建完整有机的“山水林田湖海”生态系统；统筹陆海环保设施建设，提升生态环境质量；统筹陆海开发空间，划定功能分区，协调陆海分界线两侧的主导功能；统筹陆海基础设施建设，保障陆海生产生活联系便利。

案例 Y1052

河南省国土空间格局

1. 格局优化思路

1）以省级“双评价”为支撑，摸清空间本底资源

河南省全省生态极重要区和重要区，主要分布于北部的太行山区，西部的伏牛山、熊耳山和外方山区，南部的桐柏山和大别山区以及黄河滩区；农业适宜区总面积占全省面积的62.38%，集中分布在黄淮海平原区以及南阳盆地；城镇开发适宜区主要分布于京广、陇海等交通走廊沿线，其中郑州、洛阳、开封、许昌、新乡区域相对较为集中。

2）把握人口城镇化趋势，形成都市圈引领多点支撑的城镇化格局

从“六普”到“七普”的十年间人口增长情况来看，郑州人口增长398万人，占全省新增人口的74%，周边洛阳、新乡、开封、许昌等市人口也有增长，呈现出人口向都市圈集聚趋势。河南省城镇化率55%，郑州都市圈城镇化率64%，高出全省11个百分点，已成为引领全省城镇化发展的动力区。同时，面对未来河南省2530万人口城镇化的压力，需要积极培育辐射区域的副中心城市，发挥县域经济优势，形成统筹城乡的重要节点。由此形成都市圈引领、区域中心和县城多点综合支撑的城镇格局。

3）发挥国家中枢作用，优化开放创新与产业布局

基于河南省作为国家中枢的区位特征，依托河南自由贸易试验区、郑洛新国家自主创新区、郑州航空港试验区、洛阳军民融合产业基地等国家级产业平台，基于“米字形”铁路通道强化郑州、洛阳等城市的国家交通枢纽地位，实现多向开放，共建经济走廊，成为省域发展动力引擎。依托南阳、安阳、商丘等城市的产业基础、交通枢纽设施和面向周边城镇群的经济腹地优势，培育新兴增长节点，实现“强心活边”的全省经济产业总体布局策略。

2. 国土空间格局

规划提出“一核、一圈、四极、多节点”的河南省国土空间总体格局。

一核：以郑州国家中心城市为核心，以郑开同城为支撑，将兰考纳入郑开同城化进程，发挥空港枢纽作用，推进郑许一体化，在郑汴许区域打造引领全省增长的核心动力源。

一圈：以郑州国家中心城市、洛阳中原城市群副中心城市为引擎，包括开封、新乡、焦作、许昌、平顶山、漯河和济源示范区，融合打造推动中原

来源：上海同济城市规划设计研究院有限公司、河南省国土资源调查规划院、河南省城乡规划设计研究总院股份有限公司联合编制团队，《河南省国土空间规划（2020—2035年）研究报告》。

城市群一体化高质量发展的郑州都市圈。

四极：推进洛济一体化，强化洛阳中原城市群副中心城市地位，支持南阳副中心城市建设，在豫东和豫北地区培育带动区域发展的新兴增长极。

多节点：支持永城、林州等强县赋能扩权发展为中等城市，发挥县城的纽带与引领作用，形成城乡融合、全域现代的空间新格局。

原理 Y106 构建省域重大基础设施网络体系

各省级的国土空间规划都必须考虑该省级空间与相邻省份以及省内省会城市与省内其他城市的链接网络的互联互通，包括交通、能源、水利以及通信设施等。其中省域交通设施格局决定了省域的空间基本框架；城镇群之间的交通网络体系必须要反映城镇体系网络。省域交通规划需要考虑该省在未来科技、经济社会、市场的发展需求，完善交通网络系统，优化交通结构，加强交通管理与控制。其他能源、水利以及信息通信设施同样是保障支撑社会经济高质量发展的基本支撑，需要在空间格局中统筹安排。

案例 Y1061 海南省国土空间规划打造更具融合性的本岛交通网络

1. 构建“两点、六环、十字”交通结构

海南省国土空间规划形成便捷高效、外通内畅、绿色智慧的综合立体交通网络，全面支撑“全岛同城化”。

两点：强化海口、三亚两大对外交通联系门户枢纽的地位和作用。

六环：完善环岛海运航路、环岛生态旅游公路、环岛高速铁路、环岛高速公路、环岛国道、环热带雨林国家公园旅游公路。

十字：建设贯穿本岛中部、南北向和东西向的高速铁路与高速公路复合交通廊道，强化“两极两翼”城市间快速高效联系。

2. 完善铁路网布局

高速铁路 / 客运专线：形成“田字形”高速铁路网，包括环岛高铁东环（250 千米 / 小时）、环岛高铁西环（200 千米 / 小时）、海口至三亚高铁（350 千米 / 小时，规划）和洋浦至琼海高铁（250 千米 / 小时，规划）；建设三亚新机场支线。

城际铁路：预留“海澄文定”和“大三亚”城际铁路建设的空间需求。

普通铁路：结合港口等重要交通枢纽和产业园区的集疏运需求，建设洋浦支线、马村港区支线、东方临港产业园区支线和澄迈新型生态环保建材基地支线。

城市轨道交通：预留海澄文定和大三亚都市圈的轨道交通建设的空间需

来源：上海同济城市规划设计研究院有限公司、南京大学、海南省海洋与渔业科学院、海南国源土地矿产勘测规划设计院联合编制团队，《海南省国土空间规划（2020—2035 年）研究报告》。

求。规划以海口、三亚市为核心的多层次轨道交通体系，注重轨道交通与机场、港口、铁路、公共交通系统等多种交通方式的衔接，实现同站或立体高效便捷换乘，实现内部与对外、地上与地下交通系统的有机结合。

3. 优化城乡公路网布局

构建以高速公路为主骨架、干线公路为主干线、旅游公路及农村公路为补充的公路网络，建成生态路、景观路、旅游路、交通路、幸福路。

依托市县中心城镇圈的“半小时通勤圈”：依托城际铁路、城市轨道、高速公路、干线公路和农村公路等，各市县中心城镇圈日常通勤时间控制在半小时以内。

高速公路网：形成“一环一纵三横”总体格局。

干线公路网：补充增加相邻市县间通道，优化提升环岛普通国道（G223和G225），加强各干线公路的衔接，优化调整省道网布局。

旅游公路：形成独具海南特色的两环旅游公路主骨架。

农村公路：改善农村交通条件，促进农村人居环境提升，服务乡村振兴战略和全域旅游。其中包括连队的道路工程。

4. 构建沿海航道体系

以重要航道为主体，以一般航道为补充，辅以规划航路，形成层次分明的本岛沿海航道体系。规划21条重要航道、30条一般航道和3条航路（包括1条环岛邮轮航路和2条滨海观光旅游航路）。

5. 建立多层次的旅游休闲交通系统

建设陆海统筹的全域风景道体系，串联国家公园、自然保护区、自然公园等自然保护地，古城、古村、古镇等文化遗产地和滨海特色旅游资源等，推动环岛生态旅游公路、环热带雨林国家公园公路、景区景点连接线、环岛近海旅游航道、通用航空建设。完善旅游公交，优化快速旅游交通干线。利用本岛蓝绿空间，建设绿道慢行系统。

6. 形成“全岛同城化”的交通圈

构筑以高速铁路（轨道交通）和高速公路为骨干、城乡干线公路为支撑、旅游公路为特色、各级交通枢纽为支点的岛内“同城化”综合交通网络，形成3个层次的交通圈。

案例 Y1062

河南省国土空间规划省域交通格局

1. 落实国家级综合立体交通网主骨架通道

落实《国家综合立体交通网规划纲要》规划的国家级综合立体交通网主轴、走廊、通道三级主骨架，包括一主轴、一走廊、一通道。强化国家级主轴京津冀—粤港澳主轴；完善与提升国家级大陆桥走廊连云港—郑州—西安—西宁—乌鲁木齐—霍尔果斯/阿拉山口通道、南京—平顶山—洛阳通道，打通西安—南阳—合肥—南京—上海走廊；支撑二连浩特—大同—太原—洛阳—南阳—宜昌—怀化—桂林—湛江国家级通道建设（见表4-2）。

来源：上海同济城市规划设计研究院有限公司、河南省国土资源调查规划院、河南省城乡规划设计研究总院股份有限公司联合编制团队，《河南省国土空间规划（2020—2035年）研究报告》。

表 4-2 河南省国家综合立体交通网主骨架通道

主骨架		路径
主轴	京津冀—粤港澳主轴	路径 1：北京经雄安、衡水、阜阳、九江、赣州至香港（澳门）
		支线：阜阳、黄山、福州至台北
		路径 2：北京经石家庄、郑州、武汉、长沙、广州至深圳
走廊	大陆桥走廊	路径 1：连云港经郑州、西安、西宁、乌鲁木齐至霍尔果斯 / 阿拉山口
		路径 2：上海经南京、合肥、南阳至西安
		支线：南京经平顶山至洛阳
通道	二湛通道	二连浩特经大同、太原、洛阳、南阳、宜昌、怀化、桂林至湛江

2. 补足连接三大战略地区的区域通道

在落实综合立体交通网主骨架通道的基础上，补缺连接三大战略地区的通道，推进区域骨干走廊加密成网。提升陇海通道，强化郑州—洛阳走廊，支撑郑洛都市圈发展；依托郑宁通道、京沪支线通道、郑合通道，强化中原城市群与长三角多通道衔接；依托陇海走廊、成都—南阳—漯河—周口—商丘—青岛—烟台走廊、青郑渝通道，打通成渝地区与山东半岛城市群联系；预控郑州至银川通道，打通长三角与西北地区联系；加强北沿黄通道建设。

3. 省域交通与空间耦合

结合河南省城镇空间和产业分布，转变既有郑州单中心“米字形”通道结构，推进省域运输通道网络化开放化，形成“六横五纵 + 多放射”的通道格局。实现省域范围更高水平的连通覆盖，支撑郑州都市圈、洛阳都市圈和外围区域中心城市能级提升，引领河南省进入更加均衡、广泛的发展新格局。

案例 Y1063

河南省国土空间规划省域水利、能源、信息基础设施

1. 建设兴利除害的现代水利体系

构建水资源保障体系。推进一批重大水源、引调水、河湖库渠连通等工程建设，构建以南水北调中线工程和黄河、淮河、沙颍河为主骨架和大动脉的“一纵三横四域”兴利除害现代水网，实现黄河、海河、淮河、长江流域水系互通互济，提高全省水安全保障程度。以黄淮海平原为重点，加快大中型灌区续建配套与现代化改造，新建一批大中型灌区，配套完善田间工程，完善灌排体系，提高灌溉用水的效率和农业用水保障程度。

完善河库防洪工程。统筹推进黄河、海河、淮河、长江流域防洪体系建设，巩固提升黄河标准化堤防和重要河段河防工程，消除防洪薄弱环节，提升防洪减灾能力。加快淮河、长江等流域主要支流控制性水利枢纽工程建设前期工作，实施青天河等病险水库（水闸）、淤地坝除险加固工程。开展卫河、贾鲁河、双洎河、共产主义渠、史灌河等河道综合治理，加快广润坡、良相坡、柳围坡、北金堤等海河、黄河、淮河流域蓄滞洪区安全建设。

来源：上海同济城市规划设计研究院有限公司、河南省国土资源调查规划院、河南省城乡规划设计研究总院股份有限公司联合编制团队，《河南省国土空间规划（2020—2035 年）研究报告》。

2. 打造清洁低碳的能源保障体系

优化能源生产和消费结构。以能源生产清洁化和能源消费电气化为方向，

着力优化能源结构、严控化石能源总量，持续压减煤电和终端用煤，严控石油消费增速，全面实施电能替代。突出能源安全保障，加快品种多元、渠道多元的能源基础设施建设，充分发挥天然气低碳转型的桥梁作用，大力推动风电、光电、生物质等清洁能源向主体能源的转化，不断提升能源供给质量和效率，构建分布式、网络化、智能化、绿色低碳的能源供给体系，为全国实现碳达峰、碳中和目标作出河南贡献。

完善燃气转输网络。依托国家主干输气网络，多元引入西气、俄气、川气、海气等资源。推进“三纵六横”省级天然气干线网络建设，实现所有县（市）双气源供气。加快豫北（焦作市博爱县）、豫中（郑州市中牟县）、豫南（驻马店市确山县）、豫西（洛阳市新安县）、豫西南（南阳市唐河县）和豫东（周口市港口物流开发区）6座区域性应急燃气储备中心建设，提高全省能源应急调峰储备能力。探索推进页岩气等非常规天然气资源开发，形成对天然气供给的有力补充。

构建新型电力供应系统。构建“H”型1000千伏特高压网架结构，配建3座1000千伏特高压交流变电站、3座800千伏特高压直流变电站，保障电力落地，增强全省电力供应能力。构建以郑州都市圈电网为核心，向外延伸的“一核五翼”500千伏网架，形成“南北分区、北区内外双环、南区两组团”格局。持续完善城市220千伏、110千伏电网主网架，补强电网短板，推进柔性直流、智能电网建设，充分发挥电网消纳平台作用。

3. 建设智慧高效的新型基础设施

超前谋划布局新型基础设施，构建区域共享数字基础设施体系与产业数字化支撑网络。以郑州为全国通信网络交换枢纽，积极参与国家互联网骨干网络架构优化调整，建设通达世界、国内一流的现代信息通信枢纽，打造全省“米字形”通信网络枢纽。前瞻布局天地一体化、6G等未来网络。积极部署北斗导航服务平台、卫星导航定位基准站等空间信息基础设施，基本形成“陆、空、天”一体化的城市信息基础设施体系。加快推进区域量子通信商用干线网络建设。深化信息技术利用，提升城市智慧化水平。

4. 推动区域基础设施共建与要素共享

共促跨省重大基础设施互联互通。推进南水北调后续工程建设，加强“引江济淮”等重大水资源调配工程与安徽段的规划衔接，保障供水安全。加强西气东输三线中段工程、山西运城—三门峡煤层气管道、晋陕豫黄河金三角—三门峡灵宝市管道、山西省商南县—南阳西峡县管道、日照—濮阳管道、济南—濮阳管道、湖北潜江—中原储气库群输气管道、苏皖豫等长输燃气管道与周边省份规划衔接。加快三峡水电、哈郑直流、灵宝直流、青豫直流、第三直流、第四直流等特高压电力线路与周边省份规划衔接，做好廊道预控，保障能源安全。

原理 Y107　协同邻近省域的规划

任何一个省域空间都存在与邻近省域交通、基础设施（包括供电网、微波网、数字网）网络的互联互通；也存在与邻近省域自然生态的保护联动（水系上下游流动、空气流动、动物种群迁徙）、产业的上下游联动（原料供给地、生产上下游加工地、物流仓储地、市场销售地）及以社会联动（通婚、亲友等）。因此，任何一个省域空间总体规划都必须与邻近省域在自然保护、交通与基础设施、产业联动、社会联系等相关事项上进行充分沟通与协调。

案例 Y1071　河南省国土空间规划形成“四方联动、八向协同”的中原九宫格发展格局

河南省构筑中原九宫格发展格局，以郑洛都市圈为核心、省际交界城市为重点，强化跨省交通互联、产业合作、文化共兴、生态共保共治等方面的协同发展。

1. 东向扇面：依托陇海线，畅通新亚欧大陆桥出海通道

发挥河南省作为亚欧大陆桥由西北地区到东部沿海地区的“转换中枢”作用，依托陇海线，强化商丘与江苏徐州、连云港等重点城市在产业、物流贸易方面的功能联系；推进中部地区大通道大枢纽建设，更好发挥承东启西功能。

2. 东南扇面：依托中原—长三角经济走廊，联动长三角城市群

依托郑徐、郑合、宁洛、宁西高铁通道和淮河、沙颍河等水运通道，创新与长三角地区跨省域对接合作机制，发挥商丘、周口等城市的省际门户作用，推动沿线城市提升承接产业转移能力，积极衔接沪宁合科创走廊建设，构建东向开放新的产业和城镇密集带。

3. 东北扇面：依托郑济走廊，联动山东半岛城市群

推进黄河流域生态保护和高质量发展，联动山东半岛城市群。坚持生态优先绿色发展，共同推进黄河滩区治理与生态环境改善。以中部城镇密集区为主体对接济南、青岛都市圈，培育以先进制造业为主导，以创新为主要动能的现代化经济廊道。推动豫鲁两省份共建旅游协作区，打造一批展现黄河文化的标志性旅游目的地，共建黄河文化旅游带。

4. 北向扇面：依托京广走廊，联动京津冀城市群

强化京广城镇发展带，联动京津冀。打响安阳“殷都”品牌，建设区域先进制造业中心和交通物流中心，联动鹤壁、濮阳等城市融入京津冀协同发展，打造北部跨区域协同发展示范区。

来源：上海同济城市规划设计研究院有限公司、河南省国土资源调查规划院、河南省城乡规划设计研究总院股份有限公司联合编制团队，《河南省国土空间规划（2020—2035 年）研究报告》。

5. 西北扇面：依托郑太二湛走廊，联动山西中部城市群

强化郑州、洛阳、济源、焦作与山西中部城市群的对接，推动水利、能源、信息等基础设施共建共享和互联互通。大力发展生态经济，推进生态保护共保共育和环境治理联防联控，共建太行山国家公园。

6. 西向扇面：依托郑洛西高质量发展合作带，联动关中平原城市群

依托陆桥通道和黄河纽带，构建郑洛西高质量发展合作带，加强中部城镇密集区与西安都市圈联动发展，规划三门峡与陕西渭南、山西运城和临汾共建黄河金三角示范区，深化跨省区域合作，强化优势共塑和互补协作，共建秦岭国家公园，培育黄河流域生态保护与高质量发展的区域合作典范。

7. 西南扇面：依托郑万走廊，联动湖北襄十随城市组群

依托郑万高铁走廊，厚植南阳生态和文化优势，提升区域中心城市规模能级，培育特色城镇组团，建立健全区域协同发展机制，强化与湖北襄阳—十堰—随州城市组群的联动发展，促进功能衔接、产业协作，共同加强南水北调中线丹江口水源地保护。

8. 南向扇面：依托京广走廊，联动长江中游城市群

依托京九发展走廊，强化以信阳为重点的省域南部城市与长江中游城市群和武汉都市圈的联动发展，促进先进制造业加速集聚，现代农业合作提升。加大对大别山革命老区的国家重点生态功能区补偿力度，率先开展生态产品价值实现机制试点，推进革命老区全域旅游发展，打造全国知名的红色文化传承区。

原理 Y108 海域空间保护

海洋资源是最为重要的空间资源之一，包括了海洋和岛礁等多种类型。我国作为幅员辽阔的大国，拥有绵长的海岸线，分布在东部与南部辽宁、山东、河北、江苏、浙江、安徽、广东、海南、台湾等 9 个省，广西壮族自治区，上海与天津 2 个直辖市，以及香港与澳门特别行政区。

随着治理能力的发展，历史规律表明空间规划体系将逐步容纳更多要素，通过空间规划客体对象的拓展实现本体的更新，海洋空间便是其中的重要元素之一。在我国规划体系中，长期与城乡空间脱离的海洋规划与其他空间类规划一同整合进入了国土空间规划体系。在省级空间规划中，必须将省辖的海域空间整合进入省域空间总体规划，作为省域空间规划的重要空间组成部分。规划的主要内容包括海域空间的保护、使用和发展。

对于涉海面积广、海岸线长的省级单位空间总体规划，在空间规划的编制过程中，有必要在前期的编制专题中对海域空间规划进行深入探讨，并关注海洋空间保护利用和发展的陆海统筹、生态保护、海洋经济与海空治理等关键内容。

案例 Y1081

海南省“两空间一红线”近岸海域总体布局

构建海南省“两空间一红线”近岸海域总体布局，对近岸海域开发保护功能进行引导。“两空间”包括海洋生态空间和海洋开发利用空间，“一红线”为海洋生态保护红线。全省划定海洋生态空间 9255.76 平方千米，占近岸海域面积的 39.08%，包括海洋自然保护区、珊瑚礁、红树林、海草床、重要滨海湿地、重要河口生态系统、重要砂质岸线及邻近海域、重要基岩岸线及邻近海域、自然景观与历史文化遗迹、重要渔业资源产卵场等，以保护和修复整治为主要功能，恢复海洋典型生态系统，加大重要海洋生物资源及其栖息地保护力度。

1. 海洋开发利用空间

全省划定海洋开发利用空间 13325.67 平方千米，占近岸海域面积的 60.92%，包括划定允许集中开展海洋渔业、海洋交通运输业、海洋工矿通信业、海洋旅游业等活动的海域海岛，以及规划期内限制开发的海洋后备发展空间。

2. 海洋生态保护红线

在海洋生态空间内划定海洋生态保护红线，总面积 8340.8 平方千米，占海南岛近岸海域总面积的 35.2%，主要包括红树林、珊瑚礁、海草床、重要河口、重要滩涂及浅海水域、特别保护海岛、重要渔业资源产卵场、海岸防护物理防护极重要区、海岸侵蚀极脆弱区。

来源：上海同济城市规划设计研究院有限公司、南京大学、海南省海洋与渔业科学院、海南国源土地矿产勘测规划设计院联合编制团队，《海南省国土空间规划（2020—2035 年）研究报告》。

原理 Y109　域外接壤空间保护与发展

在我国的西南、西北、东北各省和自治区与国外接壤的空间，必须完成国境、边境地区的国家职能。这些省和自治区的国土空间总体规划直接关系到国家边境线地区的安全和发展的空间落实，也直接关系到近邻国家的外交战略，必须成为规划中保护与发展的重要内容。

案例 Y1091

云南省红河州沿边地区协调规划

1. 联动文山州构建对越高质量开放合作平台

依托河马高速，建设以中国（云南）自由贸易试验区红河片区为龙头，以开发开放试验区、边境经济合作区为重点，以河口口岸和天保口岸为支撑的沿边开放合作平台，大力发展外向型产业和边境特色产业，推动红河州、文山州与越南的国际产能合作。

2. 联动景洪打通红河对接老挝开放通道

依托沿边高速、沿边铁路联通景洪综合保税区、磨憨国家重点开发开放试验区，接入泛亚中线打通红河州对接老挝的快速开放通道，拓展红河州与东盟的开放合作通道。

3. 州内沿边县市加快基础设施互联互通

大力推进机场、沿边铁路和沿边高速公路等重大项目建设，积极恢复红河航运，加强与周边州市的交通联系，促进云南沿边地区与东盟综合交通互联互通。积极协调配合开展220千伏直送越南电网建设、中越河口—老街跨境国际通信线路建设；红河（河口）陆上边境口岸型国家物流枢纽建设；红河空港型物流枢纽建设。完善口岸、通道联检查验及配套设施建设，推动“一口岸多通道”模式，提升通关便利化水平。

4. 积极发展外向型经济，开展多形式的合作

高标准高质量建设中国（云南）自由贸易试验区红河片区，加快红河综合保税区和蒙自经济技术开发区创新发展。借助南亚博览会、中越（河口）边交会等区域发展合作平台，开展多形式的交流合作。拓展跨境金融合作，推动商业银行在沿边地区设立分支机构，开展跨境人民币结算。建立农产品出口龙头企业与农户合作机制，提升边境贸易组织化水平。

来源：上海同济城市规划设计研究院有限公司，《红河州国土空间总体规划（2021—2035年）研究报告》。

原理 Y110 文化遗产保护

省级国土空间总体规划必须特别关注本省级空间内文化遗产的分布，将其纳入总体规划的重要组成部分，成为国土空间规划中土地使用方案的前置条件。通过对省内各级各类文化遗产的保护与复兴研究，厘清文化遗产的空间分布，落实到省级国土空间总体规划的布局中，并对省级以下的市县级国土空间总体规划下达文化遗产保护与复兴的任务清单。

案例 Y1101

河南省强化历史文化遗产保护

强化历史文化保护空间格局。以古都、名城、大遗址，黄河、运河、文化带等历史文化空间为核心载体，构建“一主一副三重点、一轴一带四廊道”的历史文化保护空间格局，建立全省层面“点 + 线 + 面”保护与传承的空间体系，系统保护各类历史文化资源。

1. 一主一副三重点

“一主一副三”重点分别指郑汴洛文化主核心区、安阳文化副核心区，以及三门峡、商丘、南阳三个重点文化保护区。以文化遗产片区统筹物质与非物质资源，讲好河南大地的“中国”故事。

2. 一轴一带多廊道

“一轴一带多廊道”分别指黄河文明发展轴，大运河文化带，长征、长城、古道、近代铁路等多条历史文化廊道，以主题文化廊道串联城镇聚落、工业遗产、红色文化等各类遗产遗址资源，构成纵横交错的历史文化长廊，促进历史文化的传承弘扬和高质量发展。

3. 构建由三大保护系统形成的全域文化遗产保护体系

在全省建立由聚落建筑系统、大遗址系统、区域空间（廊道）系统三大保护系统构成的文化遗产保护体系。

（1）以聚落建筑系统保护点状分布的地上历史文化资源。聚落重在传承历史风貌、延续人居生活，小规模渐进式整治更新；建构筑物重在本体保护，加强日常修缮保养，制订抢救性和预防性保护预案，积极探索合理利用方式。

（2）以大遗址系统保护丰富的地下文化资源。进一步推动中华文明探源工程，挖掘中原地区文明发展网络。妥善处理地下遗产的保护与城镇空间、农业空间的关系。

（3）以区域空间（廊道）系统保护跨地域文化遗产空间。加强梳理识别省内线状、面状文化资源，完善历史文化资源体系；对接国家文化公园，加强省际协调合作。

4. 建立历史文化资源名录管理保护机制

建立涵盖全要素的历史文化资源名录，加强遗产资源识别、评估和监测，丰富保护内涵，完善增补与退出机制。梳理统筹各类历史文化资源已公布保护区划，为新增历史文化资源确定历史文化保护控制线划定标准，建立全域全要素的历史文化保护控制线系统，纳入国土空间规划“一张图”信息平台，实现对历史文化资源在空间上的精准管控。

来源：上海同济城市规划设计研究院有限公司、河南省国土资源调查规划院、河南省城乡规划设计研究总院股份有限公司联合编制团队，《河南省国土空间规划（2020—2035 年）研究报告》。

案例 Y1102

海南省厘清不同类型的文化遗产名录并加以保护

1. 历史文化名城、名镇、名村

编制专项规划，划定保护边界，包括：1 座国家历史文化名城、2 处中国历史文化街区、4 个中国历史文化名镇、3 个中国历史文化名村，划定 64 个中国传统村落保护范围，提出政策要求及保护措施。

来源：上海同济城市规划设计研究院有限公司、南京大学、海南省海洋与渔业科学院、海南国源土地矿产勘测规划设计院联合编制团队，《海南省国土空间规划（2020—2035 年）研究报告》。

2. 文物古迹

坚持"保护为主，抢救第一、合理利用、加强管理"的原则，对文物古迹进行全面保护和快速抢救。划定文物保护范围和建设控制地带，加强文物周边环境整治，提高历史环境品质。加强文物保护利用改革。健全全省国有文物资源资产管理体系，建立国有文物资源资产动态管理机制。加强不可移动文物保护管理，将文物区位矢量数据纳入国土空间综合信息平台，逐步制定不可移动文物保护管理措施。推动海南省民族博物馆二期建设，支持有条件的市县建设博物馆。

3. 海洋水下文化遗存

保护 12 处海洋水下文化遗存，将其作为南海海洋国土安全教育资源合理利用。

4. 非物质文化遗产

严格落实世界非物质文化遗产相关保护要求，保护黎族传统纺染织绣技艺；保护儋州调声、崖州民歌等 32 项国家级非物质文化遗产；保护 69 项省级非物质文化遗产。将非物质文化遗产与物质文化遗产保护利用相关联，联动传统村落保护与非物质文化遗产的传承。积极推进有条件的非物质遗产申报国家级非物质文化遗产。

识别历史文化资源集聚区域，形成"两区、三带"的文化主题展示空间格局，包括琼中山地民族文化保护区、琼崖革命文化保护利用区、环岛海洋文化带、海南史前文化带、琼北移民文化带，构筑国际旅游消费中心的文化旅游板块。

原理 Y111 人口与城镇化发展规划

省级国土空间规划必须充分考虑该省的未来人口规模和结构、城镇化的发展阶段与分布特征。人口与城镇化发展规划是省级国土空间规划最重要的支柱之一，未来人口的数量与结构直接影响了该省的国土空间规划的建设用地数量、空间布局和公共服务与基础设施配置，也构成了对自然环境和资源的消耗规模，由此省级人口发展规划决定了省级国土空间规划的整体质量，也直接关系到一个省未来劳动力主体的数量与质量，以及该省未来的科技、经济、市场消费的主体。同时，一个好的省级国土空间总体规划，需要满足未来 15 年的人口主体需求，考虑长远发展趋势和规律，需要对全省未来城镇化的载体布局、路径模式以及风险挑战做出战略性研判，切实将规划形成引导全省城镇化良性发展的总体纲领。

案例 Y1111

扫二维码了解以下内容：
海南省全岛人口智能推演（2035 年）

来源：上海同济城市规划设计研究院有限公司、南京大学、海南省海洋与渔业科学院、海南国源土地矿产勘测规划设计院联合编制团队，《海南省国土空间规划（2020—2035 年）研究报告》。

海南省全岛人口智能推演（2035 年）

在海南省国土空间规划中，依托迪拜、中国香港、新加坡等全球一流自由贸易地区的历史人口数据，监测自由贸易政策颁布后 15 年内的人口历史发展数据，通过规律迁移机器学习，模拟政府开放自由贸易政策下人口发展情况，预测 2035 年海南的常住人口将增长至约 1664 万。

案例 Y1112

扫二维码了解以下内容：
近中远期人口与城镇化发展预测

来源：上海同济城市规划设计研究院有限公司、河南省国土资源调查规划院、河南省城乡规划设计研究总院股份有限公司联合编制团队，《河南省国土空间规划（2020—2035 年）研究报告》。

河南省科学预测人口规模与城镇化格局

1. 通过承载与趋势两方面，科学预测省域人口

1）资源承载

就资源承载能力而言，按照“以水定地、以水定人、以水定产、以水定城”的原则，测算水、土资源约束下的城镇建设承载和人口承载规模。结合双评价专题研究结论，在水资源约束下，2035 年用水总量暂时采用 2030 年全海南省用水总量指标 302.78 亿立方米，城镇可用水量约 125.45 亿立方米。考虑两种用水情景下的水资源可承载规模：情景一，基于现有的经济技术水平和生产生活方式；情景二，基于未来加大产业结构调整力度，优化用水结构、转变用水方式，提高人居生活品质。得到在水资源约束下 2035 年河南省总人口以及城镇人口规模。

2）发展预测

从人口增长规律来看，得益于经济社会的快速发展，河南省过去 10 年间的人口增速明显快于上一个 10 年的人口增速。但面向未来，面临更深程度的河南省的人口老龄化、更低的人口自然增长率，全省的人口增长难度也将更大。结合全国人口发展趋势，综合趋势外推法、城乡劳动力模型法、模拟增长法等多种方法，预测出全省未来人口增长趋势：到 2035 年全省人口由高速增长转向稳步增长，强调发展质量的提升，人口与城镇化增速进一步放缓，人口规模增长至 1.07 亿人。

2. 考虑人口城镇化的长远发展趋势，分区差异化引导

2010—2020 年间河南全省城镇化率年均提升 1.7 个百分点，快于全国平均增速，但随着城镇化进入后半程，质量的提升将优于数量，城镇化增速将逐步放缓。

研究主要采用两种方法预测城镇化水平。一是采用年均增速进行趋势外推。结合历年数据，并参考国内主要省份经验，引导全省城镇化增速不断放缓、城镇化质量不断提升。设定增长情况为：2020—2025 年均增长 1.5 个百分点，2025—2030 年均增长 1.2 个百分点，2030—2035 年均增长 1.0 个百分点，综合得到 2025 年城镇化率约为 63%，2035 城镇化率约为 73.2%。二是采用城乡劳动力供给模型预测，通过不同产业导向下的城镇劳动力需求与农村供给的差值，可进而判断本地劳动力的供给是富余还是短缺，以及是否会发生（或者多大规模的）人口迁出或者人口回流，进而推演未来人口城镇化的不同发展情景。通过对不同农业生产政策下的农村剩余劳动力预测和对同产业政策导向下的城镇就业岗位供给预测，综合得到不同城镇化发展情景。结合两种方法的预测结论，综合判断全省城镇化发展趋势，预测至 2035 年城镇化率年均提升 1 个百分点，城镇化水平约 73%，城镇人口约增长至 7800 万。

从全省城镇化的发展格局来看，郑州都市圈要加强集聚，城镇化质量、数量同步提升。近期城镇化数量快速提升，推动人口加速向城市集聚；远期着重强调城镇化质量的提升，城镇人口的增速放缓，城镇人口增量占省域城镇人口增量的比重逐渐降低，强调高素质人才资源的集聚与城市的高质量发展。核心都市圈的整体实力不断强化，建成高新技术产业集聚地创新产业得到大力发展，人才、资源要素的集聚效应得到显著提升。

平原粮食生产核心区要优化发展，稳步提升城镇化水平。作为承接返乡人口回流的重点区域，以劳动密集型产业、轻工基础产业、中端制造业为主导，形成本地化的专业市场。近期受中心城市极化影响，城镇人口增长较缓；远期城镇化发展进一步提速，人口与产业向中心城市和县城集聚，县城建设和基础服务设施发展速度加快，城镇组群逐步形成，城乡差距缩小。伴随回流人口进城进县，城镇化进程加速，城镇人口增量占全省城镇人口增量比重显著提升。

山地重点生态屏障区要引导人口精明收缩，带动城镇化水平提升。常住人口总量整体呈收缩趋势，区域城镇人口的增量有限，城镇化水平的提升以总人口的减少为主，城镇人口增量占全省城镇人口增量比重维持在较低比例。近期以现代农业、生态旅游和生态保育为特色发展道路，人口适度外迁。远期作为全省生态功能区效益显著，现代农业、休闲服务业以及特色产业发展较好，县城与小城镇实现特色化发展，公共基础设施进一步完善，人口向县城与中心镇集聚态势更加显著，城乡融合发展格局更加凸显。

原理 Y112 相对均衡布局公共服务设施

省域空间中自然要素和人造文明要素的分布总是不均匀的。省级国土空间规划需要在自然和人造文明要素不均匀分布的空间中，对医疗、教育等公共服务设施进行相对均衡的空间配置，以保障居民获得公平的基础设施服务。

案例 Y1121 河南省国土空间规划公共服务设施配置

1. 分区施策，以公共服务设施引导和支撑城乡融合

邻近城市的郊野地区须与城市融合配置公共设施，标准趋同，体系联通，空间统筹，设施共享。乡野地区设施体系延伸至村镇，应设定合适的聚落等级层面作为延伸节点和末端，以更好实现规模（质量）和服务半径的平衡，实现减量提质，促进集聚，纾困扶贫，兜底保障。

2. 结合城镇体系，明确各类公共服务设施的配置层级

在郑洛都市圈核心区域配置省级大型公共服务设施中心或园区。在各地级市、县级市的中心城区及各县县城建设各类公共设施网络节点，在完善自身服务要素配置的同时，强化综合服务能力，实现对周边乡集镇的辐射。乡镇地区，以城镇，特别是以集镇和“新型农村社区”作为优质公共服务延伸的末端。分散乡村聚落（自然村）通过公共交通和现代通信技术延伸基本公共服务，建设分布式公共服务设施，实现兜底保障。

3. 构建高品质社区生活圈

城镇社区构建 15 分钟及 5~10 分钟两个社区生活圈层级。15 分钟社区生活圈宜形成综合性的社区服务中心，涵盖就业引导、社区服务、生态休闲等服务要素；5~10 分钟社区生活圈服务要素宜灵活均衡布局，并与生活性街道、公共空间、绿道邻近设置，保障老人、儿童的便捷友好使用。乡村社区构建“乡集镇—村 / 组”两个社区生活圈层级，强化县域与乡村层面对农村基本公共服务供给的统筹。乡集镇社区生活圈宜依托乡集镇所在地统筹布局，满足乡村居民日常生活、生产需求的各类服务要素，形成乡村社区生活圈的服务核心。村 / 组层级宜依托行政村集中居民点或自然村组，综合考虑乡村居民常用交通方式，按照 15 分钟可达的空间尺度，配置满足就近使用需求的服务要素，并注重相邻村庄之间服务要素的错位配置和共享使用。

来源：上海同济城市规划设计研究院有限公司、河南省国土资源调查规划院、河南省城乡规划设计研究总院股份有限公司联合编制团队，《河南省国土空间规划（2020—2035 年）研究报告》。

原理 Y113 充分沟通，落实省级主管部门意愿

编制省级国土空间规划前，必须对省委、省政府已经制定的社会发展中长期规划、近五年来重大战略决策等进行政策研读与空间提炼。编制团队应尽可能直接听取省级领导对于全省空间布局的谋划，并与省委、省政府进行经常性互动，这是规划编制质量和未来实施品质的关键保障。同时，编制团队要将规划研制过程中的新发现、新概念、新理念、新技术做及时的汇报和说明，以便将研究成果纳入省委、省政府的战略思考和决策中。

省级国土空间规划是对省域社会、经济、生态等各领域要素空间的整体协调，尤其要化解不同要素在同一空间发展过程中遇到的矛盾和冲突。在矛盾化解过程中，编制团队需要频繁与省发改、省环保、省农业、省文旅厅等主管部门进行广泛而深入的沟通。沟通效率是对编制团队工作技能水平的检验，也将直接影响省级国土空间规划的品质。

案例 Y1131

海南省国土空间规划组建“前方驻场＋后方支撑”工作模式

来源：上海同济城市规划设计研究院有限公司、南京大学、海南省海洋与渔业科学院、海南国源土地矿产勘测规划设计院联合编制团队，《海南省国土空间规划（2020—2035 年）研究报告》。

海南省技术单位组建“前方驻场＋后方支撑”工作模式。组建驻场团队，深度对接省厅及相关部门意愿（见图 4-1）。

图 4-1 海南省国土空间规划组建“前方驻场＋后方支撑”工作模式示意

原理 Y114 建立协同工作机制

在省级国土空间规划编制过程中，必须进行面上调查和重点调查。其中，面上调查是指对省内二级空间管理单位，如城市、自然保护区、水系、历史文化遗产、产业基地进行面上的现状调查；重点调查是指对未来重点开发项目，如生态保护、修复项目和重点开发区域等进行可行性和社会经济生态的影响评估。

同时，规划编制团队应与省自然资源厅有关领导和专业团队建立联合攻关组，与省有关领导、行业主管部门和本地专业团队进行工作联动和协同，将省外团队具备的通识、理论、模型、方法与当地规划实践进行有效结合。

案例 Y1141 河南省国土空间规划联合编制团队架构与分工

来源：上海同济城市规划设计研究院有限公司、河南省国土资源调查规划院、河南省城乡规划设计研究总院股份有限公司联合编制团队，《河南省国土空间规划（2020—2035 年）研究报告》。

河南省国土空间总体规划由院士领衔，以同济城市规划院张尚武副院长为总负责人，集合同济城市规划院核心骨干力量，包括院士团队、教授团队、空间规划研究院、城市开发规划研究院、城市设计研究院等多团队，由河南省国土资源调查规划院、河南省城乡规划设计研究总院股份有限公司、河南省水利科学研究院等多方地方设计院强强联合，实现优势互补，形成院士领衔、专家支撑、多研究团队协同推进规划方案的工作组织机制（见图 4-2）。

图 4-2 河南省国土空间规划联合编制团队架构与分工示意图

原理 Y115 空间落实国家要求和百姓需求

省级国土空间规划在上报前，应向自然资源部等国家相关主管部门、省人大、省政协主动汇报，自上而下听取国家对规划编制的指导意见与建议，以避免脱离国家规划要求落实的主线。

同时，在上报过程中，依托大数据等智能技术手段，必须开展广泛的民意调查，充分倾听百姓需求，并作出针对性的空间回应，将百姓需求有效渗透到社会经济生态的空间布局中。

案例 Y1151 河南省国土空间规划公示稿形成

公示稿内容选择。首先，关注哪些内容是需要让百姓知道的；其次，关注哪些内容是百姓关注的；最后，突出哪些内容是鼓励社会进步的，促进社会文明发展的。

公示稿框架组织。公众稿面向大众，应做到内容架构简洁清晰，主要分为四个章节：①我们的河南，介绍基本省情及规划编制背景；②新起点新未来，阐述河南省的机遇与挑战、规划目标、规划战略和空间格局；③魅力河南出彩中原，介绍生态、农业、城镇、乡村振兴、历史文化、基础设施等方面的战略举措；④共同行动，对规划实施和治理体系进行简要说明。

公示稿表达形式。首先，公示稿应该能让百姓读懂并理解，应做好从城乡规划的专业术语到容易理解的大众语言的“翻译”工作；其次，公示稿的内容面向百姓，内容应当更有文采，更能感染百姓。

来源：上海同济城市规划设计研究院有限公司、河南省国土资源调查规划院、河南省城乡规划设计研究总院股份有限公司联合编制团队，《河南省国土空间规划（2020—2035 年）研究报告》。

原理 Y116 按照技术规范核验成果

省级国土空间规划编制涉及大量技术规范，这些技术规范本身也在不断地升级迭代，因此团队中需要有专职技术人员统一对所有编制过程文件和最终成果进行技术规范的核验，以保障规划成果的规范性与质量。

拓展阅读 Y1161

省级国土空间规划所涉及的技术规范

国土空间规划技术标准体系是“四梁八柱”国土空间规划体系的四个重要支撑之一，反映了国家与国际接轨的“标准化”方向，也体现了为适应政府治理能力和治理体系的现代化，用标准体系来约束、指导国土空间规划编制、审批和实施的治理理念。

在技术标准体系建构的基本原则上，一方面应广泛发动行业、市场、地方的积极性和技术力量，以实现国土空间规划技术服务根植于扎实的社会基础；另一方面应面向“好用，管用，能用”的治理需求，简化冗余内容和管理流程，切实解决好现实困境和问题。

在技术标准的类型方面，应做到“综合标准、基础标准、通用标准和专用标准”相结合，在标准之间建构起清晰的逻辑、简洁的关系。国家机构重点规制综合标准、基础标准和通用标准，放开行业、地方制定专用标准，减少国家强制性标准的制定，相对增加团体标准、地方标准等面向社会差异化需求的标准制定，从而实现既有整体性和系统性，又有地方性和针对性的体系。

国土空间规划是对多种空间类规划的综合，原有各类规划都有各自遵循的技术标准。在合理延续、查漏补缺、更替迭代的基础上，按照国家总体发展的要求和“标准化”发展方向和趋势，实现新的国土空间规划技术标准体系的建构。同时，淡化原有部分规划所依托的工程建设思维路径，转换至强调资源（包括自然资源、社会资源、文化资源和空间资源）的规划治理模式。省、市、县（县级市）是具体的地方性治理主体，在国家上位法律法规指导下，在国家国土空间规划技术标准体系框架内，在国家级和国家强制性标准的约束下，具有地方立法权的主体可以根据地方情况开展具有地方性和操作性的技术标准编制。

原理 Y117 建构省域空间数据库及运营管理制度

编制省级国土空间规划也是收集整理该省域社会、经济、生态和基础设施等系统大量数据的过程。通过省级国土空间规划，可以为该省的空间治理建构空间数据库，不仅可以作为规划编制的副产品，也体现了数据理性导向下国土空间规划的重要历史进步。同时，需要建立一套与数据库配套的运营管理制度，以期为未来该省国土空间规划实施与治理体系提供长久运行的制度保障与科技支撑。

案例 Y1171

建设“多规合一”数字化应用

结合浙江省省级国土空间规划编制，以国土空间基础信息平台为基础，以国土空间“一张图”实施监督信息系统和“多规合一”数字化应用为重点，推进国土空间网格化、标准化、数字化、精准化，建设省域空间治理数字化平台。

1. 平台总体构架

围绕“自然空间山清水秀、人造空间绿色高效、未来空间整体优化”的国土空间治理目标，聚焦党委政府空间治理的核心领域，按照自然资源“两统一”职责，构建省域空间治理数字化平台2.0的“1+4+X”总体架构（即1个空间大脑，多规合一、空间保护、空间利用、空间安全4大综合应用，X个子场景）。目前，平台已按照自然空间、人造空间和未来空间三类空间，依托需求、归集、共享、治理四张数据清单，归集入库40多个部门1600余个图层的1.6亿条空间数据；经数据治理空间化后，发布空间数据服务图层近1000个，形成了空间治理“一张图”，推动实现空间数字化、数字空间化、治理可视化和协同智能化。

2.“多规合一”综合应用

“多规合一”综合应用作为4大综合应用之一，着力解决规划政出多门、交叉重叠、矛盾冲突、朝令夕改等问题，实现规划共谋、蓝图共绘、底线共护、实施共管、成果共享，确保各类规划及项目在“一张图”上实现“图、数、线”一致，为提高国土空间治理能力提供支撑。

“多规合一”综合应用，按照统一规划体系、统一底图底数、统一数据标准、统一协同规则四个统一导向建设。一是统一规划体系，整合梳理完善省级部门各类专项规划数据，按照“1+8+X”（8是指耕地保护、生态环境、交通设施、能源设施、水利设施、综合防灾、历史文化、风景旅游等八类重点专项规划，X是指其他相关专项规划）的国土空间规划体系。二是统一底图底数，按照统一底图、统一底数、统一底线的要求，归集梳理了涉及空间资源保护利用的八大类27层空间管控底线（“三条控制线”、粮食安全控制线、生态环境控制线、基础设施控制线、灾害防治控制线、风景文化控制线等）和14个规划重要控制性指标。各部门可通过平台统一调用，并在统一的底图底线上编制各类专项规划，打造协同规划工作台。三是统一数据标准，包括统一数据标准、统一绘图标准、统一用地分类标准和统一用地建设标准四个方面，确保规划可操作、可落地、可实施。四是统一协同规则，建立健全各级各类规划协同机制，分析规划合规性、合理性、经济性、安全性，协调规划一致性，综合统筹各类规划和项目规模、布局、时序。

按照“领导能决策、部门能应用、系统能操作、公众能参与”的总体要求，“多规合一”应用形成了“规划编制审批”“规划分析决策”“规划实施监督”“规划政策标准”“规划公众参与”五大功能模块和11个空间分析工具。

（1）聚焦“规划矛盾冲突”，构建规划编制审批模块，促进规划编制审批科学精准，形成国土空间“一张蓝图”。针对过去各类空间性规划尤其是专项规划与总规之间空间矛盾冲突大、规划编制不协同等突出问题，重点实现部门多跨协同的规划全周期管理，并以规划一致性分析工具作为重要支撑，再造多部门协同的规划编制审批管理流程。

（2）聚焦“规划墙上挂挂”，构建规划分析决策模块，丰富规划决策应用蓄势赋能，形成空间治理“一套方案”。针对分析决策应用功能支撑不足等问题，构建重大战略谋划、重大问题分析等应用功能，以方案比选工具、城乡生活圈分析工具、路网密度分析工具、邻避关系分析工具等系列工具作

来源：上海同济城市规划设计研究院有限公司，《浙江省国土空间规划（2020—2035年）研究报告》。

为重要支撑，为规划决策应用蓄势赋能。

（3）聚焦“规划朝令夕改”，构建规划实施监督模块，强化规划实施监督高效有力，形成规划执行“一本总账”。针对过去“规划朝令夕改”，权威性、严肃性不强等问题，强化规划实施监督管理，重点对各类规划执行情况、重大平台重大项目实施情况、用地结构和布局优化情况、城市体检评估情况等进行动态监测预警。

（4）聚焦“规划政出多门”，构建规划政策标准模块，推动规划政策标准协同完善，形成规划管理“一杆尺子”。综合集成国土空间规划、自然资源保护利用等方面的法律法规、部门规章、政策文件、标准规范等规划政策标准数据资源，推动省、市、县各级国土空间规划政策法规和技术标准体系的修订完善，促进相关专项规划有关技术标准与国土空间规划标准体系充分衔接。

（5）聚焦“规划闭门独断”，构建规划公众参与模块，实现规划工作全程共谋共享，形成规划参与“一缕阳光”。重点实现规划信息查询、规划公告公示、公众咨询互动、规划科普宣传等功能，依托“浙里办”等手机客户端，做到百姓手机端可查、可点、可询，真正做到规划信息“一点通”。

案例 Y1172

海南省国土空间规划信息化平台构建

1. 建立国土空间基础信息平台

以国土空间“一张底图”为基础，汇集现状、规划、管理、社会经济各类数据，建设国土空间基础信息资源管理与服务体系，建成省、市、县上下贯通、部门联动、安全可靠的国土空间基础信息平台，为国土空间规划编制和监督实施、国土空间用途管制、开发利用监测监管、生态修复等提供数据支撑和技术保障。

2. 构建国土空间规划“一张图”实施监督信息系统

以国土空间基础信息平台为底板，完成省、市、县、乡四级国土空间规划和村庄规划成果入库和汇交，并将详细规划和相关专项规划成果整合叠加后向省级平台汇总，建成省市县通用、信息全面、权威统一的全省国土空间规划“一张图”实施监督信息系统，为国土空间规划动态监测评估预警和实施监督提供信息化支撑。

3. 推进国土空间数字化高效治理

基于国土空间基础信息平台和“一张图”实施监督信息系统，建立部门间数据共享机制，为各级政府、自然资源主管部门及相关部门、规划编制与评估单位、科研院所、企事业单位、社会公众提供应用服务，逐步实现可感知、能学习、善治理、自适应的智慧规划，推进国土空间网格化、标准化、数字化、精准化治理。

来源：上海同济城市规划设计研究院有限公司、南京大学、海南省海洋与渔业科学院、海南国源土地矿产勘测规划设计院联合编制团队，《海南省国土空间规划（2020—2035 年）研究报告》。

原理 Y118 推进区域级国土空间规划

我国现有的国土空间规划及其治理体系尚处于起步建构阶段，五级国土空间规划的划分分别对应于现有的行政管理体制，但是，在国土空间规划体系中，区域规划是国家特定区域发展、保障国土空间安全和实现国家空间现代治理的重要空间层级。从本质上看，省级国土空间总体规划也属于国土空间规划中区域规划的一种，其编制的空间范围对应省域空间。

随着跨区域协作的日益频繁，国土空间规划应该推进更多跨越行政边界的区域级国土空间规划。区域级国土空间规划在学理上包含区域发展型和保护导向型两种思维方法，可细分为流域协同规划、灾害区域联防规划、流行病区域联防规划、动植物栖息地区域规划和特殊产业空间区域规划等多种类型。

拓展阅读 Y1181 跨区域规划的多种类型

1. 流域协同规划

作为国土空间规划国家层面之下的规划，跨区域规划包括河流流域的区域共享共治规划（如黄河流域的国土空间区域规划、淮河流域的国土空间区域总体规划、长江中游国土空间利用规划、松花江水域规划、辽河水域规划、长三角地区国土空间总体规划，珠三角地区国土空间总体规划）和一些大型水利工程区域规划（如南水北调沿线区域的保护与发展、工程影响区的总体规划）。

2. 灾害区域联防规划

一些受灾地区的灾害防治规划也可以成为跨省域的国土空间区域规划。例如，我国从东北到西南的地震带应该专门编制地震带防灾预警空间总体规划；又例如，我国沿海的广东、福建、浙江、江苏、台湾等经常受台风影响的地区，可以编制台风灾害预防的区域空间总体规划；再例如，经常发生病虫害的区域规划，也可以是跨省域的。

3. 流行病区域联防规划

针对流行病（如流感、新冠、禽流感、猪瘟等）可以编制跨省域的空间规划来进行联防联治。

4. 动植物栖息地区域规划

除了以上三类跨省域的区域规划外，还可以编制生态大空间的保护规划，例如鸟类栖息地和湿地的跨省域的区域总体空间规划、一些大型动物（如大象）迁徙地的跨省域的空间规划。

5. 特殊产业空间区域规划

随着产业的跨区域协作日益频繁，可以就某些特殊产业（如芯片产业、人工智能产业、电子信息产业）进行跨省的联动规划，如长三角区域人工智能和设计创新产业群落空间规划。在发展中国家工业化过程中的特殊产业空间规划（如电力和供应网络的联动规划）都会出现在未来的国土空间规划体系中。

拓展阅读 Y1182

德国区域性专门委员会的成立

19 世纪德国的城市化水平快速提升。工业化和现代化的实现，使得德国从一个落后的农业国家转变为一个现代工业化国家。19 世纪末起，德国的许多工业产品总量开始超过当时最强大的英国。与此同步，德国的城市建成区的范围不断地扩大，城市规划的范围自然每次也在扩展。当时德国城市规划管理的一般准则是规划管理的范围与潜在的城市建设区可能扩展范围的大小相适应，把相邻的村镇居民点也考虑在规划之内。这在实践中就会引起矛盾冲突：一个城市的规划空间边界不断在扩大，直到冲出一个城市行政管理地域范围；一个城市与毗邻城市的界线离得越来越近，有时甚至出现两个相邻的城市都在中间地域上编制各自的规划。那些位于边境上的城镇也存在同样的问题，这里的城市规划区范围按传统的观念是永远不能与城市周围可能潜在的城市发展区相配套的，但是国界线的存在并不能分割空间地域上经济优势互补造成的空间联系。

城市建设区与现代化建设同步扩展，城市规划区范围如果不能平行地扩大，而是只限于城区限定的范围内，在建设实践中就会形成相邻地域上不同的发展战略、发展模式和控制机制，最终造成“城不城，乡不乡”的混乱局面；而如果城市规划区范围要与城乡建设的空间范围同步发展扩大，就会形成行政机制、管理权限的矛盾和冲突，平级的不同土地规划管理行政主管机构不能相互执行对方的行政指令，而空间上相邻的跨市跨地区跨省的政府行政指令更不能强加于相邻的政府主管部门，最终造成城乡分割、城镇分割，阻碍地区资源开发，影响空间相邻地区的政府协作，造成环境破坏、无序建设、重复投资、资源浪费，区域内基础设施各自为政、不成体系。

为了解决这一问题，必须首先成立一些处理专门问题的、跨出现有的城市规划区范围的地区内临时性协作机构（Zweckverband）。1920 年，鲁尔工业区成立了“鲁尔煤炭工业区居民点协会”（Siedlungsverband Ruhrkohlenbezirk），其常设机构为协会的全体大会，由地区内的各个地方政府代表和经济界代表构成，共同来协调地区内的土地开发、资源与设施的共建共享问题。1929 年，德国成立了以汉堡为中心的“汉堡—普鲁斯国土规划常设委员会”（Hamburgisch-Preußischer Landesplanungsausschuss），来解决汉堡与相邻城镇的空间与土地发展规划问题。此前，德国还成立有“德国中部较密集工业区国土规划协会”（Landesplanungsverband für den engeren mitteldeutschen Industriebezirk）和“Oberschlesien 州国土规划协会”（Landesplanungsverein Oberschlesien e.V.）。

案例 Y1181 河南省黄河流域国土空间规划

来源：上海同济城市规划设计研究院有限公司、河南省国土资源调查规划院、河南省城乡规划设计研究总院股份有限公司联合编制团队，《河南省国土空间规划（2020—2035 年）研究报告》。

《河南省黄河流域国土空间规划（2020—2035 年）研究报告》针对黄河流域河南段，以黄河流域和引黄受水区涉及的 14 个省辖市为编制范围，总面积约 10.25 万平方千米。围绕河南省黄河流域经济社会、自然资源特点，提出构建“一带两屏，三轴双圈”的开发保护总体格局，统筹推进流域生态环境保护和修复治理、安全防灾协同调控、水资源节约集约利用、流域高质量发展、黄河文化保护与传承创新、开放协作与联动发展六大核心发展战略。

案例 Y1182 郑州大都市区空间规划

河南省委办公厅、省政府办公厅联合印发了《郑州大都市区空间规划（2018—2035 年）研究报告》，以郑州大都市区作为中原城市群的发展核心，承担着支撑带动中部崛起、拓展我国经济发展新空间的重大使命，也承担着引领中原崛起、河南振兴的重要任务。随着郑州辐射带动能力和郑州大都市区一体化水平的不断提升，在现阶段空间范围的基础上，会逐步将开封市、新乡市、焦作市、许昌市所辖县（市）及汝州市、兰考县等省直管县（市）纳入郑州大都市区范围，加快形成网络化、组团式、集约型，“一核四轴三带多点”的空间发展格局。

原理 Y119 精简编制内容与强化传导机制

省级国土空间规划是省内各行政单元空间总体规划的编制依据，要按照“战略指导、底线思维、精准传达”的原则精简内容，同时强化传导机制，并按照上级规划下达的任务检验省级空间总体规划编制的内容。凡下一级空间单位内容中不需要战略指导的，非底线刚性管控需求的，无法精准传达到下一级空间规划和审批内容的，原则上都不列入规划文件中。在空间规划中，除了把控空间结构和土地利用等要素以外，更需要关注省市两级规划之间要素传导及其接口落实。

（1）战略指导：战略不应繁琐，应彰显战略引导作用，明确下一级单位的编制内容，对生态保护空间、社会经济发展空间、道路交通与基础设施网络空间等提出明确要求。

（2）底线思维：底线必须保障，坚持底线思维，立足资源禀赋和环境承载能力进行刚性管控。

（3）精准传达：传导必须精准，定制传导模式，构建多模式、全覆盖的规划传导机制，根据不同的编制内容，采取数字传达、原则传达、功能传达等多种模式。

案例 Y1191

河南省至 18 地市规划传导

河南省至 18 地市规划传导见表 4-3。

表 4-3 河南省至 18 地市规划传导路径

维度		传导内容	传导方式
战略格局	城市定位	承接国家战略，结合全省部署；对各市发展定位与城市规模等级进行明确界定	表述传导
	主体功能区	落实国家主体功能区要求，以区县为单元划分主体功能区管控原则	名录传导
	省域格局	总体格局、生态格局、城镇体系、其他政策分区和廊道等	结构传导 名录传导
底线管控	三条控制线	明确生态保护红线、永久基本农田保护线任务，制定城镇开发边界划定规则	指标传导
	其他控制线	历史文化保护控制线、自然灾害风险控制线	边界传导 名录传导
	约束指标	生态保护类、农业发展类、区域建设类等约束性指标和预期性指标	指标传导
系统支撑动态调整	重大基础设施及其他专项	交通、水利、能源、防灾	结构传导 指标传导
	综合绩效评价	生态绩效、经济绩效、社会绩效	指标传导

来源：上海同济城市规划设计研究院有限公司、河南省国土资源调查规划院、河南省城乡规划设计研究总院股份有限公司联合编制团队，《河南省国土空间规划（2020—2035 年）研究报告》。

案例 Y1192

海南省国土空间规划传导

海南省国土空间规划传导分为控制性的和引导性的两种类型。

1. 控制性内容传导

1）指标的传导

海南省级规划分解下达各市县生态保护红线面积、耕地保有量、永久基本农田面积、林地保有量、建设用地总规模、城乡建设用地规模、自然岸线保有率等指标。市县国土空间总体规划不得突破上述规划控制指标。市县国土空间总体规划分解下达各乡镇指标，乡镇国土空间规划不得突破上述指标。

2）控制线的传导

海南省级国土空间规划确定全省生态保护红线、永久基本农田、城镇开发边界三条控制线的总体格局和重点区域，提出市县级规划划定任务。市县国土空间总体规划严格落实省级规划要求，统筹划定生态保护红线、永久基本农田、城镇开发边界三条控制线。

2. 引导性内容传导

1）策略的传导

海南省级规划确定功能定位、主体功能区、发展目标、城镇等级和职能等。市县国土空间总体规划根据省级国土空间规划安排，在空间布局、要素配置、支撑体系等方面进行具体落实和优化。

来源：上海同济城市规划设计研究院有限公司、南京大学、海南省海洋与渔业科学院、海南国源土地矿产勘测规划设计院联合编制团队，《海南省国土空间规划（2020—2035 年）研究报告》。

2）名录的传导

海南省级国土空间规划确定的自然保护地、生态廊道、历史文化资源、区域基础设施、重要邻避设施、公共服务设施、生态修复工程等名录，须在市县国土空间总体规划中传导落实。同时也可根据实际情况，新增需要管控的名录。

3）布局的传导

海南省级国土空间规划确定的区域基础设施、重要邻避设施、防灾减灾设施、应急处置设施、公共服务设施、生态修复工程等布局，市县国土空间总体规划应逐一深化落位。

案例 Y1193

川西北生态示范区国土空间规划传导机制

1. 传导框架

从战略引导、刚性管控、清单管理等三个方面，以“一图一表”形式提出甘孜、阿坝两州规划指引，将本规划制定的规划策略、规划结构、规划分区、控制线、约束性指标、管控名录及重大设施位置等内容，向甘孜、阿坝两州规划传导（见图 4-3）。

2. 传导内容

1） 策略的传导

本规划确定的发展目标和指标、空间分区、发展指引等在下一层级的州规划中应被严格遵循，并通过空间布局、要素配置、支撑体系等方式加以具体落实或调整优化。

2） 结构的传导

本规划中确定的生态安全格局、城乡空间格局、农牧业空间格局、旅游空间格局等重要保护与开发格局，应在下层级的州规划中通过规划分区等方式加以具体落实、深化细化或调整优化。

来源：上海同济城市规划设计研究院有限公司与四川省国土科学技术研究院（四川省卫星应用技术中心）联合编制团队，《川西北生态示范区国土空间规划（2020—2035 年）研究报告》。

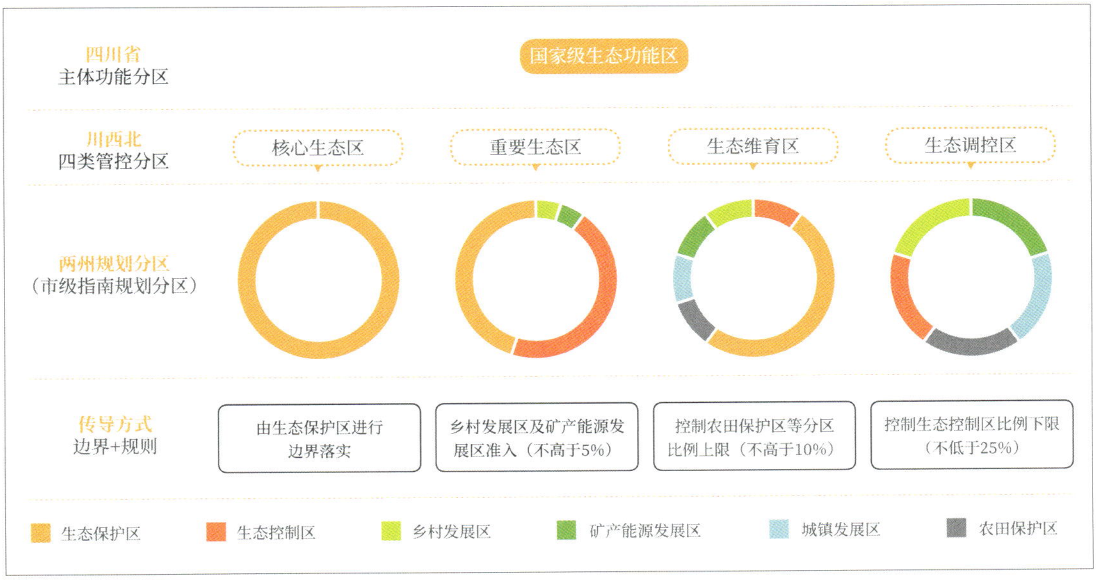

图 4-3 川西北生态示范区国土空间规划传导机制示意图

3）规划分区的传导

本规划对省级规划中的主体功能区进行转译落实，以生态功能维护为基础构建四类管控分区。核心生态区、重要生态区和生态维育区突出生态保护的主导功能。在下层级州规划编制中，核心生态区由生态保护区进行边界落实；重要生态区细化应以生态保护区和生态控制区为主，允许乡村发展区及矿产能源发展区进入，但应严格控制开发类分区的比重。生态维育区在下层级州规划中细化时允许农田保护区、城镇发展区、乡村发展区及矿产资源发展区等分区进入，但要控制开发类分区的比例；生态调控区的细化应以城镇发展区、乡村发展区、农田保护区为主，但应保证一定比例的生态控制区。

4）控制线的传导

本规划与省级国土空间规划协同划定的生态保护红线，下层级规划在编制时必须严格确保其空间落位。本规划在省级国土空间规划要求的基础之上以县为基础单元确定永久基本农田划定潜力区，作为下层级规划永久基本农田补划的基础；本规划划定的雅砻江流域、大渡河流域、岷江流域三大永久基本农田集中区，下层级规划根据永久基本农田指标尽可能在永久基本农田集中区中进行合理补划。下层级规划在本规划要求的基础上，进一步补充细化城镇开发边界的差异化划定要求。

5）指标的传导

在省级国土空间规划的基础上本规划规划确定 25 项指标，其中的约束性指标，应在州规划中分解落实，并向省级规划反馈相关数据。建议用地指标分配原则见表 4-4。

6）名录的传导

本规划确定自然保护地、历史文化名镇名村等名录应在下层级州规划中落实和丰富，州规划也可根据实际情况增加需要管控的名录。

7）位置的传导

本规划确定综合交通线网、市政基础设施廊道、重大公共服务设施点位的位置要求，在下层级州规划中深化落实和明确落位要求。

表 4-4 川西北国土空间规划建设用地指标分配原则

州域层面应加强区域土地供给结构分析，在满足州内各市县的发展需求的基础上，结合区域发展特征预留一定比例机动指标，应对发展的不确定性。预留机动指标重点包括：维护民族团结的重点项目（无法直接申请国家级、省级指标的重点项目）；区域性交通设施（无法直接申请国家级、省级指标的重点项目）；对州域旅游有重大提升的景区建设、区域性旅游服务设施建设；对提升区域防灾救灾能力的设施建设（无法直接申请国家级、省级指标的重点项目）。
县（市）发展指标分配建议结合 GDP 比重、规划人口比例、主体功能区划、土地使用效率等因素综合研究，引导指标向包括八个城镇集中发展区、增长型县（市）及高等级旅游服务中心等重点发展地区倾斜。
各县（市）编制国土空间总体规划时应安排不少于 10% 的建设用地指标重点保障乡村产业及旅游发展。

原理 Y120 省级与区域国土空间规划中特制规划和实施体系的设计

一方面，由于我国各地发展环境差异性大，在经济社会发展阶段、行政管理体制等方面各地都有很大不同，因此，从地方实际出发，在省级层面加强对规划和实施体系的设计非常重要。另一方面，省级与区域国土空间规划涉及跨区域协调问题，其规划实施机制更加复杂，因此打破行政壁垒、针对性地制定规划实施体系非常关键。

在省级与区域国土空间规划中特制规划和实施体系的设计内容主要包括：完善规划编制体系，明确规划传导内容及对下位规划编制要求；建立促进跨区域协调的法规和政策保障体系；建立跨区域沟通、协调机制设计；落实各主体规划实施责任，明确实施监督和规划实施绩效考核机制；加强信息平台建设，促进信息共享和要素资源的智能配置等。

案例 Y1201 河南省级国土空间规划中特制规划和实施体系的设计

1. 完善河南省国土空间规划编制体系

按照国家要求，结合河南省情特点，构建“四级三类”国土空间规划体系，包括省、市、县、镇四级国土空间总体规划以及省、市国土空间专项规划和市县、镇层面的详细规划。在总体规划层面，强调“四级同编、上下联动”，从战略格局、底线管控、系统支撑三大维度，通过结构、边界、分区、指标、名录等传导方式，强化省市规划传导与约束。在专项规划层面，制定省级国土空间专项规划编制清单，由行业主管部门提出专项规划，须经国土空间规划议事协调机构同意后纳入编制计划。加强省级总体规划对相关专项规划的指导约束，专项规划不得违背总体规划确定的空间布局、约束性指标、重大工程和相关强制性内容。将经依法批准后的专项规划纳入河南省国土空间基础信息平台，叠加至河南省国土空间规划“一张图”。

2. 建立跨区域规划协调保障机制

基于河南“一核一圈四极多节点”的空间格局，在省级层面强化对都市圈规划的指引与管控，打破“1+8”城市行政区划制约，开展《郑州都市圈国土空间规划》编制，重点聚焦生态底线管控、创新动力引导、交通基础设施支撑和文化遗产保护传承四个方面，强化都市圈在底线管控、战略格局、基础支撑和特色彰显方面的协同联动。基于河南“江河淮海”四大流域汇集的自然地理特征，在省级层面强化对流域的协同治理与管控，开展《河南省黄河流域国土空间规划》编制，以河南省黄河流域和引黄受水区涉及的14个省辖市总面积约10.25万平方千米区域为规划范围，围绕流域经济社会、自然资源特点，明确总体定位与战略，优化流域开发保护总体格局，统筹推进生态环境保护和修复治理、安全防灾协同调控、水资源节约集约利用，文化保护与传承创新、开放协作与联动发展，促进流域高质量发展。

来源：上海同济城市规划设计研究院有限公司、南京大学、海南省海洋与渔业科学院、海南国源土地矿产勘测规划设计院联合编制团队，《海南省国土空间规划（2020—2035年）研究报告》。

3. 健全河南省规划实施保障机制

完善规划实施配套政策。加快完善河南省国土空间规划法规政策体系，健全国土空间规划技术标准体系，调整完善国土空间规划行业管理制度。基于主体功能定位，完善差别化的土地供给、人口流动、产业准入、绩效考核、投资、财政、税收等方面的政策，引导约束各地按国土空间功能分工差异化发展。推进自然资源资产产权管理、农村土地经营权流转管理、土地用途管制等政策创新。

建立国土空间用途管制政策体系。按照主体功能区定位划分政策单元，明确管控要求。针对生态、农业和城镇三类空间的功能定位，制定实施刚性与弹性相结合的空间准入正负面清单。实施分区分类用途管制，在城镇开发边界内的建设实行“详细规划 + 规划许可”的管制方式；在城镇开发边界外的建设按照主导用途分区实行“详细规划 + 规划许可”“约束指标 + 分区准入”、刚性与弹性相结合的管制方式。

Y2

第5章

市县级国土空间规划

Y2

原理 Y201　认识市级与县级国土空间规划的共性

我国国土空间规划中，市级与县级分属两个独立的层级，虽然其行政管辖的级别有所差异，但从空间规划的思想方法和编制方法来看，市级与县级国土空间规划有共性。市县级国土空间总体规划强调“实施性”，既承担了落实国家、省战略的任务，也承担了引领地方发展的战略责任，因此本书将这两级空间规划并入同一章进行论述。

在编制市县级国土空间总体规划时，应强调两级行政单位的互动协调，因地制宜地统筹确定两级规划编审要求。一般情况，市、县两级宜采用“先市后县、分级编制”的模式；但对于一些典型“强市弱县”地区，可采用“市级主导、一步到位”的模式；而对于一些“强县弱市”地区，可采用“市县互动，同步编制”的模式。

案例 Y2011　济南市国土空间总体规划

根据济南市的发展特点，采用“市县互动，同步编制”的模式。

（1）构建三级三类规划体系，建立“市—区县—街镇”同步编制机制。

（2）强化部门协同、区县同步，一体化推进“多规合一”。由城市主要领导任组长，分管领导任总指挥，组建规划编制工作指挥部，成立了 10 个工作组，42 个市直部门和行业主管单位参与，联动 15 个区县（功能区）指挥部及 161 个镇街工作专班，共同推进市县两级国土空间规划的编制。

（3）国土空间规划及各类专项规划编制工作，以“三调”为统一底板，协作形成规划“一张图”；市、县两级规划形成两份规划成果，对应不同事权，形成不同规划深度。

来源：上海同济城市规划设计研究院有限公司、济南市规划设计研究院、济南市勘察测绘研究院联合编制团队，《济南市国土空间总体规划（2020—2035 年）研究报告》。

原理 Y202　尊重市县的地域差异

我国幅员辽阔，东西南北经济发展差异巨大，城市规模迥异。有些县城的经济发展超越了某些市级城市，甚至在教育、文化、医疗等方面也远远超过了某些市级城市。不同地区的行政管理模式与治理能力、城市与经济发展水平、地形地貌与城市空间特征、区域政策环境与城市职能均存在差异。因此，市县级国土空间规划的编制应尊重当前存在的地域发展差异，因地制宜地谋划未来空间发展，探索符合地方实际的规划编制模式。

拓展阅读 Y2021

“省管县”与“市带县”的管理模式差异

基于我国当前行政体系，本书中市级和县级规划分别对应地级和县级行政单元，其中县级包括县、县级市、自治县、区和旗等；市级包括地级市、地区、自治州和盟等。

改革开放40余年来，中国地方政府尤其是地市级—县级层面的行政建制关系发生了多次重大变化，目前主要分为“省管县”与“市管县”两种模式。1982年，中共中央第51号文发出了“改革地区体制、实行市领导县体制”的通知；1983年，“地级市”在国家行政机构区划统计上作为行政区划术语固定下来；2005年开始推广“省直管县”的改革。同时，在实行省管县改革的省份，地市级政府往往通过“县改区”的方式来强化地市级的地位。从“市管县”到“省管县”的体制变迁不仅体现出管理层级的变化，更直接体现在县级政区从属关系的调整方面。“市管县”属于逐级管辖，即上一级政府管辖下一级政区的管理模式，而“省管县”属于隔级管理，即上一级政府直接隔级管辖下两级政区的管理模式。这种从属关系根据上级政府的权力渗透密度，可以分为领导关系和指导关系。

案例 Y2021

济南市“两层总规，两层详规”编制体系经典案例

济南市空间管理模式具有特殊性，主城区包括市辖区和功能区，起步区、高新区、南部山区等功能区由管委会代管；外围区自治性较强，类似于县；全域有大量涉农街道，空间要素与乡镇类似，仅存在行政管理主体差异。

1. 采用“两层总规，两层详规”的规划编制体系

（1）市级层面编制市国土空间总体规划，指引区县层面编制全覆盖的区县国土空间总体规划。下设主城区分区规划；区级国土空间规划；县国土空间规划；针对新旧动能转换区的起步区、高新区、南部山区组织编制重要功能区规划。

（2）街镇层面编制全覆盖的单元规划或街道、镇国土空间规划。城区内编制单元规划。其中，开发边界内结合行政边界、主次干道、河流边界、功能区完整性等划分城市单元（10~20平方千米），编制城市单元规划，将目标、指标、重要控制线、重要公益性设施或用地、重点地区城市设计控制要求及住房、市政等重大专项内容传导至控规编制单元；开发边界外编制郊野单元规划，聚焦农民居住引导、村庄建设用地减量化乡村振兴发展，推动城乡融合发展。外围街镇编制街道、镇国土空间规划，可单独编制或几个街道、镇联合编制。地块层面根据实际开发需求，编制地块控规或村庄规划。

2. 四层规划对应四层深度要求（见图5-1）

（1）市域层面强调战略布局，对市域结构性、战略性布局进行统筹安排；注重底线控制，划定永久基本农田、生态保护红线、城镇开发边界（区县级以上）以及分级分类控制标准与规则、用途管制标准。

（2）县（区、功能区）域层面对县（区、功能区）域进行结构性、战略性安排；同时强调对同级城区的实施性安排，明确用地布局引导图（同控规拼合深度），但不作为强制控制；划准全域三条控制线、规划分区；分级分

来源：上海同济城市规划设计研究院有限公司、济南市规划设计研究院、济南市勘察测绘研究院联合编制团队，《济南市国土空间总体规划（2020—2035年）研究报告》。

类控制标准与规则，及用途管制标准。

（3）单元、街镇国土空间规划主要实施性引导，修正用地布局引导图，但不作为强制控制，以及城市设计引导，并且落实各类控制线，公益性设施等底线控制。

（4）地块控规、村庄规划主要为实施性安排，面向开发控制和实际需求编制。

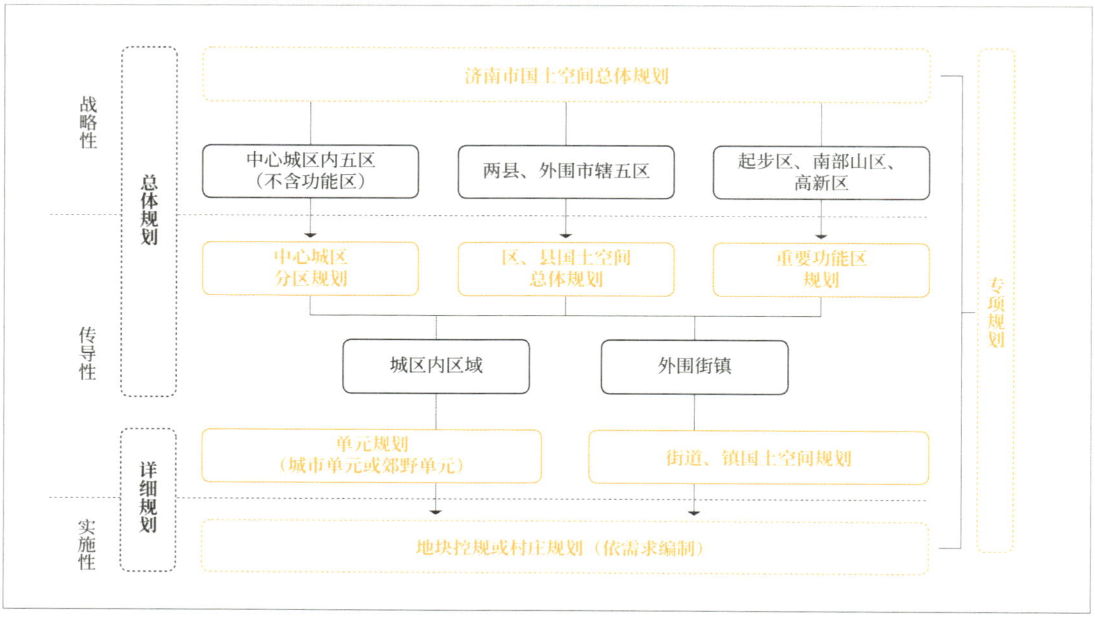

图5-1 济南市国土空间总体规划框架

原理 Y203 明确市县级国土空间规划的主要任务

市级与县级国土空间规划必须要完成的主要任务包括十项。

（1）落实省级与区域规划对于本市县级空间范围的区域生态、区域产业、区域基础设施（铁路公路机场等）的区域任务，明确空间发展的目标战略。

（2）明确资源环境底线约束的内容，落实生态格局、生态保护、绿色可持续发展战略。

（3）预测与把握未来中长期的发展趋势。

（4）落实市县的核心产业及其空间配套。

（5）明确市县人口规模与结构，明晰社会发展的关键问题，并在空间上加以落实。

（6）落实市县管辖范围内的综合交通结构、基础设施网络，增强城市安全韧性。

（7）明确全民教育、全民健康医疗与体育设施的配置，并在空间上加以落实。

（8）明确商业服务设施的级配，并在不同层级空间上加以落实。

（9）明确各级政府机构用地的配置，并在不同层级空间上加以落实。

（10）落实与相邻的市县对接生态、产业、人口、道路交通、教育、医疗、体育等设施的空间协同。

拓展阅读 Y2031

市级国土空间规划的审查要点

《自然资源部关于全面开展国土空间规划工作的通知》（自然资发〔2019〕87号）明确了省级和报国务院审批的市级国土空间总体规划审查要点。按照“管什么就批什么”的原则，对市县级国土空间规划内容侧重控制性审查，重点审查目标定位、底线约束、控制性指标、相邻关系等，并对规划程序和报批成果形式做合规性审查。审查要点是市县级国土空间总体规划的必备内容，在文本上有明确、规范的表述。如下为国务院审批的市级国土空间总体规划的审查要点。

（1）国土空间开发保护目标。

（2）国土空间开发强度，建设用地规模，生态保护红线控制面积，自然岸线保有率，耕地保有量及永久基本农田保护面积，用水总量和强度控制等指标的分解下达。

（3）落实主体功能区，城镇开发边界，生态保护红线，永久基本农田。

（4）城镇体系布局，城市群、都市圈、城镇群等区域协调重点地区的空间结构。

（5）市级国土空间规划基本分区和用途管制规则。

（6）生态屏障、生态廊道和生态系统保护格局。

（7）体现地方特色的自然保护地体系和历史文化保护体系。

（8）重大基础设施网络布局，重大交通枢纽、重要线性工程网络、城市安全与综合防灾体系、地下空间、邻避设施等设施布局，城镇政策性住房和教育、卫生、养老、文化体育等城乡公共服务设施布局原则和标准。

（9）城镇开发边界内，城市结构性绿地、水体等开敞空间的控制范围和均衡分布要求，各类历史文化遗存的保护范围和要求，通风廊道的格局和控制要求；城镇开发强度分区及容积率、密度等控制指标，高度、风貌等空间形态控制要求。

（10）中心城区城市发展方向、功能布局和用地结构等。

（11）乡村空间布局，促进乡村振兴的原则和要求。

（12）保障规划实施的政策措施。

（13）对县（市、区）规划的指导和约束要求等。

其他市级、县级、乡镇级国土空间规划的审查要点，由各省（自治区、直辖市）根据本地实际参照上述审查要点制定。

原理 Y204 明确市县级国土空间规划的核心内容

市县级总体规划中涉及的安全底线、空间结构等方面的内容，应作为规划强制性内容，并在图纸上准确标明或在文本上明确、规范地表述，同时提出相应的管理措施。

市县级总体规划中强制性内容应包括以下七项。

（1）约束性指标的落实及分解情况，如生态保护红线面积、用水总量、永久基本农田保护面积等。

（2）生态屏障、生态廊道和生态系统保护格局，自然保护地体系。

（3）生态保护红线、永久基本农田和城镇开发边界三条控制线。

（4）涵盖各类历史文化遗存的历史文化保护体系，历史文化保护线及空间管控要求。

（5）中心城区范围内结构性绿地、水体等开敞空间的控制范围和均衡分布要求。

（6）城乡公共服务设施配置标准，城镇政策性住房和教育、卫生、养老、文化体育等城乡公共服务设施布局原则和标准。

（7）重大交通枢纽、重要线性工程网络、城市安全与综合防灾体系、地下空间、邻避设施等设施布局。

案例 Y2041 济南市确立市“问题导向 + 目标导向 + 操作导向”的总体技术框架

扫二维码了解以下内容：
济南文本成果框架

来源：上海同济城市规划设计研究院有限公司、济南市规划设计研究院、济南市勘察测绘研究院联合编制团队，《济南市国土空间总体规划（2020—2035 年）研究报告》。

确立“问题导向 + 目标导向 + 操作导向”的总体技术框架；形成了“战略引导—格局优化—系统支撑—中心提升—实施保障”的文本成果框架。

案例 Y2042 嘉兴市国土空间总体规划技术框架（见图 5-2）

来源：上海同济城市规划设计研究院有限公司联合编制团队，《嘉兴市国土空间总体规划（2020—2035 年）研究报告》。

浙江省作为我国“省管县”典型代表省份，市辖区是地级市政府实权管辖的主要地区。浙江省市级国土空间编制导则中明确地级市要将市辖区全域作为一个层次按照县级规划深度编制分区规划。在嘉兴市国土空间规划中，除了对市域进行整体统筹协调安排外，更加强调市辖区规划，按照城乡一体的规划理念，打破中心城区与外围乡镇和农村地区的壁垒，实现城乡统筹规划。

市辖区规划内容包括明确发展定位与空间战略、国土空间总体格局、落实划定三条控制线、统一推进全域国土综合整治、推进城乡一体化建设、促进城市功能格局优化与品质提升，开展总体城市设计，统筹支撑体系建设、统筹落实近期重大项目。

图 5-2 嘉兴市国土空间总体规划技术框架

原理 Y205 重大战略、目标任务和约束性指标的落实

市县级国土空间总体规划必须落实国家级和省级规划的重大战略、目标任务和约束性指标。在此基础上，还需要提出提升城市能级和核心竞争力、实现高质量发展、创造高品质生活的战略指引；并必须进一步明确市县级国土空间保护、开发、整治、修复的总体要求，以推动构建与市县域自然环境、发展实际相契合，可持续的国土空间总体格局。

案例 Y2051 济南市国土空间总体规划落实四个层面要求

来源：上海同济城市规划设计研究院有限公司、济南市规划设计研究院、济南市勘察测绘研究院联合编制团队，《济南市国土空间总体规划（2020—2035 年）研究报告》。

济南市位于京津冀、长三角与中原城市群间的中枢位置，承担着衔南携北、承东启西的国家中心城市战略使命，是中国东西南北均衡发展的重要战略支点。在济南市国土空间总体规划编制中，国土空间开发保护目标需落实四个层面要求，体现五个维度内涵，明确济南战略定位（见图 5-3）。

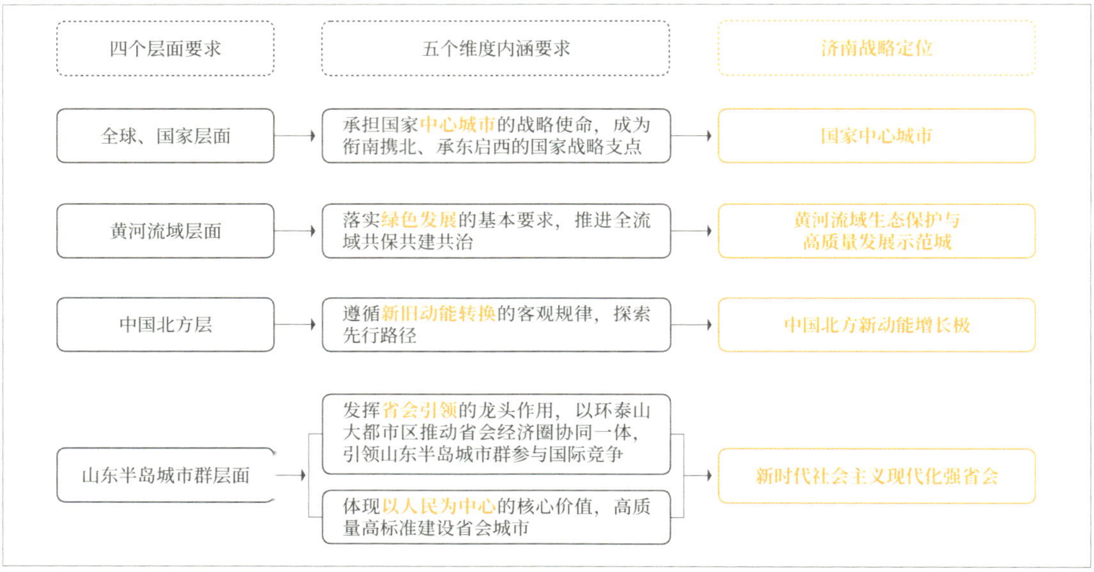

图 5-3 济南市国土空间规划战略定位确定路径

原理 Y206　对上级规划战略部署进行空间落实

市县级国土空间规划作为落实国家、省级规划战略部署的关键节点，需要承担国家和省内整体生态、社会、经济、文化和治理发展的重点任务，如承接国家级和省级等上级规划中明确的生态空间、农业空间、产业经济空间（经济开发区、高新技术产业开发区、自由贸易区等）、高等教育院校、文化体育设施、交通网络与枢纽、区域基础设施等战略布局。

案例 Y2061　济南市国土空间总体规划对国家及省发展规划进行空间落实

落实黄河流域生态保护与高质量发展战略。建设黄河下游绿色生态走廊。以稳定下游河势、规范黄河流路、保证滩区行洪能力为前提，统筹河道水域、岸线和滩区生态建设，保护河道自然岸线，完善河道两岸湿地生态系统，建设集防洪护岸、水源涵养、生物栖息等功能于一体的黄河下游绿色生态走廊。

承担新旧动能转换示范区责任，落实“工业强市”战略，建设济南新旧动能转换起步区，加快布局若干重大科技基础设施，统筹布局建设一批国家重点实验室、产业创新中心、工程研究中心等科技创新平台，加大科技、工程类专业人才培养和引进力度，引领示范黄河流域动能转换。

来源：上海同济城市规划设计研究院有限公司、济南市规划设计研究院、济南市勘察测绘研究院联合编制团队，《济南市国土空间总体规划（2020—2035 年）研究报告》。

落实细化《山东省国土空间规划（2020—2035 年）研究报告》确定的主体功能区，在济南市形成“生态功能核心区、生态功能调节区、粮食安全保障区、特色农业发展区、城市优化发展区、城市重点拓展区”六类二级主体功能区，以指导发展格局、规划分区，优化各类要素的配置，形成各分区的规划实施政策指引，并实现对下位规划的传导。

原理 Y207 多规合一需要形成统一指导思想

市县级国土空间规划是“多规合一”的成果，“多规合一”不是几类空间以不同章节形式合并的统一，而需要在“形合”基础上，追求多规的“神合”，在规划目标与规划思想层面达成高度统一。在统一目标、统一价值观下，各个子空间才能协调共生。为实现这一目标，首先需要完善空间规划的法律法规体系，在完备的法律标准系统下整合行动工作框架，以避免行政指令主导带来的表里打架。同时，还需要在法律标准体系下将永续生态文明（统筹社会、经济与生态三大支柱）作为统领思想，从而从更高层面的价值观上统合各项规划，并统一推进实施。

原理 Y208 规划必因地制宜，判断必实事求是

市级与县级国土空间规划必须基于本市与本县经济社会发展的实际情况，必须基于本市和本县所在的地理区位、水资源、土地资源、气候、生态环境、灾害等要素，必须充分尊重本市和本县现有的历史文化遗产、社会意识形态和风俗习惯，必须落实国家与省级既定的战略部署，支撑本市与本县的生态保护、社会经济发展和文化传承与创新，并在国家空间规划层级中发挥好承上启下的传导和面向实施的作用。

市县级国土空间规划忌讳“无脑抄袭”。规划可以借鉴其他城市的规划方法和思路，但只有与城市本身的自然生态条件、社会经济发展阶段、传统文化基因和人民生活需求相结合，才是合格的规划。规划专业人员与规划编制机构必须制止“八股文”式、简单模仿甚至拷贝其他城市空间规划目标战略和空间结构的做法。

案例 Y2081

济南市保护与传承济南“泉韵名城”文化基因

扫二维码了解以下内容：
济南历史文化保护规划图

来源：上海同济城市规划设计研究院有限公司、济南市规划设计研究院、济南市勘察测绘研究院联合编制团队，《济南市国土空间总体规划（2020—2035 年）研究报告》。

《济南市国土空间总体规划（2020—2035 年）研究报告》为保护与传承济南市“泉韵名城”的文化基因，提出构建彰显泉城特色“一核、两带、五廊、多片”的历史文化保护格局，全面保护历史遗迹、文化古迹、泉水资源、人文底蕴，并将其与现代生活融为一体，继续弘扬济南深厚悠久的历史文化，将济南市建设成为“山河秀美、泉溪间流，山、泉、湖、河、城一体共融”的特色泉城。

为展现泉城文化特色，开放泉区，构建泉道系统。以各大名泉为核心，依托水绿空间、历史街区，组织串联泉水和公共空间节点的泉道。

在政策管控中增加山体保护控制线与济南特有的保泉生态控制线，同时根据国家要求划定洪涝风险控制线。

原理 Y209　对空间单元进行充分调研

在市县级国土空间总体规划编制过程中，必须要对其下空间单元，包括区、街道和乡村同步进行空间分析和规划研判，否则会导致规划流于概念，流于空想。对下一级空间的调研越扎实，市县级国土空间规划才能有越高质量的科学理性支撑。

市县级国土空间规划不是国土空间规划主管部门的规划，更不是空间规划编制单位的规划，而是市委、市政府统一领导下的整体空间规划。为了保证国土空间规划多规高质量真正合一，保障空间规划编制后能够真正合力共同实施，编制单位必须与城市各个委办局进行详细的多轮沟通。

案例 Y2091

济南市多次开展现状调研和征求意见

扫二维码了解以下内容：
济南国土空间规划项目推进过程记录

来源：上海同济城市规划设计研究院有限公司、济南市规划设计研究院、济南市勘察测绘研究院联合编制团队，《济南市国土空间总体规划（2020—2035 年）研究报告》。

由济南市主要领导任组长，分管领导任总指挥，组建规划编制工作指挥部。

由市自然资源和规划局牵头组织，42 个市直部门和行业主管单位协同参与，15 个区县（功能区）、161 个街镇联动参与。多次深入济南开展现状调研和征求意见，共同推进市县两级国土空间规划及各类专项规划编制工作。

截至 2022 年 3 月，已经开展 51 场总体方案讨论会、245 场专题讨论会，向发改、政研室及各部门征询意见，以及向省厅、市政府进行了多轮汇报。

原理 Y210 以城市主体为中心

有别于省级或区域规划，市县级国土空间规划本质上都是以城镇主体（即中心城区）为中心，系统思考所管辖的地域范围内的生态、生产与生活空间，以整体系统观编制的国土空间总体规划。

市县级城市的中心城区通常集聚了该市的经济、管理、文化、教育、医疗和产业的高端部分，情况复杂多样。故而，我国的市县级国土空间总体规划一般包括市县域和中心城区两个层面的规划工作。市县域层面要对全域全要素进行统筹，侧重国土空间开发保护的战略部署和总体格局；中心城区要细化土地使用和空间布局，侧重功能完善和结构优化。

案例 Y2101

扫二维码了解以下内容：
荆州市中心城区空间结构规划图

荆州市强化五大区域中心职能，提升中心辐射能级

1. 强化荆州市五大区域中心职能，提升中心辐射能级

建设区域性先进制造业中心。进一步发挥制造业基础优势，融入国家综合立体交通网主骨架，打造长江中游重要交通枢纽城市。发挥临空临铁临港优势，打造多式联运节点和区域性物流中心，积极融入国家或区域供应链，打造国内国际双循环枢纽。

建设区域性科教创新中心。进一步发挥科教人才优势，以大学城为核心，推动科创中心、创新社区建设，培育科创大走廊，建成长江中游高教新支点、两湖平原科创动力源。强化科创对开发区、高新区的服务与支撑，以科技创新推动荆州转型高质量发展。

建设区域性交通物流中心。发挥临空临港优势，打造多式联运节点和区域性物流中心。

建设区域性消费中心。进一步发挥“百年商埠，江汉明珠”的商贸发达优势，以城市新客厅和金融街为核心，通过升级服务于总部经济、高端客群的载体，丰富消费业态，营造特色化消费场景，服务周边城市。

建设荆楚文化传承发展中心。进一步发挥“楚国故都，三国名城”的历史人文优势，以荆州古城为核心，深度挖掘楚文化、三国文化、长江文化、红色文化底蕴，整合资源，强化服务，建设知名文化旅游中心。

2. 建构“一带一环，六楔入城；一核四轴，四片联动”的网络化组团式空间结构

一带：落实长江大保护，打造滨江绿色发展带，促进城镇功能以及产业功能的沿江集聚。

一环：依托江汉运河、梅子湖、白水滩，构建城市公园内环。

六楔：太湖港生态廊道、菱角湖—金家湖生态廊道、纪山—郢城生态廊道、长湖生态廊道、豉湖渠生态廊道、西干渠生态廊道。

来源：上海同济城市规划设计研究院有限公司与荆州市城市规划设计研究院联合编制团队，《荆州市国土空间总体规划（2020—2035 年）研究报告》。

一核：围绕城市新客厅，联动站前集散中心、古城文旅中心、大学城科创中心、沙市老城商业中心、沙北综合服务中心，聚集金融服务总部经济、高端消费、文化展览等功能，打造城市功能集聚的核心。

四轴：依托复兴大道和荆沙大道，打造城市东西向发展轴；依托园林路打造南北向连江达湖的城市服务功能轴；依托东方大道打造城市产业发展轴，联动江陵、公安，推动城市远期的大跨江发展；依托学苑路和武德路，打造科创文旅发展示范轴。

四片：中心服务片区、产城融合片区、特色文旅片区、科创研发片区。

原理 Y211 国土空间的规划处理方法

为了应对工业化带来的城市问题，现代发达国家城市主要有以下空间规划处理方法。

（1）限制规模膨胀，设定城市蔓延的边界。

（2）控制城区密度，设置城市密度与高度管控。

（3）开辟城市大道，形成市中心区域防火防灾分隔廊道。

（4）建设排污管道，建成城区现代管道系统网络。

（5）制定街坊和街面治安法律，预防大城市集团犯罪和群体事件。

（6）增加大城市中的绿地、公园和防护林带，以实现可持续发展。

以上对于大城市问题的空间规划处理方法，在一些发达国家现代化建设过程中，也逐步被纳入市县级国土空间规划中，成为市县空间问题治理的基本规划方法。同时，除以上基础的处理方法以外，针对现代城市群落特征，还有以下空间规划处理方法。

（1）大城市、特大城市、超大城市要着重培育快速道路及轨道交通支撑下的多中心体系，形成网络化、组团式的发展格局。

（2）强化中心城市在区域中的统筹与引领作用，大城市、特大城市、超大城市应落实其中所在的城镇群、都市圈等跨行政区域组织中的用地和空间。

（3）建立城镇区域交通网络和基础设施网络，建立 1 小时都市群落，并配置城镇间共享的公共服务设施体系。

（4）在城镇群落内部布局生态走廊，保护城镇群落内部的山川河流、永久基本农田和林带，防止城镇群落的板结。

案例 Y2111

荆江公一体化规划

扫二维码了解以下内容：
"荆江公"一体化规划示意图

来源：上海同济城市规划设计研究院有限公司与荆州市城市规划设计研究院联合编制团队，《荆州市国土空间总体规划（2020—2035年）研究报告》。

荆州市区、江陵县、公安县三地辖区总面积达4872平方千米，其中荆州市区1566平方千米、江陵县1049平方千米、公安县2257平方千米。三地交通联系较为紧密，已形成"一区多园"的产业布局，规划促进"荆江公"一体化发展，推动中心城区做大做强，逐步提升中心城区辐射带动能力。

空间同构：打造"一带两环多绿楔"的生态空间格局；构建"三核四轴多片区"的功能空间结构。

交通同网：优化跨江通道布局；加快构建中心城区—江陵—公安快速通道体系；大力发展大中运量城市轨道交通系统和市域铁路系统。

产业同链：促进"一区多园"的园区间产业协同；促进各园区间产业链上下游产业协同。

民生同保：构建教育、医疗、养老等服务保障体系一体化，统筹城乡市政基础设施建设。强化智慧城市建设支撑，科学布局智慧管线廊道。

原理 Y212 构建产业、文化、设施、生态的多城市联动

市县级国土空间规划作为省级国土空间规划的下一层级规划，必须落实省级国土空间规划及区域专项规划的总体布局要求。应强调与其他邻近城市形成区域功能的联合互补，形成省内多个城市联盟，减少同质化竞争，联合、高效地完成国家和省的战略任务（例如，多城市共同发展产业群落，省内多个城市共享机场，长江中下游沿江多个城市共享港口）。因此，市县级国土空间规划需要构建省内区域产业、文化、交通等基础设施和流域生态板块的多城联动。

案例 Y2121

济南市推进"三个圈层"建设

扫二维码了解以下内容：
济南区域协同发展格局规划图

来源：上海同济城市规划设计研究院有限公司、济南市规划设计研究院、济南市勘察测绘研究院联合编制团队，《济南市国土空间总体规划（2020—2035年）研究报告》。

《济南市国土空间总体规划》提出推进济南"三个圈层"建设，打造区域协同发展新格局。济南大都市同城圈（50千米）内推动1小时通勤，形成相对功能综合独立的城镇联盟，促进区域一体化发展；同城圈内居民享受同城待遇、同城保障、同城覆盖、同城共享。省会经济协作圈（100千米）内以济南为核心，协同泰安、淄博、德州、聊城、东营、滨州，形成区域产业分工协作，生态环境共保共治，基础设施互联互通，区域文化交流互鉴。泛山东半岛城市群辐射圈（200千米）形成1日生活圈，实现中心城市对周边城市的辐射，重大交通枢纽区域共享。

原理 Y213　生态要素空间保护的上下传导

市县级国土空间规划必须落实省级国土空间规划所提出的山水林田湖草矿沙海冰等各类自然资源保护与修复的规模和质量要求，明确市县域范围内自然保护地等生态重要地区和生态敏感地区，构建重要的生态屏障、廊道和网络，形成联通、完整、系统的生态保护格局和开敞空间网络体系，维护生态安全和生物多样性，对城镇建成区的生态要素空间进行强制性安排，包括总量、密度和分布，要将国家“双碳”战略目标落实到市县空间规划的实处，并对下位规划提出生态保护的传导要求。

案例 Y2131　浙江省兰溪市国土空间规划落实省市两级空间生态要素案例

扫二维码了解以下内容：
浙中生态走廊区域协同示意图

来源：上海同济城市规划设计研究院有限公司，《兰溪市国土空间总体规划（2021—2035 年）研究报告》。

《浙江省国土空间规划（2021-2035 年）》明确构建“两屏、八廊、八脉”的省域生态安全空间格局。其中，浙西北中山生态屏障和浙中东低山生态屏障均为“两屏”中的山林生态绿屏，钱塘江为“八脉”之一。《金华市国土空间总体规划（2021-2035 年）》构建“一心三片、八江多廊”的全域生态格局，其中“三片”依托千里岗山脉、大盘山山脉、仙霞岭山脉、括苍山山脉形成的东、南、北三片生态屏障，“八江”包括兰江、金华江、衢江，其为钱塘江上游重要支流水系。《兰溪市国土空间总体规划（2021-2035 年）》明确市域构建“两屏三脉络、多点六廊道”的市域生态保护格局，其中“两屏”即落实了浙江省、金华市两级生态屏障要素，是指由龙门山脉—千里岗山脉支脉构成北部生态屏障，金华山脉—仙霞岭山脉余脉构成南部生态屏障，“三脉络”即钱塘江上游的兰江、金华江和衢江。

原理 Y214　布局落实城市产业空间

城镇空间受到经济发展与产业转型的影响，产业经济的规模不断扩大、产业持续升级成为推进区域空间发展变革的主导力量。产业动能决定了空间的兴衰，产业空间则是城乡现代化发展进步的发动机。在布局落实城镇产业空间时须注意以下八点。

（1）落实区域上位规划产业战略布局。

（2）结合地方产业现状特色、未来发展趋势，提出产业结构优化的方向与重点，落实战略性新兴产业的空间用地。

（3）产业链互补：产业布局应精准认知区域强势产业，注重与周边市县协同、共谋共兴，推动关键产业的环节互补，保障空间联系通道，避免同质化竞争。

（4）空间智配：市县级国土空间规划应着力提升产业空间绩效，配置科技创新实验空间、研发空间、支撑空间，配置创新人才家园。

（5）职住平衡：市县级国土空间规划应推进零散产业的园区化与产业园区的社区化转型，促进职住平衡发展。

（6）产教融合：市县级国土空间规划应布局产业培育与职业教育空间，引导产教融合发展。

（7）生态环境评估：避免污染产业位于城乡居民区的上游或上风向。

（8）配置产业所依托的基础设施，包括专业线缆、管道等。

案例 Y2141 浙江省金华市开发区创新产业空间配置

浙江省金华市提出创新战略引领，打造3级创智平台。其中，创智主核包括科技研发、创新孵化、总部办公、金融服务、文化创意、会展酒店等综合服务功能；创智基地包括技术服务、专业孵化、教育培训，重点结合产业创新综合体布局等功能；创智工场包括众创空间、创新孵化，重点结合社区公共服务灵活布局创智工场，加强对小微企业的扶持。

围绕创智主核，形成“一中心、一群基金、一个区、一个链条”的科创布局，聚合金华开发区科创空间引力。其中，一中心：中欧院士创新中心；一群基金：浙中创业基金群（风险投资基金）；一个区：金兰青年科创区；一个链条：科技研发—创业孵化—加速中试—产业化落地的综合创新链体系。

来源：上海同济城市规划设计研究院有限公司，《浙江省金华市经济技术开发区战略规划》。

原理 Y215 保障市民住房需求和家园品质

依据人口规模和需求，合理预测住房的规模与结构。在全市空间布局中构建多类型住宅用地布局体系，为多元主体供给多渠道、租购并举的住宅建设用地。落实政策性住房用地要求和配置标准，保障性住房应优先配置在轨道交通和公交站点服务半径范围内。

提出构建家园建设目标、标准和实施路径，明确公共服务设施综合配置标准。在住宅用地选址中必须考虑全民共享、便捷实用的养老、体育、卫生、教育、医疗、文化等基本公共服务体系的配套空间。对下一层级的住宅用地建设，提出如构建用地集约、环境友好、设施完整（包括无障碍设施）、活力多元，或儿童、老人、残疾人友好等家园层面的具体规划设计要求。

案例 Y2151

济南市分片区分类建设家园

扫二维码了解以下内容：
济南中心城区家园规划图

来源：上海同济城市规划设计研究院有限公司、济南市规划设计研究院、济南市勘察测绘研究院联合编制团队，《济南市国土空间总体规划（2020—2035 年）研究报告》。

《济南市国土空间总体规划》提出根据人群结构与需求，打造 5 类差异化社区生活圈，促进基本公共服务均等化、普惠化、便捷化。

老城中心地区和 CBD 奥体中心地区建设商务文创型家园，西站地区、东站地区和董家地区建设综合城区型家园，大桥地区、国际医学中心地区、科创城地区建设科技研发型家园，党家地区和柏石峪地区建设健康养老型家园，空港地区、董家地区、桑梓店地区建设工业产业型家园。

案例 Y2152

嘉兴市按照人口布局优化居住用地布局

按照人口布局优化居住用地布局，完善生活设施配套。老城区通过有机更新疏解部分居住人口，对老旧小区进行旧城改造，增加配套，改善环境。

城市中心区人口：规划居住人口 37 万人，且主要布置在环城河以外（约 34 万人）。环城河内老城区人口减少至 3 万人左右。

东南片区：承载中心城区居住功能的重点地区，规划居住人口 66 万人，其中中环南路以北居住约 18 万人，中环南路以南、海盐塘以西居住 4 万人左右，海盐塘至三环东路之间居住 44 万人左右。

西南片区：中环路南侧居住用地继续向南发展至三环，作为姚家荡配套服务区，该片共可安排居住人口 28 万人。

北片区：居住用地沿禾兴北路和长纤塘向外延伸，该片共可安排居住人口 9 万人。

秀洲高新区：规划居住人口 27 万人。

空港物流区：规划居住人口 5 万人。

高铁新城：规划居住人口 11 万人。

嘉兴科技城：规划居住人口 17 万人。

在完成现有保障性住房建设的基础上，鼓励通过货币补偿方式实施安置，或通过收购商品住房进行实物安置。结合城市有机更新，在条件允许的情况下，改建或整治现有居住区，改善居住环境，增补配套设施。全面保障城镇保障性住房的建设用地需求，并在区域整体层面综合控制协调各区的增量建设，以达到区域整体供给结构的平衡。

来源：上海同济城市规划设计研究院有限公司联合编制团队，《嘉兴市市国土空间总体规划（2020—2035 年）研究报告》。

原理 Y216　统筹公共服务设施布局

市县级国土空间规划应统筹优化公共服务设施布局，提升城乡居民生活空间质量。应理性预测人口，依据人口规模和需求布局，合理判断并预测公共服务设施需求的规模与结构。

应提出构建社区生活圈的目标、标准和实施路径，明确公共服务设施综合配置标准。以全民共享、全龄友好、便捷实用为导向，逐步建立养老、体育、文化、卫生医疗、教育等基本公共服务体系。

应加强对服务人口公共服务设施需求的专项研究，增加高等级公共服务设施配置，构建多层次、多元化的公共服务设施体系。

在城乡公共服务设施配置标准中，教育、卫生、养老、文化、体育等城乡公共服务设施布局原则和标准应作为规划强制性内容，在下位规划中予以落实保障。

案例 Y2161 **西宁市公共服务体系规划特色**

一是立足省会特征，完善高等级公共服务设施功能与布局。划定约10平方千米省会核心功能承载区，促进文化会展、商务办公、创新创意等功能的高度融合。针对高等级公共设施过于集中在老城的问题，在城市边缘地区打造面向全省服务的三处功能型高等级中心，使省内、藏区的使用需求在城区外围得到解决，缓解主城拥堵。构建与城市空间格局相适应的公共中心体系，充分依托既有的区级行政和文化中心，促进事权与中心体系相适应。

二是基于青藏高原人口流动特征，补充基本公共服务设施。加强实际服务人口测算，将短期流动人口纳入规划人口规模预测，以期公共服务设施配套能够满足实际服务人口的使用需求。参考《城市用地分类与规划建设用地标准》（GB 50137—2011）、《城市公共服务设施规划规范》（GB 50442—2008）、《城市居住区规划设计标准》（GB 50180—2018）等，预留一定的规划弹性，明确各类公共服务设施需新增用地的规模。结合独特的川谷地形地貌、行政边界，立足实际服务人口，划定15分钟生活圈，均衡补充各类基层公共服务设施。

三是针对西宁城市特征，打造特色公共服务设施体系。挖掘河湟文化、藏文化内涵，建设青藏高原文化中心城市，加快高等级特色文化展示场馆建设，围绕湟水河塑造河湟文化功能带。突出高原体育集训功能，举办高原体育赛事活动，打造世界高原体育名城，补充具有当地特色的多样化体育设施。加快“高原病”“老年病”等特病特治专科医院建设，传承藏医药文化，打造藏医药特色医疗中心。结合温泉、藏医药文化特色，集中建设三大特色疗养片区。

来源：上海同济城市规划设计研究院有限公司与广州市城市规划勘测设计研究院联合编制团队，《西宁市国土空间总体规划（2020—2035年）》。

原理 Y217 提出乡村振兴策略

市县级国土空间规划必须划定乡村发展空间和振兴的重点区域，根据乡村资源禀赋和发展现状，确定乡村发展分区，制定差异化的分区发展指引；明确村庄分类的功能类型、发展原则和建设标准，提出优化村庄居民点体系的方向。构建总体振兴格局，明确农业产业现代化路径，保障粮食生产能力，保护基本农田，优化农业格局；强化农业综合竞争力，构建支撑农业现代化发展的交通和物流体系。提出农民就业技能提升计划，落实市县域农民的职业技能培训空间，促进城乡人口交流。优化乡村居民点空间布局，提升乡村基础设施和公共设施品质。

加强对农村居民点布局的分类指导。因地制宜地优化村庄及农村人口的空间分布，提出村庄分类发展和分步推进的原则和要求，确定村庄的功能类型、空间布局和建设标准，制定各类村庄发展的政策指引。

明确乡村人居环境整治的主要内容和措施。注重地方乡土特色，保护传统风貌和自然生态格局，按照城乡基本公共服务均等化和城乡社区生活圈构建要求，提出乡村地区公共服务与基础设施配置标准，提升人居环境质量。

案例 Y2171

济南市建立村庄分类原则、规划布局与编制引导

来源：上海同济城市规划设计研究院有限公司、济南市规划设计研究院、济南市勘察测绘研究院联合编制团队，《济南市国土空间总体规划（2020—2035 年）研究报告》。

济南市将村庄分为集聚提升类、城郊融合类、特色保护类、搬迁撤并类及暂不分类村庄，分别提出指引措施与规划编制引导，并提出培育田园综合体体系、振兴乡村产业、有序推进村庄土地集约节约利用等措施。

案例 Y2172

荆州市市辖区村庄分类布局

荆州市市辖区共 142 个村庄，为 41 个城郊融合类村、38 个集聚提升类村、21 个特色保护类村、1 个拆迁撤并类村和 41 个农耕传承类村。

城郊融合类：城郊融合类村庄应积极承接城镇人口疏解和功能外溢，加快推动与城镇公共服务设施的共建共享、公用基础设施的互联互通。

集聚提升类：引导公共服务设施优先向此类村庄配建；推进第一、第二、第三产业融合发展；推进村庄人居环境整治，保护保留乡村风貌。

特色保护类：统筹保护、利用与发展的关系，保护村庄的传统格局、自然风貌和田园景观，保护文物古迹、历史建筑、传统民居，着力并针对性地补充完善相关设施。

拆迁撤并类：明确拆迁撤并类村庄的分期行动计划和实施机制，鼓励向中心村、镇区集聚。

农耕传承类：重点发展特色种养殖业及特色林果业，切实保护村庄与自然和田园景观等整体空间形态与环境。

来源：上海同济城市规划设计研究院有限公司与荆州市城市规划设计研究院联合编制团队，《荆州市国土空间总体规划（2020—2035 年）研究报告》。

原理 Y218 历史文化基因的保护、提炼和创新

市县级国土空间规划必须对本地特有的历史文化传统和资源进行文化基因的提炼。每一个市县都是一个历史上独一无二、文化创新的文明结晶。因此，在国土空间规划制定前，必须标清该市县物质遗产与非物质遗产的分布，并在空间规划中明确文化遗产保护空间，充分考虑空间活化利用和文化创新。

案例 Y2181 赣州市以遗产空间分布为基础完善历史文化遗产保护体系

扫二维码了解以下内容：
市域非物质文化遗产保护规划示意，文化展示与非遗传承规划示意

从市域 3.94 万平方千米、中心城区 1190 平方千米、历史城区 3.22 平方千米三个层次盘点赣州市历史文化遗产，将物质文化遗产与非物质文化遗产落在空间上，以此为基础，完善分层、分级、分类的遗产保护体系（见表 5-1）。

活化与利用历史文化遗产，利用古城内的公园、传统建筑以及各类文化场馆等空间作为非遗传承场所，定期举行文化表演；制定《赣州历史地段业态准入细则》，鼓励传统手工艺品、传统美食等业态注入；积极培养非遗传承人，鼓励非遗传承人和现代艺术家合作，开发文创产品。

表 5-1 赣州市历史文化遗产梳理

赣州市市域	中心城区	历史城区
国家历史文化名城：2 处	历史文化街区：8 片	历史文化街区：5 处
推荐保护古城：1 处	传统风貌街区：2 处（推荐 1 处）	传统风貌街区：2 处（推荐 1 处）
推荐保护古镇：9 处	文物保护单位：68 处	文物保护单位：28 处
历史文化名村：16 处	一般不可移动文物：/	一般不可移动文物：67 处
传统村落：70 处	历史建筑：301 处（推荐 35 处）	历史建筑：266 处
推荐保护村落：41 处	山水格局	历史街巷：36 街 72 巷
文物保护单位：962 处（1145 个点）	自然与人文环境	历史环境要素
一般不可移动文物：/		重要节点空间与视廊
革命文物：409 处（487 个点）		
工业遗产：88 处		
各类自然遗产：78 处		
非物质文化遗产：1319 项		
历史文化街区：12 片		
传统风貌街区：2 片（推荐 1 片）		

来源：上海同济城市规划设计研究院有限公司与赣州市国土空间调查规划研究中心联合编制团队，《赣州历史文化名城保护规划（2021—2035 年）研究报告》。

原理 Y219　保障职业教育的发展空间

市县级国土空间规划需要保障用于开展职业教育的空间，以确保农村地区和中小城镇的青年在走上工作岗位前均有机会接受良好的职业教育，并在工作岗位上接受继续教育。这既是民众的基本需求，也是我国未来产业升级中劳动力素质提升的需求。

案例 Y2191　浙江省兰溪市国土空间总体规划

浙江省兰溪市加快构建适应产业升级需求、产教深度融合、灵活开放的现代职业教育体系。创新产教融合校企合作机制，深化“产教融合”“双师培养”“合作办学”三大模式。推动中职学校特色发展，把中德职教中心打造成多层次的技能型人才培养基地、区域创新创业的科创平台。以建设中德职业教育中心为契机，全面推进一体化办学、混合所有制办学、特色专业建设等职业教育改革。推动校企行业深度合作，深入推进职业学校专业调整，对接现代纺织、光电信息新材料、医药健康、新能源交通装备、节能环保、文化创意等新兴现代产业，建立与之相匹配的专业群。

来源：上海同济城市规划设计研究院有限公司，《兰溪市国土空间总体规划（2020—2035 年）研究报告》。

案例 Y2192　济南市职业学校布局优化

扫二维码了解以下内容：
济南市职业学校布局优化

《济南市国土空间总体规划》中为促进人才教育多元化发展，强化职业技术教育的承载空间，结合济南市产业规划，优化职业教育体系布局，全市重点规划建设了 10 所职业技术学校。

来源：上海同济城市规划设计研究院有限公司、济南市规划设计研究院、济南市勘察测绘研究院联合编制团队，《济南市国土空间总体规划（2020—2035 年）研究报告》。

原理 Y220　统筹布局基础设施体系

市县级国土空间规划应衔接区域基础设施网络，统筹布局市县域内交通、水利、电力、燃气等基础设施和廊道，明确重要交通枢纽地区选址和轨道交通走向；布局安排全市域供水干线、大型污水处理设施、电力干线、燃气干管等重大市政基础设施。尤其是产业区和商业商务集中区，其对于基础设施的布局应结合流量要求和特殊功能要求，按照产业和商业的特点布局线位和设施层级。中心城市的基础设施应当考虑区域需求。在城乡密集发展地区还应当提出城乡基础设施共建共享的具体要求。

拓展阅读 Y2201

基础设施体系完善的总体要求

在《市级国土空间总体规划编制指南》中明确了“完善基础设施体系，增强城市安全韧性”的指导要求，具体包括：统筹存量和增量、地上和地下、传统和新型基础设施系统布局，构建集约高效、智能绿色、安全可靠的现代化基础设施体系，提高城市综合承载能力，建设韧性城市。

（1）以协同融合、安全韧性为导向，结合空间格局优化和智慧城市建设，优化形成各类基础设施一体化、网络化、复合化、绿色化、智能化布局。提出市域重要交通廊道和高压输电干线、天然气高压干线等能源通道空间布局，以及市域重大水利工程布局安排。提出中心城区交通、能源、水系统、信息、物流、固体废弃物处理等基础设施的规模和网络化布局要求，明确廊道控制要求，鼓励新建城区提出综合管廊布局方案。

（2）基于灾害风险评估，确定主要灾害类型的防灾减灾目标和设防标准，划示灾害风险区。明确防洪（潮）、抗震、消防、人防、防疫等各类重大防灾设施标准、布局要求与防灾减灾措施，适度提高生命线工程的冗余度。针对气候变化影响，结合城市自然地理特征，优化防洪排涝通道和蓄滞洪区，划定洪涝风险控制线，修复自然生态系统，因地制宜推进海绵城市建设，增加城镇建设用地中的渗透性表面。沿海城市应强化因气候变化造成海平面上升的灾害应对措施。

（3）以社区生活圈为基础构建城市健康安全单元，完善应急空间网络。结合公园、绿地、广场等开敞空间和体育场馆等公共设施，提出网络化、分布式的应急避难场所、疏散通道的布局要求。

（4）预留一定应急用地和大型危险品存储用地，科学划定安全防护和缓冲空间。

（5）确定重要交通、能源、市政、防灾等基础设施用地控制范围，划定中心城区重要基础设施的黄线，与生态保护红线、永久基本农田等控制线相协调。在提出控制要求的同时保留一定弹性，为新型基础设施建设预留发展空间。

来源：中华人民共和国自然资源部，《市级国土空间总体规划编制指南》。

案例 Y2201

济南市的综合交通、基础设施、安全韧性规划策略

扫二维码了解以下内容：
济南市域对外综合交通廊道布局图

《济南市国土空间总体规划》依据济南城市定位和发展愿景，分别提出综合交通网络、市政公用设施、城市安全韧性建设要求。

1. 综合交通网络：强化设施网络支撑，实现绿色畅达交通

发展目标：对接国家六大经济走廊，构建济南国际性综合交通枢纽城市“九向”辐射格局，形成“一轴二廊三通道”6 条综合运输大通道。

发展策略：提升枢纽能级，推动综合交通一体化枢纽建设，构建枢纽群联动机制，提高枢纽运转效能；建设“轨道上的都市圈”，支撑市域大尺度、多方向的发展格局；优化公路交通网络，构建“二环一联十六射”高快速路系统；以快速交通廊道引导空间布局，完善空间组织。

2. 市政公用设施：建设新型基础设施，推进绿色低碳发展

建设数字济南。实施数字济南战略，推进 5G、数据中心等新型基础设施

来源：上海同济城市规划设计研究院有限公司、济南市规划设计研究院、济南市勘察测绘研究院联合编制团队，《济南市国土空间总体规划（2020—2035 年）研究报告》。

建设，推动工业互联网、大数据、物联网等数字经济与实体经济深度融合，推进数字产业化和产业数字化。同步发展数字城市与现实城市，加强数字社会、数字政府建设，构建全域智能化环境。

优化水资源利用。新建扩建水库，明确水源连通工程，保障水资源供给；实行分质供水，优水优用，促进城乡供水精细化、智能化管理；开展污水资源化再生利用；牢守排水安全底线，加强雨水蓄渗利用。

优化能源结构。构建多能互补、互联互通、协同供应的能源供应体系，充分挖掘清洁能源潜力，优化能源结构，非化石能源消费比重在 2025 年达到 7%，力争在 2035 年达到 20% 左右。

重视污染物治理。严格管控污染物排放，持续改善环境质量。推动能源清洁低碳高效利用，逐步取缔中小型燃煤设施，推进清洁生产并倡导绿色生活，严格管控碳排放强度，争取率先达成“碳达峰”目标。遵循垃圾“减量化、无害化、资源化”原则，积极推进垃圾分类全过程管理。

3. 城市安全韧性：识别重大安全挑战，韧性应对城市风险

营造韧性安全空间。构筑城市安全体系，增强济南城市抗冲击能力，实现小灾无损、大灾能防、巨灾可控。构建城市安全空间体系，建立“一心四区”的安全区划空间格局。“一心”以主城区为核心，配置市级防灾设施，发挥统筹引领作用；“四区”包括主城区、商河、平阴、莱芜安全分区，差异化确定设防标准和配置防灾设施，实现安全保障全覆盖。

保障城市安全运行。保障生命安全。提高公共安全保障能力，增强洪涝、地震、地质灾害、火灾、气象灾害等自然灾害的防治能力，加强应对极端天气、重大突发公共卫生事件等潜在风险防范能力建设。确保经济安全。注重本地能源和矿产资源的勘测开发，建立国内外陆海联供的多元化供应体系，加强与周边城市储备基地的联系，增强储备能力，积极开拓新型替代能源，保障能源和战略性矿产资源安全。建立生命线系统安全运行监测平台，形成陆空地下立体、多源互济、分区互补的网络结构，保障生命线系统安全。维护社会稳定。融合城市生活圈，建立网络化的专群结合、群防群治社会治安防控体系，有效防范和打击各种违法犯罪行为。建立社会心理服务云平台，加强心理服务人才队伍建设，完善各种调节联动工作体系，及时化解纠纷，实施危机干预，保持社会和谐稳定。

提升应急救援管理水平。建立监测预警机制，重点加强对地震、地质灾害、洪涝灾害、气象灾害、森林火灾以及重大火灾、重大矿产安全事故、突发公共卫生事件等安全事件的监测预警。建立应急指挥救援体系，健全市、区两级应急指挥场所建设，建立由综合性应急救援队伍、专业性应急救援队伍、航空应急救援队伍以及社会应急救援队伍组成的应急救援力量体系。建立救援疏散避难系统，依托高速公路和城市道路，构建安全、可靠、高效的避难救援通道体系。建立生命线应急保障系统，建设应急供水系统、应急供电设施、广播通信系统、应急交通系统、应急垃圾及污水处理设施，保障生命线设施在紧急状态下良好运行并预留安全储备。建立应急救灾物资储备系统，建立市级、组团级、片区级、社区级四级救灾物资储备库，形成生活保障、医疗卫生、抢险救援、能源保障和特殊稀缺物资组成的储备库网络体系。建立协同保障机制，完善跨区域、跨部门、军地间应急联动合作模式。

原理 Y221 实现规划期限内的投入与效益平衡

完整的市级国土空间规划体系必须在规划期限内，实现城乡空间规划建设资金投入与效益的平衡。应综合分析政策要求和市场需求，充分考虑专项规划提出的规划建设内容和经济成本，对其进行资金估算，提出合理的开发时序、开发周期和开发运营策略，以便于对专项规划提出的建设项目做出轻重缓急的细分。应对各专项规划提出的建设总投入进行匡算，应在空间规划中落实资金来源，包括土地出让、地方经济税收及其他政府资金投入，做到规划期限内一个空间单元上的资金总平衡。应保障省域或市县域、乡镇域的空间未来建设的经济可持续发展，节约空间建设投入，保证空间单元建设的必要性、合理性和经济性。

案例 Y2211 济南市基于分析现状地方财税，提出可持续发展财税模式

来源：上海同济城市规划设计研究院有限公司。

济南市国土空间规划根据财政部门提供的相关数据，梳理现状地方财政收支构成，并结合当前土地出让收入、出让土地类型以及该市土地利用现状和未来增长空间，进行综合分析，得出该市面临土地出让金下滑，规模远小于地方财政支出的问题；提出考评地均税收，提升用地绩效等发展建议，引导该市进入可持续发展财税模式（见图 5-4）。

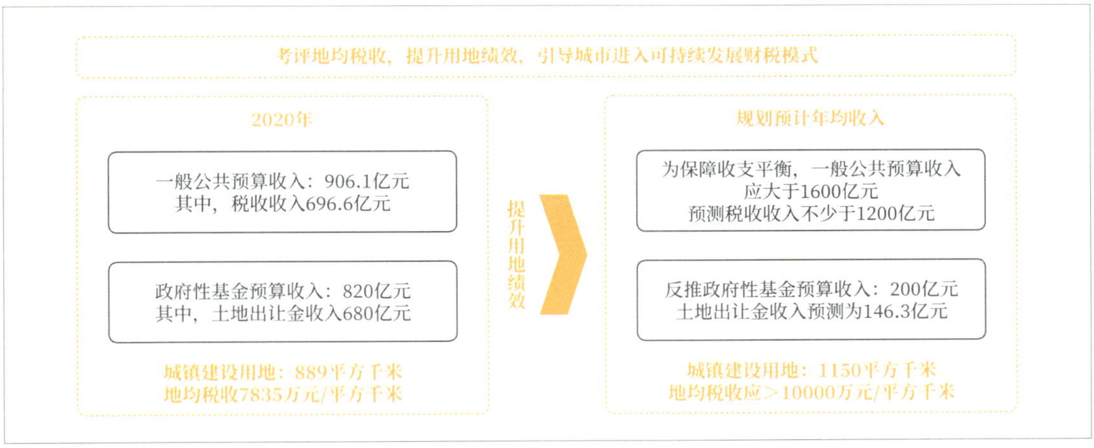

图 5-4 考评地方财政税收，提升用地绩效，引导城市进入可持续发展财税模式

原理 Y222　与市县级领导做充分的过程汇报与沟通

市县级国土空间规划需要对城市总体发展的战略目标进行深入研究，结合国家和全省发展的总体方针，在市委市政府已有战略决策的基础上，做出未来导向型的思想分析。在编制市县级国土空间规划的过程中，需要保持向市委市政府做战略思想和学理研究成果的汇报和沟通，并将此类内容纳入到市委市政府未来的决策过程中，而不是局限于编制组内部闭门造车。

案例 Y2221　济南市项目组多次向市委市政府汇报工作

自《济南市国土空间总体规划（2020—2035 年）研究报告》编制以来，项目主要负责人多次向市委市政府汇报工作方案及编制成果，就战略思想和重大决策进行沟通讨论，达成共识。

扫二维码了解以下内容：
济南市国土空间规划充分汇报

案例 Y2222　浙江省兰溪市国土空间总体规划编制过程

为保证国土空间总体规划“能用”“管用”“好用”，形成一份凝聚全市共识的规划成果；规划编制过程中与该市委领导、各职能部门领导充分沟通协调，针对发展战略、发展重点、发展方向等规划内容进行重点分析讨论，确保规划可落地性。

另外强化横向联动，责任分解。在本次规划已完成的专题基础上，与各部门充分沟通，制订相应的专项研究课题。这些专题研究的主体责任由对应的各部门承担，相应责任也分解至各主管部门和协同部门，充分发挥各部门职责，各部门提交专题成果后由自然资源和规划局、编制单位进行梳理。自然资源和规划局突出“统筹”职责，并非所有事项“一把抓”。同时结合部门“十四五”规划编制，加强与各部门“十四五”建设项目充分对接，形成各部门充分联动机制，确保“十四五”项目在空间规划中能落地。

来源：上海同济城市规划设计研究院有限公司联合编制团队，《兰溪市国土空间总体规划（2020—2035 年）研究报告》。

原理 Y223　因地制宜确定单元规划类型和要求

市县级国土空间规划必须根据市县规划管理体制、管理效率与治理能力的实际情况，依据城镇发展规模、发展需要和未来可能，结合行政边界、自然与人工主要边界、其他各类管理边界等，在市县域内因地制宜地划定国土空间规划单元，明确单元规划编制指引以及国土空间用途管制、转换和准入规则。大城市宜以行政区或规划片区划分单元并编制分区规划，中小城市可直接划分详细规划单元，加强对详细规划的指引和传导。

案例 Y2231

济南市确定的区县级、镇级单元规划类型

扫二维码了解以下内容：
济南市规划编制管理单元

济南市国土空间在管理上具有几个特征：①起步区、高新区、南部山区等功能区由管委会代管，财政、土地管理等职权均已由区政府移交至管委会；②中心城外围区自治性较强，且有大量乡村地域，空间特征与管理均类似于县或县级市，其中莱芜区、钢城区由原莱芜市（地级市）演变而来，且与中心城的空间距离较远，章丘区、长清区、济阳区由以前的县、县级市演变而来，具有较强的独立性与管理能力；③全域有大量涉农街道，空间要素与乡镇类似，仅存在行政管理主体差异。

根据济南的空间管理特点与规划编制体系，确定济南在区县级层面，以行政区、功能区、县为规划单元，编制行政区 / 功能区分区规划或县国土空间总体规划；在乡镇级层面，以城镇单元（城区内开发边界内）、郊野单元（城区内开发边界外）、独立街道（城区外）、镇为单元，编制单元规划或者镇国土空间规划，承接总体规划，指引控规、乡村规划。其中，城市单元规划、郊野单元规划、街道国土空间规划由市、区政府组织编制，镇国土空间规划由镇政府组织编制。

单元规划包括城镇单元、郊野单元、街道单元三种类型。镇国土空间规划及单元规划，在城镇开发边界内应划准四线，落实公益性设施配置标准和空间落位，划分街区单元，绘制城市单元图则；城镇开发边界外应划定三线等底线空间，确定减量化路径，划分乡村单元，绘制单元图则。

来源：上海同济城市规划设计研究院有限公司、济南市规划设计研究院、济南市勘察测绘研究院联合编制团队，《济南市国土空间总体规划（2020—2035 年）研究报告》。

案例 Y2232

嘉兴市国土空间总体规划中的单元划分

按照事权对应的原则，划定嘉兴市本级规划编制单元，指引控制性详细规划和专项规划等的编制。

在嘉兴市中心城区范围内划分 11 个片区单元，片区单元边界与街道行政边界和开发区管理边界结合，包括城中片区、城东北片区、城西北片区、城西南片区、城东南片区、高铁新城片区、科技城片区、湘家荡片区、油车港片区、秀洲高新片区、临空片区。

中心城区范围外规划编制按照镇区单元和郊野单元实施。乡镇城镇开发边界内编制控制性详细规划，城镇开发边界以外鼓励邻近乡镇合并编制郊野单元规划，包括油车港—王江泾郊野单元、新塍郊野单元、洪合—王店—余新郊野单元、凤桥—新丰—大桥郊野单元（见图 5-5）。

来源：上海同济城市规划设计研究院有限公司联合编制团队，《嘉兴市国土空间总体规划（2021—2035 年）研究报告》。

城镇单元指引要求

定目标

1-1 发展定位
1-2 空间结构
1-3 总量指标
常住人口规模
总建筑面积
容积率
1-4 城市设计
建筑限高
风貌要求

定指标

2-1 底线管控
建设用地总面积
城乡建设用地总面积
耕地保有量、永久基本农田、生态红线
2-2 结构效率
人均城镇建设用地
道路网密度、存量土地供应比例
2-3 生活品质
公园绿地、广场步行5分钟覆盖率
社区卫生设施步行15分钟覆盖率
社区中小学步行15分钟覆盖率
社区体育设施步行15分钟覆盖率
消防救援5分钟覆盖率
公交站点500米半径服务覆盖率

定界线

3-1 国土三线及范围线
生态保护红线
永久基本农田线
城镇开发边界
3-2 城市四线
紫线、绿线、黄线、蓝线

定用地

4-1 规划分区
生态保护区\居住生活区\物流仓储区\弹性发展区\生态控制区\综合服务绿地休闲区\特别用途区\农田保护区\商业商务区\交通枢纽区\乡村发展区\工业发展区\战略预留区
4-2 一级类用地

定设施

5-1 重要公共服务设施
面积规模限定、兼容性引导
5-2 重大公用设施
面积规模限定、兼容性引导
5-3 重大道路交通设施
城市道路
公共交通站点
大型停车场
5-4 综合防灾减灾
面积和范围限制性
消防避震疏散场地、防洪堤
地下空间

郊野单元指引要求

定目标

1-1 村庄功能定位及类型
1-2 空间结构
1-3 常住人口规模
1-4 建设用地总面积

定界线

2-1 生态保护红线
2-2 永久基本农田
2-3 村庄建设用地扩展边界（示意）
2-4 村庄单元界线

定用地

3-1 乡村单元的规划建设用地（包括安置用地、经营性用地、公益性用地）
3-2 规划分区
3-3 一级类用地

定要求

4-1 建设风貌要求
4-2 设施建设管控要求

定清单

正负面清单，对规划建设项目准入和导向进行明确

图 5-5 城镇单元指引要求与郊野单元指引要求

原理 Y224　构建管控体系

市县级国土空间规划必须以市县域城镇开发边界为限，城镇开发边界内包含集中建设区、弹性发展区和特别用途区，集中建设区重点突出土地开发模式引导，并逐级构建“指标 + 控制线 + 分区”的管控体系。城镇开发边界外，规定各类农业生产空间、自然生态空间和村庄等管制边界及要求。明确陆域、海域的国土空间用途和使用条件，作为各类自然资源开发和建设活动的行政许可、监督管理依据，要求并监督各类所有者、使用者严格执行国土空间规划所确定的用途和使用条件，以保证国土空间资源的合理利用和优化配置。

拓展阅读 Y2241

济南市确定的区县级、镇级单元规划类型

《中共中央 国务院关于建立国土空间规划体系并监督实施的若干意见》明确：健全用途管制制度。以国土空间规划为依据，对所有国土空间分区分类实施用途管制。在城镇开发边界内的建设，实行“详细规划 + 规划许可”的管制方式；在城镇开发边界外的建设，按照主导用途分区，实行“详细规划 + 规划许可”和“约束指标 + 分区准入”的管制方式。

市级国土空间规划应以实用性为基本原则，因地制宜建立国土空间规划分区划定原则与技术方法，及与之对应的国土空间用途管制、转换和准入规则，作为下位规划编制与管理实施的依据。开发边界内应重点突出土地开发模式引导，并通过设定规划留白、弹性发展区空间和相应的启用机制等方式为城市充分预留发展弹性，应对未来不确定性的同时，促进土地集约发展。开发边界外，应在强化粮食安全、生态安全的基础上，充分考虑乡村振兴、公共基础设施等用地需求，统筹预留建设用地指标，并建立腾挪机制，促进国土空间资源的合理利用与优化配置。对以国家公园为主体的自然保护地、重要海域和海岛、重要水源地、文物等，应根据国、省要求实行特殊保护制度。

来源：中华人民共和国中央人民政府，《中共中央 国务院关于建立国土空间规划体系并监督实施的若干意见》。

案例 Y2241

扫二维码了解以下内容：
济南市国土空间规划分区示意图

济南市划分五类一级规划分区，提出相应管控要求

《济南市国土空间总体规划（2020—2035 年）研究报告》以主体功能区为基础，落实空间治理要求，在市域层面划分生态保护区、生态控制区、农田保护区、城镇发展区和乡村发展区 5 类一级规划分区，并通过生态协调区和生态休闲区，对生态空间提出叠加管控要求，进行空间资源优化配置（见表 5-2）。

表 5-2 济南市域国土空间分区管控表

分区名称	划分要求	管控要求
农田保护区	是永久基本农田集中保护区域	落实国家、山东省关于永久基本农田的管控要求
乡村发展区	是在农田保护区以外，满足农林牧渔等农业发展，农民生产生活为主要功能的区域	以促进农业和乡村特色产业发展，改善农民生产生活条件为导向，按照“详细规划 + 规划许可”和“约束指标 + 分区准入”的方式进行管理，并参照二级规划分区准入规则
生态保护区	是在生态空间范围内具有特殊重要生态功能，必须强制性严格保护的区域	依据国家、山东省制定的具体监管办法进行监督管理
生态控制区	是在生态保护区、农田保护区之外，规划期内不利用、应当予以保留原貌的自然区域	经评价在对生态环境不产生破坏的前提下，可适度开展活动。限制建设用地、耕地、其他农用地规模增长
城镇发展区	是城镇集中开发建设、用于满足城镇生产、生活需要的区域	采用“详细规划 + 规划许可”的方式进行管理，并参照二级规划分区准入规则，分区外原则上不得进行城镇集中建设，以防止城市蔓延、无序扩张和低效开发
生态协调区	是具有一定生态价值、需统筹保护的区域	禁止对生态环境产生重大影响的开发建设活动，针对生态协调区内的各类空间提出协调引导要求
生态休闲区	是城镇发展区内的山体、水系、公园绿地等具有重要生态功能的空间	严格按照城市绿线和蓝线的管控要求进行管理，引入休闲活动空间，健全生态产品价值实现机制，带动城市整体空间品质提升

来源：上海同济城市规划设计研究院有限公司、济南市规划设计研究院、济南市勘察测绘研究院联合编制团队，《济南市国土空间总体规划（2020—2035 年）研究报告》。

原理 Y225 坚守健康和谐永续发展的最高原则

尽管我国行政主管领导会经常轮岗，但国土空间规划忌讳随着新领导的到岗而轻易否定或更改已确定的空间规划原则。国土空间规划必须体现广大人民利益并符合城市生命发展规律的战略需求。规划编制团队、主管行政部门和城市领导，以及城市相关企业、机构和市民，都必须坚守一个最高原则：实现城市空间的健康和谐永续发展。

原理 Y226 提出分阶段目标和任务

市县级国土空间规划必须在规划期内提出分阶段规划实施目标和重点任务，明确保障支撑国土空间规划实施的有关政策机制。近期规划要对近期的项目级用地进行安排；远期规划要对目标年的国土空间开发保护提出明确的预期性和约束性指标要求；远景规划要对更长时期内的发展做出战略性谋划。

案例 Y2261

嘉兴市重大项目保障原则

嘉兴市国土空间总体规划做实做细面向“十四五”的近期规划，突出重大项目用地保障，特别是“十四五”省级以上基础设施项目用地。经过与多部门反复对接，明确交通、水利、能源、环卫、殡葬、教育、医疗、体育、独立选址 9 类设施，均进行规划落位予以保障。

扫二维码了解以下内容：
嘉兴市重大项目保障原则

来源：上海同济城市规划设计研究院有限公司联合编制团队，《嘉兴市国土空间总体规划（2021—2035 年）研究报告》。

案例 Y2262

济南市提出制定国土空间近期规划编制技术标准

《济南市国土空间总体规划（2020—2035 年）研究报告》强调规划近期战略性与近期实施性相结合，提出先行制定国土空间近期规划编制技术标准。通过制定近期规划和年度实施计划的编制规范，厘清近期规划需要制定的重点任务、项目清单，对近期重大战略、重点项目落地形成空间引导，搭建近五年的国土空间开发保护框架，实现总体规划分阶段、按时序逐步落实，并落到实处、细处。

来源：上海同济城市规划设计研究院有限公司、济南市规划设计研究院、济南市勘察测绘研究院联合编制团队，《济南市国土空间总体规划（2020—2035 年）研究报告》。

原理 Y227 针对使用对象进行规划文本分类

规划文本应该针对不同对象进行目标功能匹配和内容精简，但也要结合实际。规划文本主要分成五种类型：用于上级审批的规划文本；用于本级空间规划执行的规划文本；用于向下传达至各区县、乡镇的规划文本；用于向专业部门传达的文本；用于向公众传达的规划文本。

1. 用于上级审批的规划文本应关注两个方面

（1）“管什么审什么”：对应管理审批事权，简化审批程序。

（2）“审什么编什么”：厘清审批重点，精简编制内容，凡不用于审批管理的内容，不应该过多地将过程文件都打包纳入审批使用的文本之中。

2. 用于本级空间规划执行的规划文本应遵循最简约原则，关注三个方面

（1）“怎么想”：需要明确规划工作的思路。

（2）“如何做”：需要完善规划的编制程序。

（3）“怎么管”：需要指明规划管制的内容及其管制的模式方法。

3. 用于向下传达至各区县、乡镇的规划文本应该遵循下级空间任务合并原则，关注两个方面

（1）“如何传达”：市级规划如何传达至县级，以及下一级空间管制单位（如分区、乡镇）；在规划编制时，如何从市县的规划得到约束性指令。

（2）“传什么”：把明确要传达给下级的空间规划任务要求打包下达，利于监督实施。

4. 用于向专业部门传达的文本应遵循统筹协作原则，关注两个方面

（1）“传给谁”：明确空间规划编制需要面对诸多专项规划。

（2）“协同什么”：明确需要协同落实空间中各系统的规划目标和任务。

5. 用于向公众传达的规划文本应突出以人民为中心的原则，关注三个方面

（1）“易获取”：针对各类传播渠道采用多样化形式，易于公众参与、信息扩散、内容宣传。

（2）“易读懂”：弱化专业技术与工程性的表达方式，采用图文并茂的形式和通俗

的语言提高易读性。

（3）“易认同”：在篇幅上重点突出百姓关心之事，在内容上力求表达市民共同心声与愿景。

案例 Y2271

济南市国土空间总体规划形成面向事权、面向管控的成果体系

扫二维码了解以下内容：
济南市成果文件示意

《济南市国土空间总体规划（2020—2035 年）研究报告》初步形成面向事权、面向管控的“1+4+1”成果体系，分为提交国务院审批的报审版成果和服务地方政府管理的地方版成果。

规划成果体系包括 1 套主体成果、4 个操作文件及 1 个管理平台。

主体成果包括报国务院审批的报审版、服务地方政府管理的地方版，以及面向社会大众的公众版。报审版以文本、图集为成果形式，文本以法条体例编写，文字精简，体现上级监督内容，是国务院审批的法定文件。地方版以报告为成果形式，以政府管理文件体例编写，与 4 个操作文件一起作为自然资源局行使规划的编制、审批、指导监督职权的蓝本。公众版以推文、手册、展板等为成果形式，是面向社会大众的读本，作为规划的介绍宣传，内容综合但更强调人民关注的问题。

操作文件分为指导及约束区县级总体规划的区县指引、指导及约束各部门专项规划的专项指引、指引乡村地区的规划编制与管理的乡村指引和支撑目标分布落实的行动指引。

管理平台为面向全域建设控制的信息平台，衔接多层数据库，面向不同主体形成接口。

来源：上海同济城市规划设计研究院有限公司、济南市规划设计研究院、济南市勘察测绘研究院联合编制团队，《济南市国土空间总体规划（2020—2035 年）研究报告》。

案例 Y2272

上海 2040 总体规划成果框架

上海 2040 总体规划成果框架由“1+3”构成。“1”为“《上海市城市总体规划（2016—2040）》报告”，“3”为“分区指引”“专项规划大纲”和“行动规划大纲”。

“1+3”成果体系分为两个层面。第一个层面体现战略性、结构性，对应成果“1”。作为指导城市空间发展的纲领性文件，完整展现城市发展愿景，体现市级政府事权，并按照上报成果要求，对应落实国家战略。第二个层面面向实施性、操作性，对应成果“3”。从分区、系统、时序维度构建总体规划的管控体系，加强总体规划在实施维度上的指导作用，是全市总体规划向下落实的重要内容。其中，“分区指引”对应区县政府事权，以行政区为对象，从战略引导、底线控制、系统指引等方面提出从全市层面对区县发展的管控要求，指导区县规划编制。“专项规划大纲”对应部门事权，分板块和系统明确规划目标、指标、技术指引、发展策略与空间布局等内容，从长远角度指导各专项系统按照总体发展目标和战略导向进行落实，提出对专业规划编制的指导。“行动规划大纲”则对应政府各级、各部门共同事权，从行动维度建立规划实施和多规统筹的协调机制，保障总体规划在实施操作层面的动态调整与落实。

通过"1+3"成果体系的构建，体现总体规划的全局性、战略性和"多规合一"的平台作用，形成目标明确、责权清晰、过程管控的总体规划成果体系。

原理 Y228 建构有效的规划传导机制

市县级国土空间规划应遵循事权明晰、上下协调、管放有度、实施有效的原则。在编制过程中，上下级政府、横向各部门间的充分沟通是市县级国土空间规划可传导可实施的重要前提。建立健全从市县全域到乡镇域、市县主要功能区、社区、地块的规划传导机制，从总体规划传导到专项规划、详细规划，明确下位规划需落实的约束性指标、管控边界和管控要求，指导下层次规划的编制工作。市县级国土空间规划可通过编制指引文件，明确对下位规划的战略引导与管控要求，有效指导约束下层级总体规划、详细规划及相关专项规划的编制。

拓展阅读 Y2281 逐层深化细化规划引导要求

对下位国土空间总体规划的引导，应重点提出差异化战略引导、底线控制、系统配置方面的要求，对乡村地区应强调生态与农业协调，并对村庄居民点优化提出分类和分时序指引。

对下位详细规划的引导，应重点提出单元控制指标、功能布局、要素配置等指导和约束要求，应重点对公益类设施、开敞空间等用地布局提出约束要求，对经营性用地提出指导要求，对城市地区应强化城市设计指引。

对相关专项规划的引导，应重点从总体布空间布局、技术标准、系统协调等方面对专项规划编制清单、内容的引导与约束要求。

案例 Y2281 济南市提出逐层深化细化规划引导要求

《济南市国土空间总体规划（2020—2035 年）研究报告》确定市总规为区县指引，区、县总规 / 分区规划为街镇指引、单元指引的编制体系，逐层深化细化规划引导要求（见图 5-6）。

1. 区县指引

结合"三级"总体规划同步开展、联动编制、上下互馈的需要，及时构建三级一体的总体规划编制技术标准体系。结合济南市实际需要，深化细化形成区县、重要功能区的国土空间总体规划的编制技术标准，明确下级总体规划的编制技术要求和成果规范，为不同级别、不同类型的总体规划的编制提供科学指引，保障国土空间总体规划体系的有效编制与运行。

来源：上海同济城市规划设计研究院有限公司、济南市规划设计研究院、济南市勘察测绘研究院联合编制团队，《济南市国土空间总体规划（2020—2035 年）研究报告》。

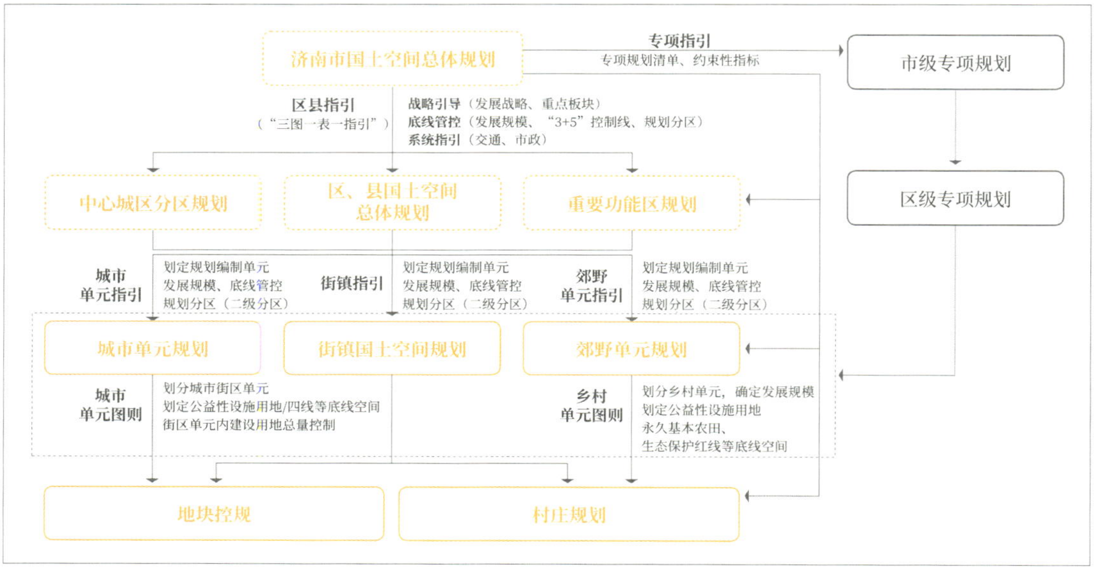

图 5-6 济南市国土空间总体规划逐层深化细化规划引导示意

2. 专项指引

针对市级部门事权与职能，补充完善多部门合一的专项规划技术标准，通过条块协同、取长补短、整合创新，规范统一各类专项规划中的规划对象与要素的语境、语系、语汇，形成涵盖能源、水利、交通、市政、公共服务等各个行业的专项规划技术标准体系。

优化集成教育、医疗、养老、文化、体育等各类公益性设施于一体的公共服务设施技术标准，完善历史文化遗产保护、传承、利用的技术标准，修订防洪排涝、消防救援等各类综合防灾设施的技术标准，增加供电、蓄热（冷）、储能等各类能源设施的技术标准，更新建设用地、建筑工程和市政工程等领域的技术标准，为全市规划管理提供明确、统一且具有广泛权威性的技术依据。

3. 详细规划编制技术标准

根据实际需求编制济南市街（镇）区单元详细规划编制技术标准、济南市片区单元详细规划编制技术标准，保障公共设施、公共空间等管控要求的逐级传导与分解，实现对总体规划和专项规划的有效落实；根据济南市实施乡村振兴战略的发展条件与路径，创新性、适地化编制济南市村庄规划编制技术标准，探索“郊野单元”规划编制技术标准，为中心城市周边的乡村开展村庄规划提供实用性、精细化的指导。通过详细规划编制技术标准，为规划体系由战略性引领管控向精细化实施落地提供保障。

案例 Y2282

嘉兴市规划构建“5+7+5”的规划统筹传导体系

来源：上海同济城市规划设计研究院有限公司联合编制团队，《嘉兴市国土空间总体规划（2021—2035 年）研究报告》。

基于嘉兴市的特点，规划提出构建“5+7+5”的规划统筹传导体系，即五类市级统筹策略、七类市县传导技术和五类政策保障机制（见图 5-7）。

五类统筹策略即基于浙江省直管县的模式，市级规划重点抓住“格局、底线、园区、要素以及设施”五大规划要素，在市级层面进行统筹管控，其余的则为县级事权留出足够空间。为保障市域统筹有效推进，建立包括结构、指标、边界、分区、名录、位置和规则的七类市县传导技术框架和五类政策保障机制，包括主体功能区政策、弹性留白政策、全生命周期管理政策、要素管理政策和设施共享政策。

图 5-7 嘉兴市国土空间规划统筹发展模式图

原理 Y229 明确对下级空间域的引导和约束要求

市县级国土空间规划需要明确市对县、县对乡镇级规划的引导和约束要求，提出本级空间规划对确定镇村体系、村庄类型和村庄布点的规划原则。引导要求主要包括对下位目标定位、总体格局、生态空间布局、乡村与农业空间布局、城镇空间与生产力布局等；约束性内容主要包括约束性指标、重要控制线、历史文化保护空间等。针对各类系统规划，如城市设计、综合交通体系、基础设施布局、蓝绿空间、公共服务设施、综合防灾设施、韧性设施等，市县总体规划也应明确引导和约束要求，强化总体规划对下级空间域的指导约束作用。

根据城镇规模、治理水平、行政与财政等情况，有条件的地级市应通过县区指引的方式来明确对下级县区的战略导向、底线管控、要素配置等要求，并通过专项规划大纲的方式来明确。有条件的市县，可对中心城区内空间提出详细规划指引。

案例 Y2291

嘉兴市区县指引

扫二维码了解以下内容：
嘉兴市区县指引示意图，济南市区县指引示意

来源：上海同济城市规划设计研究院有限公司联合编制团队，《嘉兴市国土空间总体规划（2021—2035 年）研究报告》。

对下级总体规划的传导在全面落实格局传导、底线管控、指标考核、重大设施（含重大产业园区）四大传导要点的基础上，规划增加政策保障和战略预留两大要点，保障规划的可实施性及灵活性。

形式上采取“一文一表四图”进行表达，“一文”指涉及六大领域传导的具体说明，“一表”指市域指标传导表，“四图”包括底线管控图、中心体系及公服规划指引图、基础设施指引图和城市设计指引图。

案例 Y2292

济南市区县指引

来源：上海同济城市规划设计研究院有限公司、济南市规划设计研究院、济南市勘察测绘研究院联合编制团队，《济南市国土空间总体规划（2020—2035 年）研究报告》。

建立济南市区县指引整体框架。在市级规划中，对各区县单元从战略引导、底线管控、系统支撑三个维度提出指引。中心城区与外围区县在核心指引要素的指引要求上体现差异性，构建差异化、精细化指引框架。

原理 Y230　建立监测—评估—维护机制，实现规划的全生命周期管理

自然资源主管部门应以“一张图”信息系统为依托，建立动态化的实施监督机制，会同有关部门对市县级国土空间总体规划的实施状况进行体检评估、监测预警。

规划体检评估应重点评估城市运行状态、规划实施程度以及规划实施效果等。城市运行状态与实施程度可通过分析空间布局演变、比对规划目标差距、重大工程进展等实现；规划实施效果可通过评价如居民满意度、职住情况、经济与社会发展水平等情况实现。

须长期监测市县级国土空间总体规划明确的开发利用监测指标、“三线”执行情况、资源环境承载能力、自然与底线要素执行情况。

当各类监测运行数据超预期阈值，出现实施偏离规划、违法许可与违法建设、下位规划突破总体规划、超过资源环境承载能力等情况时，进行预警。

案例 Y2301

济南市提出实施监督信息系统建设

扫二维码了解以下内容：
济南市实施监督信息系统示意

《济南市国土空间总体规划》提出应充分发挥数据平台作用，建设规划编制、管理一体化的智能化、信息化技术平台，增强规划、建设、管理的统筹能力。按照“统一底图、统一标准、统一平台、统一规划”的原则开展国土空间基础信息平台和国土空间规划“一张图”实施监督信息系统的建设；建立多规合一的空间规划体系和实施机制；在动态实施过程中建立监测、评估和反馈机制。

为保障规划实施，在总体规划编制完成后，济南市正在建立一套完整的规划实施体系，制定近期行动计划，完善地方性法规及相关政策工具，研究完善各类空间相关技术标准。其中，近期规划即《济南市国土空间近期规划（2020—2025 年）研究报告》，是对济南未来五年计划及空间落位的详细描述，是将长远战略分解到近期 5 年，与国民经济和社会发展规划相衔接。地方性法规即《济南市国土空间规划条例》，对济南市规划的制定、修改、实施、用途管制、许可审批、监督等提出要求。

来源：上海同济城市规划设计研究院有限公司、济南市规划设计研究院、济南市勘察测绘研究院联合编制团队，《济南市国土空间总体规划（2020—2035 年）研究报告》。

案例 Y2302

嘉兴市市域动态监测

嘉兴市提出了在规划实施过程中建立对县市（区）的动态监督考核调整制度。动态监测指标在城市体检评估的 122 项指标基础上，根据嘉兴市特色，提炼总结 10 项作为未来监督县市（区）发展与保护效率的重点指标（见图 5-8），分为绿色安全和健康高效两大类，其中绿色安全类指标包括总用水量、人均公园绿地面积、河湖水面率、高标农田占比、防洪堤达标率，健康高效类指标包括常住人口总量、城镇化率、城乡人均可支配收入比、工业用地地均增加值、绿色交通出行比例。

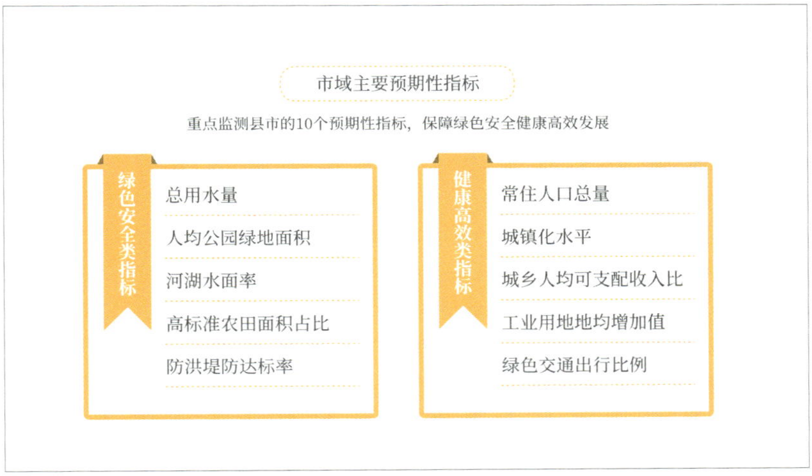

图 5-8 嘉兴市市域动态监测指标

来源：上海同济城市规划设计研究院有限公司联合编制团队，《嘉兴市国土空间总体规划（2021—2035 年）研究报告》。

原理 Y231 规划成果的调整修改

根据规划评估结果，依法对市县级国土空间总体规划进行调整修改。任何规划的制定不可避免地囿于编制的时空、人力局限，从而不能完全穷尽预测未来发展的所有可能，故而明确规划修改机制也是保障规划严肃性的重要一环。一般情况，因上位规划、国省重大战略、行政区划调整等原因，结合城市体检或评估结果，认为规划目标与路径不再适用于当前地方实际时，应通过严格的论证程序，并经原审批机关同意后，依法按照编制审批程序组织修改、报批。

对规划战略目标、空间布局、功能分区等有重大修改的，须按规定程序报原规划审批机关批准；对不涉及规划主要目标及强制性内容修改的，可由本级人民代表大会审议批准，并报原规划审批机关备案。

拓展阅读 Y2311

现行的《中华人民共和国城乡规划法》《中华人民共和国土地管理法》对规划修改的启动、程序均有明确论述。现今，在全国层面空间规划法尚未出台之前，已有多地（如宁波、南京、郑州、大连等）开展先行先试，制定了地方国土空间规划条例，均对规划修改的条件与程序提出了明确要求，提高了规划成果的严肃性。

拓展阅读 Y2312

德国城市规划的编制过程

德国的城市规划的编制过程，是按照联邦的《建设法典》和州的法律规定，以及社区公共管理条例规定进行的。德国的 F-Plan 和 B-Plan 的法定编制过程，可以大致地确定为以下六个程序。

阶段一：决定编制规划，初步草案准备阶段。

阶段二：前期市民参与，形成初步方案阶段。

阶段三：公共机构和相邻社区参与，与区域规划相适应。

阶段四：第二轮市民参与，公开规划图，再权衡新的争议。

阶段五：公共部门与私人相互协调和权衡，社区决定权衡结果，确定最终方案。

阶段六：确定规章制度和法规，批准和宣布指令，执行规划。

原理 Y232 市域空间规划各版次间的提升迭代

作为一个城市发展的陪伴过程，其空间规划是一个无止尽的不断迭代优化的理性化过程，每一次规划的结束都为下一轮规划的编制提供了新的历史平台。纵观世界各国各地区城市的规划过程可以发现现代理性发展的历史进程。

第 6 章

乡镇级国土空间规划

原理 Y301　落实上位市县规划，向下传导村和社区规划设计

乡镇级国土空间规划在国土空间规划体系中起承上启下的作用。向上，乡镇国土空间规划应承接市县级国土空间规划的约束性指标和控制性许可要求，确保规划指标的内容精准传导到位，并结合自身特点制定本乡镇级国土空间发展战略，统筹布局生态、农业和建设发展空间；向下，应在协调全域土地综合整治与生态修复的基础上，实现全域全要素统一管控，统筹安排、组织农村和乡镇社区等社会空间单元的规划设计，配置社会基础设施和公共服务设施。

案例 Y3011　克拉玛依小拐乡国土空间规划中的镇村体系

来源：上海同济城市规划设计研究院有限公司，《克拉玛依小拐乡国土空间规划》。

至 2035 年，规划小拐乡常住人口规模 1570 人。规划引导村庄集聚提升发展，形成“中心村——一般村”两级村镇体系。其中，以乡政府驻地小拐村为中心村，以团结新村、和谐村和国营牧场为一般村。规划“三村一场”都作为集聚提升类村庄，明确各村庄的发展规模、职能定位以及发展目标等要求（见表 6-1）。

表 6-1 三村一场发展

村庄名称	综合定位	产业发展方向	公共服务设施	基础设施
小拐村	中心村、乡政府驻地	发展乡村旅游、畜牧种植以及生活服务配套等	加强旅游服务设施、乡级文化设施配套等	完善村庄内部道路，补足储气、电力设施与管网建设
和谐村	一般村	发展田园种植、果蔬采摘、特色养殖、乡村康养等	加强村级文化设施、医疗卫生、康养服务设施等	完善污水、供热等设施与管网建设
团结新村	一般村	发展生态养殖、沙漠探险旅游等	完善村级医疗、社会福利设施等	完善污水、供热等设施与管网建设
国营牧场	一般村	发展现代畜牧养殖产业	完善村级文化服务设施建设	加强储气站、供热站等设施建设

原理 Y302　充分分析现状条件，聚焦可持续发展方案

乡镇国土空间规划应充分研究当地的地理环境，包括：地形、气候、土壤、水资源等自然环境；农业生产、农产品市场、人均收入等经济发展状态；村镇人口、人口结构分布、政策等社会环境；乡镇和村庄现状建设空间形态、房屋质量、基础设施和公共服务设施情况、乡镇道路系统等空间承载系统。规划应提炼地方传统的生产、生活和生态智慧，结合田野调研与新技术的应用，科学谋划乡镇国土空间布局，聚焦乡镇的社会、经济和生态的永续发展。

案例 Y3021 梅江镇融山水田林于一体的生态空间

梅江镇位于浙江省兰溪市东北部，东接横溪镇，南为金东区，西邻马涧镇和柏社乡，北与浦江县交界。镇域内山体延绵，梅溪穿境而过，南北两端是山区，中部沿梅溪自西向东为狭长的盆地，境内水资源丰富，水库众多。

1. 现状生态要素概况

山林资源：依据第三次国土调查数据，梅江镇林地占比 54.66%，森林覆盖率为 69.69%，集中分布在南部和北部的山脉地区。

河流水系：梅江镇水域面积为 374.57 公顷，由河流水面、水库水面、坑塘水面以及沟渠构成，占镇域面积的 2.99%，梅溪从中部盆地穿过。

乡村田园：梅江镇的田园集中分布在中部的盆地地区，占镇域面积的 35.07%。

2. 生态格局规划

资源现状生态要素构建形成“两屏、六廊、两区、两节点”的生态格局。

两屏：在北部依托山林资源开展生态农业，形成北部生态农业屏障。在南部保护和维持现状林地，形成南部绿色生态屏障。

六廊：一条主廊道以梅溪为主体；五条副廊道分别以密溪、溪口周溪、刘源溪、白沙溪和王沙溪为主体，通过河道治理、沿岸种植绿植等手段建设生态廊道。

两区：在越龙山地区开展生态旅游业，形成越龙山生态度假区。在东南部围绕山林等生态重要性较高的地区建立生态保育区。

两节点：大官塘水库和陈大门水库，进一步加强对库区的管控，维护库区的生态安全。

3. 生态用地布局优化

优化水系空间，强化水网连通。稳定“一主五副”的河网格局。改善水体生态环境，打通断头河浜，疏浚现有存在卡口的沟渠，拓宽现有被淤积和填埋的河道和沟渠，促进水网连通。至 2035 年水域面积不低于 300 公顷。

稳定林地空间，修复基质，划分区片实施差异化管控。强化北部生态公益林管护，提升林带完备度，补齐当前林带的断带空缺；稳定东部和东南部重点区片山地林地面积，减少裸露山体，加强低丘缓坡林地建设。建立林地自然循环规律，减少后期人工管理；水平混交和垂直混交相结合；适当增加蜜源和鸟嗜植物。

来源：上海同济城市规划设计研究院有限公司联合编制团队，《兰溪市国土空间总体规划》梅江镇国土空间总体规划。

原理 Y303 充分听取并落实民意

乡镇国土空间规划是直接涉及居民切身利益的空间规划层级。因此，需要特别关注社区和乡村居民对生产、生活的需求，通过问卷、座谈、公示等规范性程序充分吸纳民意，并将其落实到乡镇国土空间规划中。

案例 Y3031

扫二维码了解以下内容：
受访者对黄桥镇各类设施的评分，
村民行为轨迹地图分析

黄桥镇“开门编规划”多渠道了解发展需求

黄桥镇位于江苏省泰兴市东部，面积约 176 平方千米，常住人口约 20 万人，是全国历史文化名镇、江苏省重点中心镇、泰兴市的东部副中心城镇。黄桥镇资源要素丰富，拥有黄桥古镇、新四军黄桥战役纪念馆、省级工业园区、省级特色田园乡村等，也是著名的“东方小提琴之乡”。镇域常住人口除了本地居民和村民外，还有大量外来务工人员、乡村工匠、返乡创业青年等。同时黄桥也承担了为周边乡镇人口和游客提供公共服务的职能，丰富的人群带来了多样化的空间需求。该规划充分结合黄桥镇特色，采取多种调研方式相结合，覆盖度广的同时也突出了对特色要素、重点人群的关注。

1. 通过问卷调查广泛了解居民需求

以网络、现场发放相结合的方式，在黄桥镇域范围内共计发放 1300 份调查问卷，涵盖了全镇 11 个居委会和 55 个村委会，回收有效问卷 1043 份，居民、村民抽样比例为 3:2。问卷内容涵盖了社会经济属性、居住情况、设施环境评价与需求、黄桥特色认知四个方面，通过统计与交叉分析，对黄桥镇不同类型人群的诉求有了整体认知，为规划编制中的城镇定位、特色空间彰显等方面提供了有力支撑。

2. 通过村民访谈深入分析特色产业需求

黄桥镇以小提琴产业闻名，占据了全国 70%、全球 30% 的小提琴市场，镇区西部的溪桥片区集聚了大量的提琴手工作坊，其中既有业内知名的手工匠人，也有从上海、广州等地返乡创业的青年，极大带动了该片区村民就业和收入提升。为了进一步推动提琴产业特色化发展、提升村庄环境品质、提高村民生活生产便利性，调研中对溪桥片区提琴企业创业者、手工匠人、兼业村民、外来务工人员等进行了深度访谈和活动轨迹记录，分析居民日常生活圈范围、轨迹交汇点等信息，进而完善提琴特色产业发展、乡村生活圈完善的策略。

3. 通过网络平台数据分析研究旅游发展现状

“黄桥古镇”和“革命老区”是黄桥镇的特色名片，每年都会接待大量慕名而来的游客，为了探究游客对黄桥镇的评价、明晰未来空间提升的方向，在携程网爬取了“黄桥镇”相关的点评、游记等共计 1 万余字，进行文本和游客属性分析。分析发现游客对“古镇”“黄桥烧饼”的评价较高，建议黄桥镇可以通过创新宣传推广方式、发展夜间经济等途径提升游客过夜率，带

来源：江苏省城镇与乡村规划设计院有限公司规划一所团队，《泰兴市黄桥镇国土空间规划（2020—2035 年）研究报告》。

动旅游业收入提升。这些网络数据分析为黄桥镇特色文旅产业发展策略提供了依据。

原理 Y304 合理布局乡镇产业发展空间

乡镇国土空间规划应充分关注乡镇企业的发展需求，合理布局乡镇产业发展空间。规划应深入调查和分析当地基础条件，充分考虑区位地理条件、农业特色、生态与旅游资源、文化遗产、现状产业基础、周边产业链优势、城市的溢出资源等因素，谋划乡镇主导产业和特色产业，推动本土创新创业，提高乡镇产业的竞争力，多层次布局产业发展空间。

案例 Y3041 浙江省安吉市天荒坪镇从产业发展历程与阶段来论证乡镇产业发展空间布局的合理性（见图 6-1）

工业：全镇基本形成了以建材、食品、饮料、竹制品、化工、电力、纺织、服装加工为主的工业体系。

农业：是林业大镇、竹业强镇。竹产业为该镇经济开发的支柱产业。竹林培育水平处于全国领先地位，设有省、市、县及国家级科研示范基地 5 处，全国第一个以村为单位的毛竹现代林业园区也在这里建成。天荒坪镇的农业效益是该镇农村经济新的增长点。

旅游业：逐渐形成以特色景点为吸引点，农家乐、民宿为配套服务的产业模式。

图 6-1 浙江安吉天荒坪镇的产业发展历程

来源：中国城市规划设计研究院与同济大学联合编制团队，《余村“两山”理念示范区村庄规划——浙江省安吉县余村“两山”理念示范区产业发展规划研究》。

原理 Y305 保护和创新发展农业空间

乡镇中保留大量的农业生产是我国民生保障的一个基本盘面。因此，乡镇国土空间规划对农业空间的安排，既要明确传统农业对生产空间的特殊要求，也要导入物联网、信息技术等现代农业和未来数字农业技术，合理布置田园综合体，并安排好空间与实施时序。

案例 Y3051 横溪镇“一心四片区、两带多基地”的农业空间格局

在横溪镇农业发展中规划四大农业发展片区，立足地域差异化生产，保障粮食安全；核心带动，轴线贯通，提高横溪镇农产品经济效益。

一心：指电商物流功能中心，以韵达物流园区为核心，建设“农业＋电商”以及农产品运输为主的农业产业核心。

两带：指综合农产联动带和区域农业发展带。综合农产联动带沿新351国道，依托横溪镇各示范园区、特色种植区，以交通优势强化功能联动，以产业发展带动村庄振兴。

区域农业发展带：指以义兰公路为依托，串联兰溪—横溪—义乌，带动跨区域农业发展。

四片区：西部特色农产示范区——打造特色农产品品牌，构建生鲜电商产业基地；北部山丘蔬菜种植区——利用山地丘陵地貌，发展适宜种植的山地蔬菜基地；南部田园综合体区——推进优质农田规模化，结合人文资源，打造田园综合体；东部生态康养保育区——利用城头水库，开发生态旅游项目，发展全域旅游基地。

按照“一村一品”的发展思路，通过带头示范、引导、推广，形成山核桃、枇杷、香芋等特色农产品生产村和生产基地。

来源：上海同济城市规划设计研究院有限公司联合编制团队，《兰溪市国土空间总体规划》横溪镇国土空间总体规划。

原理 Y306 构建“外引内联”的道路网络体系

乡镇国土空间规划的道路网络是乡镇未来发展的基础条件，应依据“外引内联”的原则，形成与周边市县乡镇，与下属村庄社区联系的复合通道，同时构建慢行路网体系，实现城乡路网体系与其他空间要素的互动协调。道路网络对外，融入所在市县的交通网络，为生产和生活提供更好的区域网络链接；对内，加强各村庄居民点与乡镇中心的网络链接，构建村庄内部、各村之间、村镇之间的便捷联系。

案例 Y3061

嘉兴市城乡生活圈规划

持续推进城乡公共服务均等化，以城乡生活圈为抓手，全面提高乡村宜居度和吸引力。突出生活圈服务能级差异，统筹构建两级城乡生活圈，实现30分钟城乡生活圈—15分钟基础公共服务生活圈全域全覆盖。根据城乡出行方式特征，30分钟城乡生活圈以公交出行为主，15分钟生活圈以助动车出行为主。

来源：上海同济城市规划设计研究院有限公司，《嘉兴市国土空间总体规划》。

原理 Y307 集约有效地规划乡镇基础设施

乡镇基础设施的现代化程度直接关系到乡镇人民的生活水平、卫生健康、安全防灾和文明发展。然而，过度的基础设施建设也会造成资金的浪费和规划实施效率的降低。在规划乡镇基础设施的时候，应从区域角度统筹布局，实现集约高效。规划应落实上级规划确定的基础设施布局，构建下级村镇社区基础设施的均衡网络，并以在一定的规划年限内可实施作为重要原则。此外，在数字化转型的背景下，还需要完善乡镇“新基建”，推动新一代信息技术与乡镇产业深度融合，加强数字技术在乡镇社会治理、公共服务等领域的全面应用。

案例 Y3071

合理安排各项设施，建立游埠镇便捷有效的支撑体系

1. 镇域重大基础设施布局

根据所在市国土空间总体规划，该市将建设区域共享、城乡一体、安全环保的绿色市政体系，以完善重大基础设施建设，实现城乡基础设施均等化。游埠镇毗邻城区，在城乡一体的给排水系统及能源系统覆盖范围内，镇域内现有污水处理厂和变电站可满足规划期内乡镇发展对基础设施容量的需求，因此无需新增。为保障城乡居民用水，按照适度超期的要求新建游埠镇水厂。

2. 镇域公共服务设施布局

游埠镇镇域内以1千米为出行半径（步行约15分钟）计，仅有半数的自然村可在步行15分钟内到达主村或村级公共服务设施。因此规划从游埠镇域人口的空间分布、出行需求等角度出发，结合镇域内各层级的公共服务点配置要求，以村庄居民点（自然村）为出发地，以15分钟出行距离为半径构建三个层级的乡村15分钟生活圈，分别为：①以村级公共服务设施为目的地的自足生活圈，规划在各行政村设置1~2个村级公共服务设施点，满足村民高频且日常的生活、生产及公共服务需求；②以中心村级公共服务设施为目的地的基础生活圈，规划设置4个中心村级公共服务设施点，包含便民购物、赶集、文体活动、低幼教育、卫生室等内容；③以镇级公共服务设施为目的

来源：上海同济城市规划设计研究院有限公司联合编制团队，《兰溪市国土空间总体规划》游埠镇国土空间总体规划。

地的扩展生活圈，集中设置在镇区，包括医疗、中小学、市场、文化、行政办公、旅游休闲、商业购物、产业配套等镇级的公共服务设施，满足村民必要但低频的日常活动需要。

以 15 分钟乡村生活圈为基础，构建“镇—中心村—村”三级公共服务设施体系，共设置 1 个镇级、8 个中心村级（含开发边界内的 4 个现有高等级服务设施）、若干村级公共服务设施体系，实现镇域公共服务设施全覆盖。

原理 Y308　保护多样性地方文化基因

乡镇承载着多样性的地方传统文化，无论是物质还是非物质的文化遗产，都是乡镇千百年来重要的文化基因。乡镇文化根植于乡土特色，是现代文化与传统民间文化、城市新潮文化与农村乡土文化、高雅艺术文化与通俗大众文化的结合。因此，应避免“千镇一面”，须发掘和发扬地方文化特色。

案例 Y3081　山东省某镇历史文化资源传承保护

表 6-2 某镇风貌分区管控引导表

村庄风貌分区	范围	管控引导
西部古韵文化风貌区	芝堰村、桐山后金村、三峰殿口村、上唐村、上包村、八角井村、三泉村	充分挖掘古村落文化内涵，注重历史空间肌理与原住民保护，历史地段宜实施微改造，不大拆大建。注重传统民居的保护与利用，制订并实施民间工匠、非遗项目代表性传承人扶持政策和传统工艺、工法保护措施
南部丘陵类风貌区	甘溪村、露源村、范宅村、肥皂村、王家村	发挥用地相对平坦的优势，体现布局紧凑的平地风貌，不宜采用散点状的形态，规模较大的村庄可采用团块状的平面形态，规模较小的村庄可采用团块状或带状的平面形态。 维护村庄与周边山水林田湖等自然环境的整体格局；应紧凑集中，采取团状、带状布局形态；村道应注重连通性，巷道可采用网格式、梳式等结构；新建建筑应顺应整体肌理布局，不宜散点布局和沿公路线性布置
东部山地类风貌区	余粮山村、朱家村、蟠山村、佳泽坞村、大坞陈村、太平桥村、刘家村	结合起伏的地形，营造因山借景的山地风貌，坡度小于25%的村庄宜采用团块状或带状的平面形态，坡度大于 25% 的村庄可采用分级台地式带状组合的平面形态； 保护周边的山林植被、梯田等自然环境，充分利用现有地形地貌，呈立体的带状、团状退台式布局；村道应顺等高线形成盘山路，沿坡地上下的巷道可用台阶形式连接；新建建筑应延续现有肌理格局，体量与周边自然环境相协调

来源：上海同济城市规划设计研究院有限公司。

根据历史文化资源禀赋，从物质文化资源和非物质文化资源两大方面对该镇现有的历史文化资源进行分析总结，结合上位规划对该镇历史文化的要求，明确历史文化资源保护体系，包括：文物保护单位、历史文化名村、传统村落、历史建筑、非物质文化遗产、未核定公布为文物保护单位的不可移动文物等，编撰历史文化保护名录，划定历史文化保护线。

加强乡镇特色风貌保护，根据该镇镇域不同区块特征要素，将乡镇划分为西部古韵文化风貌区、南部丘陵类风貌区和东部山地类风貌区，并对乡镇形态、建筑布局等提出相应的管控要求（见表 6-2）。

原理 Y309 精心布置小尺度微环境空间

乡镇级国土空间规划需要对街道、村庄、社区、山脚河岸等小尺度的微环境空间给予足够的关注，避免套用大城市、大尺度的空间处理模式和手段。以人本视角，精心布置各类空间要素，实现更加小尺度的微环境空间的精细安排。

案例 Y3091 昆山市锦溪古镇微改造技术方法

扫二维码了解以下内容：
锦溪镇城镇微更新及建设提升技术思路，居住空间环境改造效果，某院落型口袋公园设计效果

锦溪镇位于江苏省昆山市西南 23 千米处，东与淀山湖镇隔湖相望，南与上海市青浦区商榻镇接壤，西与周庄镇相邻，北与张浦镇、吴中区甪直镇交界。锦溪镇历史文化底蕴深厚，人文荟萃，是中国民间博物馆之乡、中国历史文化名镇，城镇河湖相通，自古享有“金波玉浪”的美誉。锦溪古镇开发强度不高，较好地保留了江南古镇的传统风貌和居民的原始慢生活状态，在不断适应居民现代生活方式和文旅产业发展过程中，也面临着传统空间更新改造的现实需求。

1. 畅通出行：道路网络优化与停车改善相结合

结合轨道交通站点的设置，打通城镇南北向交通主路，提升其通行能力和对外交通的衔接能力。优化古镇内部街巷，构建以慢行为主、车行为辅的古镇慢生活空间。针对古镇停车混乱的现状，从“堵、疏、建、管”四个方面完善静态交通体系：“堵”——加强停车秩序管理，突出公交优先，抑制古镇内小汽车的过度使用，在古镇外围设置 3 处停车场，配置公交、自行车等设施；“疏”——因地制宜、挖潜改造，设置临时车位等增供手段，缓解重要区域矛盾，将现状绿地、空地等改造为临时停车场，疏散车流；“建”——推进停车产业化、民营化政策，加快公共停车设施建设，通过科学选址，新建永久停车场，缓解停车压力，减少路内停车；“管”——鼓励建筑配建对外开放，实施智能化管理。

来源：江苏省城镇与乡村规划设计院有限公司规划一所团队，《昆山市锦溪镇总体规划（2013—2030 年）研究报告》。

2. 存量挖潜：历史文化遗产保护与城镇发展耦合

通过详尽的现状调研，找出古镇中影响城镇风貌的地块作为重点改造用地；梳理现状空地和闲置用地，为未来城镇发展和项目投放提供空间载体；通过解读相关规划，将规划与现状用地进行叠置分析，挖掘古镇具有置换用地性质的用地，例如，利用原南文塘小学和华达通车组建厂旧址，将现状空闲地更新为居住用地，改善地区居住环境。

3. 微空间再利用：老镇空间要素与口袋公园设计相组合

古镇区范围内口袋公园选点及设计都需充分考虑项目实施的示范性和典型性，通过口袋公园设计给镇域范围内的各类点状、块状、带状景观空间改造提供模板，针对不同的口袋公园类型，提出多样性的侧重点，促使锦溪古镇整体景观风貌产生快速、高品质的提升。

原理 Y310　合理规划留白空间

乡镇国土空间规划应该合理地规划留白空间。留白空间包括现有山地、滩涂、洪泛区等需要生态涵养和生态保育留白的空间。对于其中一些会造成生态灾害和自然灾害的空间，应该明确规划应对方案和具体措施。此外，乡镇国土空间规划的空间留白还包括政府战略留白、市场机制参与留白和社会空间留白。

案例 Y3101　丰县大沙河镇规划留白空间助力生态产品价值实现

大沙河镇位于江苏省丰县南部，地处苏皖两省三县交界处，是黄河故道江苏段的起点，拥有江苏省最大的连片果园 45 万亩，素有“果都”和“果海”的美誉。江苏省唯一入选全国首批示范河湖建设名单的大沙河贯穿镇域，从西南到东北依次串联江苏丰县黄河故道大沙河国家湿地公园、西陈特色田园乡村、大沙河镇镇区、宗集村美丽乡村、丰县大沙河草庙饮用水源保护区以及广袤的果木林海，生态资源条件优越，品牌特色彰显。

1. 生态留白用地

规划将生态保护红线、大沙河水面、黄河故道管控范围纳入生态留白区，其中生态保护红线范围面积为 8.17 平方千米，河流管控面积为 4.50 平方千米。大沙河国家级湿地自然公园面积为 3.81 平方千米，按照自然保护地相关要求进行管控保护，主要用于湿地生态保育，除开展保护、监测、科学研究等必需的保护管理活动外，不得进行任何与湿地生态系统保护和管理无关的其他活动。

来源：江苏省城镇与乡村规划设计院有限公司规划一所团队，《丰县大沙河镇国土空间规划（2020—2035 年）研究报告》。

2. 城镇留白用地

规划将镇区东侧林保护范围地纳入城镇留白用地，总面积约 20.6 公顷，通过用途留白和时序留白的方式对其进行管控。在不明确用途的情况下，结合功能策划进行空间预留，设置以精品旅游服务、高品质生活服务为主体的商业服务业、公共服务、绿地广场等地类列表，提出相应的建筑高度、容积率、建筑风貌等控制要求。

3. 村庄留白用地

规划将丰县黄河故道大沙河国家湿地公园、二坝自然村附近的用地划入村庄留白地区，通过点位预留和指标留白方式予以引导和管控，在镇级层面预留不少于 5% 的村庄建设用地机动指标，以应对国家湿地公园发展对周边乡村地区影响的不确定性。在明确风貌、建筑高度等方面的管控要求的基础上，通过制订项目准入的正负清单方式，细化适宜及严格限制的建设活动类型。

原理 Y311 协同乡镇事权与规划管控体系

乡镇政府是我国行政体系的基础单元，也是五级规划的最后一层。在规划建设领域，乡镇无规划审批权限，且控规不在本级政府审批。应当在当下事权有限的制约条件下，积极响应国家治理体系现代化建设的目标，建构起与乡镇事权高度匹配的规划管控体系，并探索重构适应现代治理要求的乡镇事权体系。

在制定乡镇国土空间规划时，一方面，要通过规划带动我国乡镇级空间治理体系的建设与健全，提升乡镇治理水平；另一方面，也必须结合该乡镇的治理能力与治理结构，去除乡镇治理体系无法实施的规划内容，以治理审批精准框定规划编制的成果内容。

案例 Y3111 廊下镇以郊野单元村庄规划搭建空间协同治理平台

在国土空间规划背景下，上海的纯农地区探索了以镇为单位编制郊野单元村庄规划，统筹平衡开发边界外国土空间资源的路径。规划范围包括城镇开发边界外郊野地区的全部生活、生产和生态空间，再以郊野单元网格覆盖全市郊野地区。以郊野单元村庄规划统筹地区发展是具有上海特色的村庄规划，郊野单元村庄规划是乡村地区落实规划传导、衔接各类专项的综合性规划，也是乡村地区精细化空间治理背景下，以规划实施为导向，统筹各类项目、多元主体的协同行动平台。

1. 廊下镇概况

廊下镇位于上海市西南与浙江省平湖市交界处，镇域总面积 46.87 平方千米。十多年来，廊下镇立足都市现代农业发展，坚持规划引领，把土地综

来源：上海市城乡规划设计研究院，《上海市金山区廊下镇郊野单元村庄规划（2020—2035 年）研究报告》。

扫二维码了解以下内容：
廊下镇农业产业发展规划图（2020），廊下镇建设项目索引图（2020）

合整治政策红利转化为发展实效，逐步构建了“郊野单元村庄规划 + 全域土地综合整治 + 国土空间用途管制”三位一体的规划统筹和实施平台，实现工作流程优化、各方资源整合和全过程动态管理。

2. 优化工作流程，实现从“静态蓝图”向“过程行动”转变

转变“蓝图式”规划方法，通过梳理既有项目和建设需求，帮助乡村开展功能策划，高举农业立镇旗帜，结合农业发展规划，通过农业生产布局调整形成农林复合、万亩粮田、循环种养、万亩菜田、健康食品和科教文旅六大片区，依托设施农业发展积极培育高科技、高亩产、高品质、高附加值、低成本、低污染、低风险、低龄化的都市现代绿色农业，通过部门座谈会和企业意见征询，就重点项目和新增项目达成共识。

3. 统筹全域全要素，发挥全域土地综合整治行动平台作用

在此基础上充分运用全域土地综合整治永久基本农田优化的政策杠杆，整合农、林、水、路、市政设施等空间要素。为破解条块分割、各自为政的空间统筹矛盾，编制过程中先后召开 20 多次部门协调会，涉及 10 个委办局，解决农民的居住、产业项目、河道整治、林地建设等 8 个矛盾集中点，统筹空间布局、平衡投入产出、安排建设时序，形成“一张蓝图，一条行动路线，一个项目库”。

4. 全过程动态管理，注重刚性管控兼顾弹性适应，建立常态化更新机制

面向行动的郊野单元村庄规划是一个长期动态更新的开放式蓝图。规划内容紧密衔接国土空间用途管制，将管制内容通过图则形式简明扼要地表达，便于规划管理者依规审批。城市开发边界外采用分级分类的管制方式，除建设用地和农业设施建设用地需要进行“规划管理”外，其他用地类型主要适用“规则管理”，规划只提出引导性布局。为适应乡村建设项目不确定性大、调整频繁的特点，允许幅度较小的规划内容通过简易程序或实施深化动态来调整。

原理 Y312　规划编制过程须保证兼听则明

乡镇国土空间规划的参与方来自不同的背景，有不同的视角、不同的诉求，规划应充分听取和吸纳各方的意见和建议，做到兼听则明。在规划研究中，应对数据和事实进行证实和证伪，做出科学的论断。

案例 Y3121　多方案比选、多途径征求意见，完善游埠镇乡镇镇村体系

来源：上海同济城市规划设计研究院有限公司联合编制团队，《兰溪市国土空间总体规划》游埠镇国土空间总体规划。

在《游埠镇国土空间总体规划》编制中，为探索研究村庄布局规划思路、途径及策略，规划先行先试，以“1（镇区）+X（中心村）+Y（特色村）”镇村发展体系规划为基础，结合村庄发展潜力评价结果，作为各村宅基地复

垦方案以及建设用地指标分配的依据，提出建设用地存量挖掘措施和实施路径。规划提供多方案比较，在该市人民政府主要领导、该市自然资源与规划局、游埠镇人民政府以及各相关镇级职能单位汇报交流过程中，积极征询市、局、乡镇、所等各级单位的意见、建议，综合考虑各个行政村、自然村诉求，修改、完善、优化规划编制成果，敲定规划编制方案，最终获得了市、局、乡镇、所的一致好评。鉴于此，该市自然资源与规划局决议开展“1+X+Y 镇村体系专项规划”，将游埠镇“1+X+Y”成功经验推行至该市全域。

原理 Y313 实现下级和上级空间使用利益的统一

乡镇国土空间规划应实现下级和上级空间使用利益的统一。在上级国土空间规划编制过程中，应尽可能考虑和吸纳下级的发展需求和空间使用利益；上级国土空间规划确定的指令性要求和指标，应在下级国土空间规划中得到落实和贯彻；上级国土空间规划确定的指导性要求，应在下级国土空间规划中结合具体条件进行合理安排。

案例 Y3131

横溪镇国土空间总体规划上下传导

横溪镇隶属于浙江省兰溪市，地处该市东北部，东与浦江县浦南街道相连，东南与义乌市上溪镇接壤，南与金华市金东区源东乡为邻，西与梅江镇毗连，北与浦江县俞吴乡、浦阳街道为邻，距市区 50 千米，国土面积为 80.49 平方千米，其中山林占到了 73.41%。

为落实市国土空间总体规划要求，横溪镇国土空间总体规划从规划定位目标、指标、分区控制线、名录管控、重大交通设施、产业发展六个方面对县级国土空间总体规划的要求进行了细化落实。规划定位目标落实，首先落实的是县级的主体功能区划要求，其次落实的是县级的城镇体系等级和职能要求，结合横溪镇的发展诉求明确横溪镇的规划定位与目标。规划指标的落实主要是针对县级明确的永久基本农田面积、生态保护红线控制面积、城乡建设用地规模等约束性指标进行严格执行和落地。分区控制线的落实是在县级试划的规划分区和控制线的基础上进行进一步细化微调。名录管控方面的落实是对列入县级管控名录的自然保护地、文物保护单位加强保护。重大交通设施的落实是进一步明确县级布局的交通项目在乡镇级规划中的位置范围。产业发展落实是将县级明确的产业体系在横溪镇的布局落实到地块。

以单元管控的形式明确向下传导内容，根据镇域各个村庄的基本情况，将镇域划分为城镇单元、生态保护单元、生态农业单元、康养休闲单元、特色文化单元、文旅休闲单元、城乡融合单元。根据各个单元不同的主导功能，制订不同的控制要素、设施配置等要求。

来源：上海同济城市规划设计研究院有限公司联合编制团队，《兰溪市国土空间总体规划》横溪镇国土空间总体规划。

第7章

村庄空间规划设计

原理 Y401 村庄规划的定位

村庄规划是国土空间规划体系中乡村地区的详细规划，是开展国土空间开发保护活动、实施国土空间用途管制、核发乡村建设项目规划许可、进行各项建设等的法律依据。村庄规划范围为村域全部国土空间，可以一个或几个行政村为单元编制。

原理 Y402 明确土地的产权和流转机制

中国从辉煌的农业文明走向工业文明，将农村最优秀的劳动力吸纳到工业文明中，产生了大量因人口流失、人走房留导致的“废墟村庄”，因此，应该在尊重村民意愿与利益的基础上，建立合理合法的土地流转机制，使村民和城市分别获得发展所需的资本和用地指标。规划师在进行规划时需要对土地的产权及流转方式有清晰的认识，由此判断规划的切入点与协调点。

案例 Y4021 集体土地入市政策演变历程

扫二维码了解以下内容：
集体土地入市政策演变历程

2013 年 11 月

十八届三中全会召开，全会提出，城乡二元结构是制约城乡发展一体化的主要障碍。要加快构建新型农业经营体系，赋予农民更多财产权利，推进城乡要素平等交换和公共资源均衡配置，完善城镇化健康发展体制机制。

2014 年 1 月

2014 年中央一号文件指出：引导和规范农村集体经营性建设用地入市，允许农村集体经营性建设用地出让、租赁、入股，实行与国有土地同等入市、同权同价，加快建立农村集体经营性建设用地产权流转和增值收益分配制度。

2014 年 12 月

中央全面深化改革领导小组第七次会议审议了《关于农村土地征收、集体经营性建设用地入市、宅基地制度改革试点工作的意见》。该文件在农村土地征收改革方面提出了要探索缩小土地征收范围；规范制定征收目录，健全矛盾纠纷调处机制，全面公开土地征收信息；完善对被征地农民合理、规范、多元保障机制等意见。

来源：作者读书笔记。

2015 年 2 月

第十二届全国人民代表大会常务委员会第十三次会议通过了《全国人民代表大会常务委员会关于授权国务院在北京市大兴区等三十三个试点县(市、区）行政区域暂时调整实施有关法律规定的决定》，授权国务院在北京市大兴区等 33 个试点县（市、区）暂停实施《土地管理法》《城市房地产管理法》中的 6 个条款，按照重大改革于法有据的原则推进农村土地征收、集体经营性建设用地入市、宅基地制度改革试点。[1]

2017 年 8 月

《利用集体建设用地建设租赁住房试点方案》由国土资源部、住房和城乡建设部于 2017 年 8 月 21 日印发并实施。确定第一批在北京、上海、沈阳、南京、杭州、合肥、厦门、郑州、武汉、广州、佛山、肇庆、成都 13 个城市开展利用集体建设用地建设租赁住房试点，拓展集体土地用途，拓宽集体经济组织和农民增收渠道。

2020 年 1 月

《中华人民共和国土地管理法》于 2019 年 8 月 26 日修正，2020 年 1 月 1 日起实施，在法律层面允许集体经营性建设用地直接入市。2004 版《土地管理法》正式成为历史。

2021 年 9 月

《中华人民共和国土地管理法实施条例》已经于 2021 年 4 月 21 日国务院第 132 次常务会议修订通过，自 2021 年 9 月 1 日起施行，进一步规范了集体经营性建设用地入市的流程。

1. “三块地”改革试点坚持三条底线，分别是土地公有制性质不改变、耕地红线不突破、农民利益不受损。33 个试点包括：北京市大兴区、天津市蓟县、河北省定州市、山西省泽州县、内蒙古自治区和林格尔县、辽宁省海城市、吉林省长春市九台区、黑龙江省安达市、上海市松江区、江苏省常州市武进区、浙江省义乌市、浙江省德清县、安徽省金寨县、福建省晋江市、江西省余江县、山东省禹城市、河南省长垣县、湖北省宜城市、湖南省浏阳市、广东省佛山市南海区、广西壮族自治区北流市、海南省文昌市、重庆市大足区、四川省郫县、四川省泸县、贵州省湄潭县、云南省大理市、西藏自治区曲水县、陕西省西安市高陵区、甘肃省陇西县、青海省湟源县、宁夏回族自治区平罗县、新疆维吾尔自治区伊宁市。

原理 Y403　建构城乡共享的镇村体系

应建构城乡共享的社会性和物理性基础设施支撑体系，主要包括以下三点。

（1）实现公共政策与服务设施的城乡共享、镇村共享，弹性配置资源，根据村庄产业和人口结构特征按需选配公共服务设施模块，体现公平性与品质性。

（2）推动基础设施的数字化与现代化，规划数字乡村，考虑信息技术在农业生产、农村新基建等方面的应用。

（3）完善交通、物流设施和公共交通体系，保障村庄居民点之间、村庄与镇区之间的高效互联互通。

案例 Y4031

安吉县余村规划中的“1+6+X”公共服务设施配置

为保障规划实施弹性，浙江省安吉县余村规划采用“1+6+X”三个层次的村级公共服务设施配置，按需补齐基本生活设施短板。鼓励各类村庄服务设施以保留改造废弃建筑的方式建设，凸显各村庄特色，体现本土文脉。

“1”指社会事业类公共服务设施，是各村公共服务的核心设施，主要配建村务服务站，包含警务、财务、村委、农业社保服务、保障救助服务、综治维稳、民事调解等功能用房。

“6”指文体活动类公共服务设施，是满足各村基本公共服务需求的必配设施，需配建村民食堂、村民会所、文化礼堂、乡村舞台、农家书屋、健身场地。

“X”指温情配套类公共服务设施，是完善提升公共服务类型和质量的选配设施。可根据各村发展的实际需求，配建放心商店、物流驿站、公共厕所、公交站点、为农综合服务站。

来源：中国城市规划设计研究院，《余村“两山”理念示范区村庄规划》。

原理 Y404 充分听取村民合理诉求

村庄存在特殊的土地权属关系和亲缘网络关系，村民会更为积极地参与到乡村规划的制定中。村庄规划具有强烈的“自下而上”需求，规划师应该考虑现代社会的正式契约关系和传统社会的血缘、地缘关系的平衡，充分听取村民的合理诉求和地方性知识，并将其纳入村庄规划。

案例 Y4041

余村民主法治驱动乡村转型

扫二维码了解以下内容：
余村村民座谈会

2003 年，村委会广泛征求村民意见，提出余村的转型升级方案，村民代表大会讨论通过，决定关停矿山、水泥厂，进行环境复绿并全面发展农家乐，走上了生态富民路。

2017 年，全村经济总收入超过 2.5 亿元，村民年均可支配收入近 4.2 万元。余村创新使用村班子提议、党员大会审议、村民代表大会决议的“三步决策法”，完成了由工业经济向休闲旅游的产业转型。

余村还成立了整合村民议事会、道德评议会、红白理事会、健康生活会的“两山”议事会组织，集合了村里的能人、贤人、明白人、热心人，进一步提高民主决策的质量。

来源：中国城市规划设计研究院，《余村“两山”理念示范区村庄规划》。

原理 Y405　健全乡村建设资金来源体系

乡村规划设计应该充分考虑投入产出比和建设运营资金的来源，针对不同的资金来源，提前做好规划对策。

（1）财政拨款：上级政府以村庄建设经费和专项经费的形式下拨，在规划编制过程中要了解资金来源渠道，并在项目建设过程中做好对接。

（2）本地资本：在规划中充分考虑村镇建设用地、建筑等集体资产运营的需求，提升自身经济能力。

（3）外来资本：充分利用本地的旅游资源、生态资源、特色农业资源，合理规划相关产业，吸引外来投资。

案例 Y4051　余村村庄资本内生积累

余村已有一定家庭金融资本和社会资本积累，2018 年人均收入高于安吉县和浙江省的平均水平，相对较为富裕，这种家庭金融资本的积累，成为农家乐民宿发展的基础。

村庄的产业发展依托于村民的社会网络、自发形成的互惠性规范和由此产生的信任，村庄的民宿产业在一定程度上受益于这种社会资本。

扫二维码了解以下内容：2018 年安吉县“两山”理念示范区五村人均收入

来源：中国城市规划设计研究院与同济大学联合编制团队，《余村“两山”理念示范区村庄规划——浙江省安吉县余村“两山”理念示范区产业发展规划研究》。

原理 Y406　乡村发展必须具备经济内生动力

农村是农业生产者的聚居地，具有生产和生活的双重属性。乡村规划不仅需要考虑村庄作为居住性社区所对应的物质环境和社会生活问题，还需要考虑与之相关联地域的产业发展问题。乡村规划必须高度关注乡村内生发展动力的培育和提升，形成社会经济功能完备并具备一定竞争力的地域空间单元。

案例 Y4061　乡村产业规划需要明确产业发展阶段，培育经济内生动力

浙江省乡村发展路径的特征为：充分利用资源禀赋优势；多元的路径选择可能性；新型乡村经济的影响力；第一、第二、第三产业融合发展；多维

扫二维码了解以下内容：
余村产业发展战略

度的质量型发展（见图 7-1）。

安吉余村经历了从传统农业型乡村到传统工业型乡村的转变，在生态可持续的发展理念指引下，逐渐转变为传统商旅型农村，新型农家乐成为景区重要的产业组成部分。

余村产业发展定位为：以生态农业和“竹＋”产业为特色的乡村产业振兴示范点。通过判定“流量入口—链接市场—激活潜力”的现状模式，提出四大产业战略：挖掘示范意义、强化入口流量；流量链接产业、强化示范意义；引导多元资本介入、做大做强村集体经济；“竹＋”产业推动余村特色化发展。

基于战略制订核心策略，包括发展四种产业组团类型、合理运用两种力量、构建三种发展模式等。

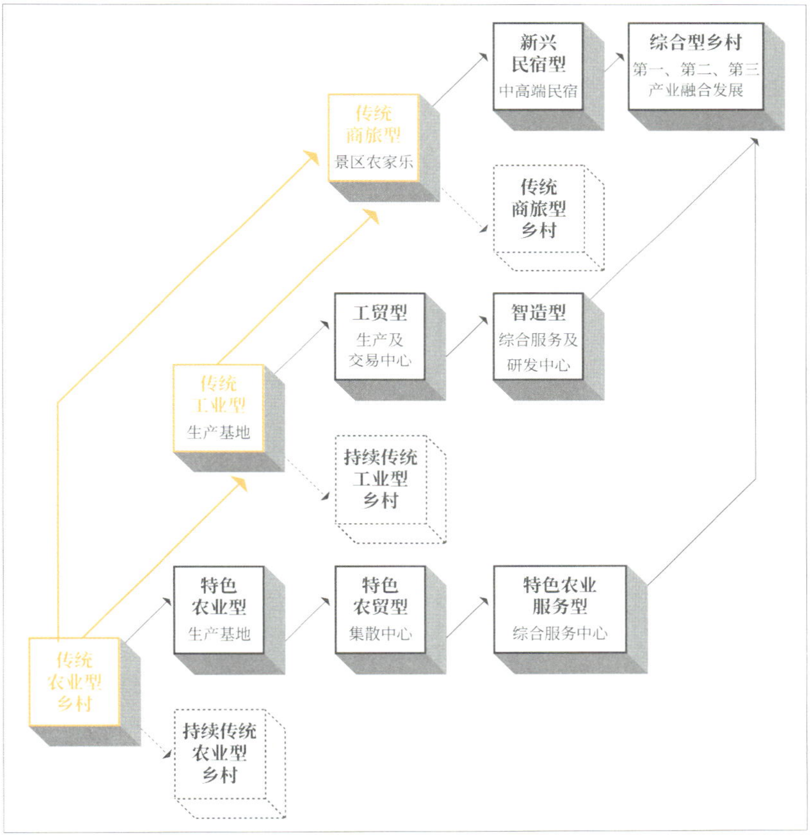

来源：中国城市规划设计研究院与同济大学联合编制团队，《余村“两山”理念示范区村庄规划——浙江省安吉县余村“两山”理念示范区产业发展规划研究》。

图 7-1 浙江省湖州市安吉县余村乡村发展和转型路径示意图

原理 Y407 创新谋划村庄产业发展

乡村产业的主体是农业。大部分农村地区都面临着人均农用地较少，总体收入不高的问题，国家粮食安全的战略需求又决定了大部分地区的农业发展应满足主粮生产任务。

因此，乡村规划必须深入谋划如何将特色资源、地方优势与现代技术相结合，力争形成“一村一品”，走出创新的产业发展路径。

（1）在确保耕地面积不减少的前提下，利用现代科学技术发展设施农业和物联网农业，面向市场需求，充分挖掘闲散低效土地资源，发展符合本地条件的经济型农牧养殖业。

（2）依托农业资源特色和地理条件，借助田园综合体等形式推动农业空间的第一、第二、第三产业融合发展。

（3）依托乡土生产传统和周边产业链优势，发展地方土特产生产和产业链特定环节生产的家庭作坊。

（4）依托互联网购物和社交平台，大力发展农村电商。

（5）在具备相关条件的乡村地区，推动以生态旅游、乡村体验旅游等为主题的旅游服务业发展。

案例 Y4071　**余村产业体系规划（见图 7-2）**

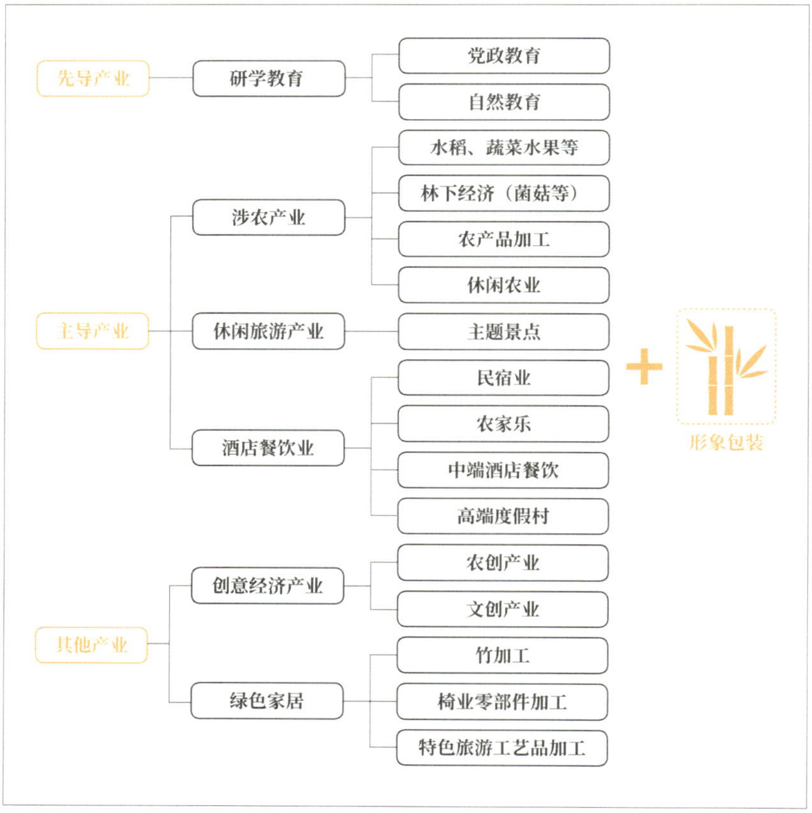

图 7-2 安吉余村“两山”理念示范区产业体系

来源：中国城市规划设计研究院与同济大学联合编制团队，《余村“两山”理念示范区村庄规划——浙江省安吉县余村“两山”理念示范区产业发展规划研究》。

原理 Y408 完善建设、农业、生态三类地块的控制指标

村域层面应根据上位国土空间规划的要求，确定建设、农业、生态三类地块的产权图斑边界，明确控制性与引导性指标。

（1）划定建设地块产权图斑：叠加地块用途、面积、强度、形态等管控要素。

（2）划定农业地块产权图斑：加强对农业种养殖要素和空间形态要素的引导。

（3）划定生态地块图斑：将各项保护和开发要素落实到生态图斑之中，明确允许开发的控制指标，完善生态用地图斑用途转用规则。

（4）除以上三项国土空间规划的指标外，按照各村的生产、生活与地理特点，设置特色的发展指标。

案例 Y4081 四平市梨树县八里庙村村庄规划特色发展指标体系

一个村庄的规划指标可以在规定的生产农业和生态等各项用地的控制性与引导性指标外设立特色的发展指标。

扫二维码了解以下内容：
四平市梨树县八里庙村村庄规划
乡村特色发展指标体系

来源：上海同济城市规划设计研究院有限公司，《吉林省试点村庄规划：四平市梨树县八里庙村村庄规划》。

原理 Y409 关注留守老人和儿童的生活空间

随着乡村劳动力向城市的进一步转移，乡村老龄化程度日益增高，养老育幼的服务需求急剧增加。规划过程中需要考虑老人的生活服务空间与村庄儿童的文化教育空间（见图 7-3），如以下三类。

（1）为乡村老龄人口配置可用于互助养老的睦邻空间。

（2）为留守儿童提供可用于联系父母的数字化空间。

（3）为老年人和儿童保障可用于活动交往的生活空间[1]。

1. 村民的活动主要集中在宅前屋后的场所，在规划中也可有所考虑。

案例 Y4081

汤溪镇山下龚村老村改建中专门设立了留守儿童与在外打工家长的联络室，配置了视频通话设备和在村委会专门设立空间

来源：吴志强院士团队，《汤溪镇山下龚村村庄改造规划设计》。

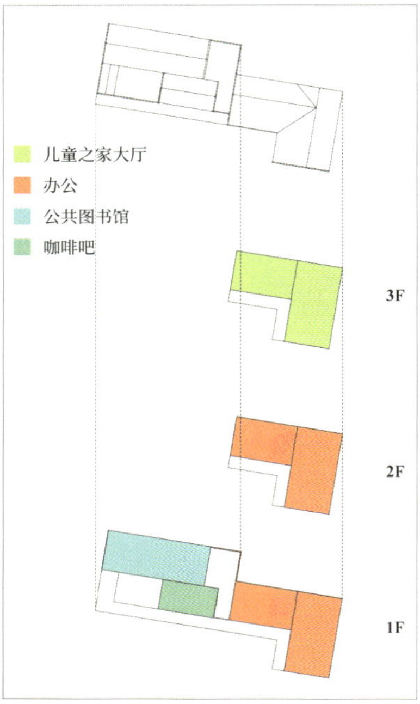

图 7-3 专门为村内留守儿童设计了与父母亲视频对话的数字化空间

原理 Y410 传承乡村文化基因

每个乡村都有其特殊的地方文化及其对应的空间要素，物质和非物质要素都是乡村重要的文化基因。在规划的过程中需要重视对乡村基因密集地和其他基因储存空间的保护，如以下三类。

（1）对乡村聚落形态与空间结构的延续。

（2）对祠堂、文化礼堂、戏台等精神文化空间的保护。

（3）对特色民居形制与民俗文化的传承。

案例 Y4101

浙江上龚村老村改建中专门研究了村庄不同的窗户、屋顶等基本村庄文化遗产要素，以及村庄中的祠堂文化礼堂、戏台等精神空间，并使它们成为村庄特有的文化基因传承和文化认同的重要空间载体

来源：吴志强院士团队，《汤溪镇山下龚村村庄改造规划设计》。

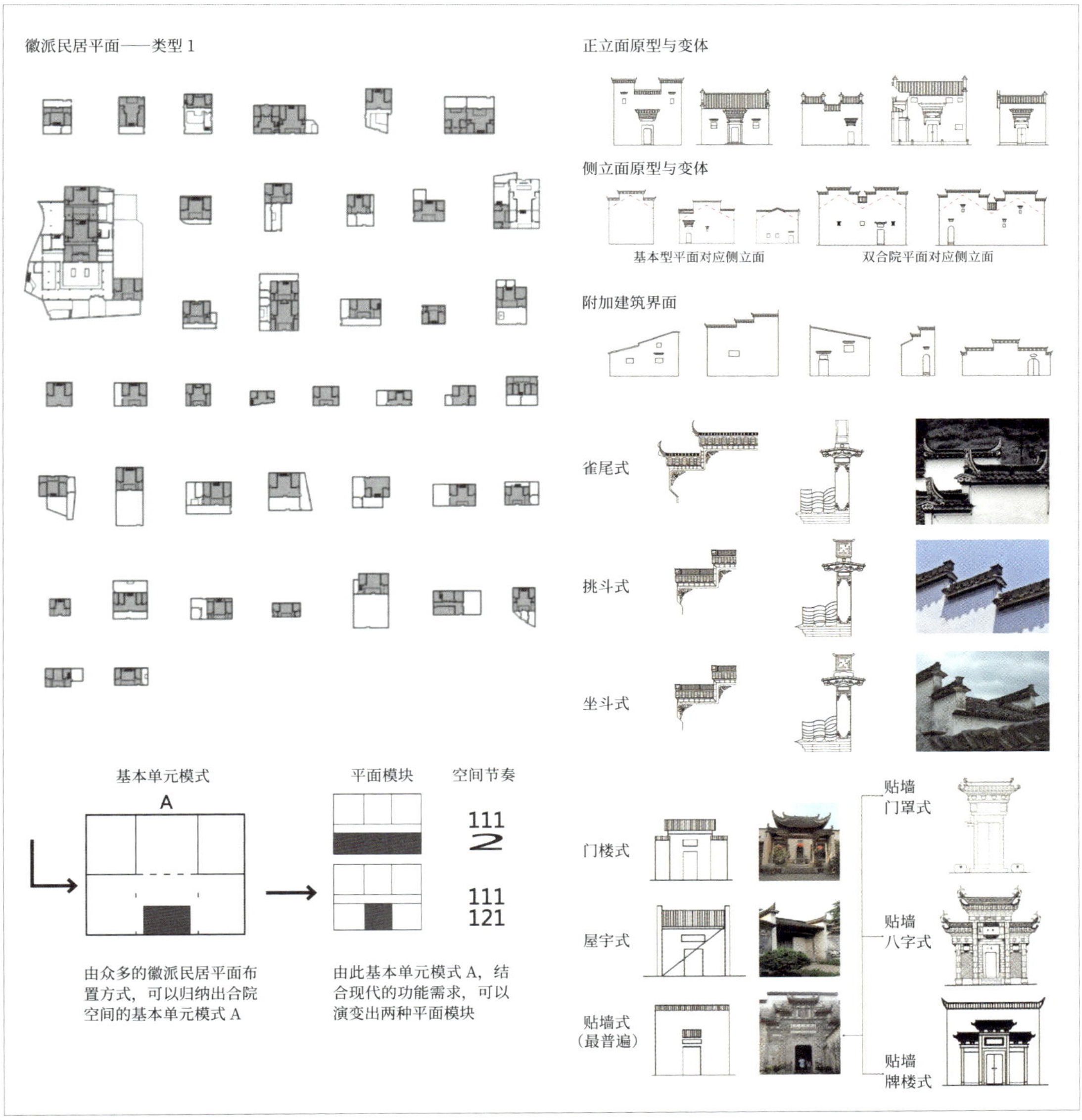

图 7-4 构建乡村文化基因图谱

原理 Y411 建立陪伴式乡建模式

村庄和社区规划在实际建设过程中会受到参与人员文化水平和理解能力的限制，造成规划实施难的局面。地方政府应该建立起陪伴式乡建的模式和机制，乡村规划需要在空间物质层面、产业经济层面、精神文明层面建立从规划到空间的落实传导机制。上级政府也需要建立相关机制，为村庄产业的运营对接相应的高校和社会组织，如驻村规划师、高校科研团队、文化性社团等。

案例 Y4111

驻村规划师：浙江省台州市黄岩区沙滩村、乌岩头村案例

同济大学杨贵庆乡村规划师生团队从2012年开始，通过陪伴式规划乡建模式，深入浙江省台州市黄岩区指导美丽乡村规划建设实践。陪伴式规划的具体实现方式主要有以下三种。

（1）规划师在项目实施过程中持续到现场跟踪。9年来除了疫情防控等特殊情况之外，杨贵庆团队一般每2~3周到村里一次，及时发现问题并予以指导。

（2）采用“路演”方式。每次到现场，杨贵庆团队与乡镇领导、村干部、施工队长、地方设计院人员一起，边看、边肯定或提意见，回答问题并提供解决方案。

（3）建立单个项目微信群。从区领导、乡镇干部到村干部，加上施工队和设计人员等都在群里。群里没有节假日，通过微信群互动，杨贵庆团队针对上传的现场照片及时解答问题。

杨贵庆团队陪伴式规划乡建模式的多年持续实践，使得黄岩区屿头乡沙滩村被列为“中国村庄发展的浙江样本”之一；昔日“空心村”宁溪镇乌岩头村枯木逢春，被列为全国美丽乡村“千万工程”七个典型案例之一；《黄岩报告：乡村振兴工作法》刊登在《国家财经周刊》封面。中央电视台“新闻调查”栏目以“教授下乡”为题，45分钟深度报道了杨贵庆乡村规划团队的陪伴式工作方式和成果。

原理 Y412　协调多主体利益

我国农村基层自治的治理制度和土地集体所有的经济属性，决定了村庄空间资源分配和公共事务由村民集体决定。而村庄的建设和发展又涉及多元的利益主体，包括政府、村委会、村民、社会资本等，因此村域资源要素配置往往是多方利益主体共同博弈决策的结果。村庄规划需要协调各方利益，得出最优配置，而真正符合各方利益的规划方案也容易激发各方成员的主观能动性，有助于规划落地实施。

案例 Y4121

安吉县余村多主体参与协同规划

扫二维码了解以下内容：
安吉余村多主体参与协同规划

来源：中国城市规划设计研究院与同济大学联合编制团队，《余村“两山”理念示范区村庄规划——浙江省安吉县余村“两山”理念示范区产业发展规划研究》。

专项规划篇

第 8 章　生态与环境修复系统

第 9 章　社会与公共服务系统

第 10 章　产业与科技创新系统

第 11 章　遗产保护与文化创新系统

第 12 章　交通与网络链接系统

第 13 章　智能与基础设施系统

第 14 章　城市设计

第8章

生态与环境修复系统

原理 G101 生态文明是国土空间规划的指导思想

生态文明建设是新时期国土空间规划建构的纲领性指导思想。生态文明不仅是植树造林、加强绿化，更是一种新的文明形态。生态文明是天、地、人共同形成的文明体系，是所有生态文化总和的文明整体。生态文明下的国土空间规划，要求把人类建造的环境和自然赋予我们的生态环境进行融合，并把生态系统的整体和谐、健康与永续作为国土空间规划安排的置顶原则，严守生态底线，修复生态空间，保障生态安全，并落实到城乡、生态、海洋等各种空间，贯穿到空间的规划保护与建设、实施与管理等各个过程，融入到公民行为和社会文化的各个方面，并为其生态文明活动提供空间支撑。

原理 G102 以系统性思想维护生命共同体

国土空间规划中的生态专项规划应具备系统性思维，任何偏重系统中某一部分而忽略了系统整体性的思想方法和工作方法，都会对整个生命共同体的生命力和持续力造成破坏。因此，应尊重自然系统的内在依存关系、尊重人民的需求、尊重文明的历史遗产基因传承、尊重时代社会经济的创新发展，维护自然与人类之间的和谐关系，保持生命共同体内共生互动、互为前提的各子系统和全要素之间的平衡。这些子系统包括了山水林田湖草矿沙海冰的自然系统，包括了以人民为主体的社会系统，也包括了文明传承与创新的文化与经济系统。

案例 G1021 济南市提出系统性绿色可持续战略

扫二维码了解以下内容：济南市自然资源现状分布、水安全保障体系规划以及国土空间规划“双评价”

来源：上海同济城市规划设计研究院有限公司、济南市规划设计研究院、济南市勘察测绘研究院联合编制团队，《济南市国土空间总体规划（2020—2035 年）研究报告》。

方案将绿色可持续作为重要发展战略，提出坚持底线约束，系统性调整了山水林田湖草矿空间分布，构筑生态安全格局。系统性优化生态格局强调统筹多类型生态空间，构建“山泉湖河城”全域一体的多功能复合型生态格局；并坚持最严格的耕地保护制度，落实耕地和永久基本农田保护任务，保障粮食安全；建立和完善网络化的城市安全空间保障体系，筑牢城市韧性安全格局。

原理 G103　以指示物种的潜在分布特征作为划定生态空间的依据

以鸟类等物种作为环境指示物种，依据物种对栖息地的选择概率，预测潜在分布空间，识别热点地区，与现有自然保护地空间边界和生态红线进行比对，为更科学地划定生态空间提供依据。

案例 G1031　加勒比多刺袖珍鼠空间分布概率

扫二维码了解以下内容：
加勒比多刺袖珍鼠空间分布概率

来　源：Radosavljevic A, Anderson R P. Making better Maxent models of species distributions: complexity, overfitting and evaluation[J]. Journal of biogeography, 2014, 41(4): 629-643.

生态位是指一个种群在生态系统中，在时间、空间上所占据的位置及其与相关种群之间的功能关系与作用，描述了一个物种为求生存需要的广义的“资源”，不仅包括其“栖息地”所需要的环境条件，还包括其捕食所需的时空特征和觅食对象等。Maxent 通过应用最大熵建模的机器学习技术对物种生态位和分布进行建模。从一组环境（如气候）网格和地理参考的发生地点出发，计算出一系列网格概率数据，描述了网格内背景环境对物种的适用性。

本案例采用空间过滤后加勒比多刺口袋鼠的 124 个观测点作为样本的存在概率，使用 WorldClim 1.4 中的包括季节性温度、降雨，平均温度等指标在内的 19 个生物气候变量作为输入，利用 Maxent 法得到南美洲西北部加勒比多刺袖珍鼠的空间分布概率。

原理 G104　认识生态环境敏感性

生态环境敏感性指生态系统对人类活动干扰和自然环境变化的敏感程度，用来反映空间规划地域产生生态失衡与生态环境问题的可能性大小。认识生态环境敏感性能为预防和治理生态环境问题的空间规划提供科学依据。空间规划中的生态环境敏感性识别包括基于土壤侵蚀敏感性、沙漠化敏感性、盐渍化敏感性、石漠化敏感性、酸雨敏感性等的专项评价，以及由以上专项评价组成的生态环境敏感性综合评价。生态环境敏感性评价应结合规划区域的生态特性以及自然环境特点，做好以下三个方面的评价设计。

（1）把握好生态环境敏感性评价的基本空间单元，范围过大与过小都会影响敏感性评价效果，影响其对空间规划指导的针对性。

（2）针对规划区域的需求和评价资料获取可行性，精准遴选生态环境敏感性评价类型。

（3）科学地确定各生态环境敏感性因子评价要素的权重，组合成为该地区的综合评价体系。

原理 G105 明确生态规划的核心内容

生态专项规划根据各个地方的生态条件和特色，包括但不局限于以下内容。

（1）把握大势：归纳国内外生态系统评估体系及其标准，把握学界对生态系统的共同价值及其标准的提升发展趋势。

（2）现状梳理：明确生态规划对象，梳理地方自然生态禀赋，主要包括规划空间范围内以提供生态系统服务为主的用地类型所占有的空间，包括绿地、林地、园地、耕地、滩涂苇地、坑塘养殖水面、未利用土地等各类生态型用地类型。

（3）研判问题：研究判断地方本层级生态空间所面临的最大问题及挑战。

（4）制定目标：结合地方特色，制定生态规划总目标，进而细化为约束性指标与引导性指标。

（5）明确策略：针对问题挑战和发展趋势，明确本层级空间的生态专项规划策略。

（6）落实空间：将目标和策略按照生态规律落实到各级治理空间上。

（7）实施方案：明确生态专项规划的期限，并制订分阶段实施方案。

案例 G1051 西宁市通过 10 项指标从生态固本维度量化“美丽西宁”

西宁市生态与环境修复专项规划主要包括以下六个方面的内容。

（1）明确生态地位：西宁市是保障国家生态安全屏障要地和重要生态源保护区。

（2）明确生态区位：西宁市作为青藏高原的东部门户、黄土高原的过渡地带和我国地势的一二级阶梯转换区，认真分析其生态区位，统筹协调山水林田草耕及城乡建设用地。

（3）明确生态面临的挑战与问题：生态发展面临生态本底脆弱，水资源与土地资源受制约，资源集约性差，灾害风险大等问题与风险。

（4）明确生态战略目标：提出“美丽西宁”的战略目标。

（5）量化生态指标：通过 10 项指标从生态固本维度量化，严格落实林地保有量、基本草原等指标，提高重要江河湖泊水功能区水质达标率，合理增加生态修复治理面积指标，提升人均公园绿地面积等。

（6）提出一系列实施策略和空间落实方案：包括严守生态保护红线、严格保护自然保护地，提高生态系统碳汇能力，实现对林地、草地、湿地等重要生态资源应保尽保。

来源：上海同济城市规划设计研究院有限公司、广州市城市规划勘测设计研究院联合编制团队，《西宁市国土空间规划（2020—2035 年）》。

原理 G106 明确生态规划的主要策略

针对该层级国土空间的主要问题和挑战，提出生态规划的主要策略，具体策略应聚焦以下四方面。

（1）生态体系建设和完善：建设完善生态体系，保障城乡生态安全，提升城乡环境品质，满足城乡居民的休闲需求。

（2） 生态要素保护和融合：维护生态空间基底，对生态要素进行全方位保护，对重要的生态敏感地区予以保护和控制，加强生态空间功能的融合，兼顾生态要素的开发利用。

（3）生态功能提升与优化：拓展生态空间的功能内涵，加强生态功能与其他功能的融合，立足生物种群生息延续、人民生活健康品质提升的目标，基于多样化、精细化供给等角度满足人的生活需求。

（4） 生态机制保障和传导：在顶层设计明确规划传导方式，落实规划目标，突破行政管理壁垒，促进各部门、各区域衔接传导，实现区域生态空间共治共享。

案例 G1061 云南省红河州生态空间规划

根据云南省构筑“三屏两带六廊多点”生态安全格局的总体要求，发挥保障全省乃至全国生态安全的作用。以红河州生态保护红线、生态重要功能区、自然保护地、重要水源保护地等各类生态保护要素为基底，以资源环境承载能力和国土空间开发适宜性评价为依据，筑牢红河州“一屏两带、多廊多点”的生态格局。整合优化自然保护地体系，保护高原森林、草地、湿地生态系统，提升生物多样性保护水平，实施山水林田湖草沙保护和系统治理，稳步提升生态系统固碳增汇能力。

来源：上海同济城市规划设计研究院有限公司，《红河州国土空间总体规划（2021—2035 年）研究报告》。

原理 G107 链接生态廊道网络体系

生态廊道主要包括动物迁徙廊道、河流生态廊道、基础设施及交通生态廊道。城乡生态廊道规划应以河流、道路防护林以及动物栖息地和迁徙通道为基础，构建各要素连续的廊道体系，并连廊成网，形成完整的网络系统。生态廊道规划应注意以下三点要求。

（1）确立合理的廊道宽度。合理的廊道宽度对廊道的生态功能的发挥有着重要影响。

宽度过窄对敏感物种不利，所产生的边缘效应会降低边缘种和内部种的数量，也会影响廊道中物种的分布和迁移；宽度过宽会增加动物迁徙的时间，影响其群落的分布。

（2）确保适宜的廊道连接度。连接度是指廊道在空间上、功能上及物质流动上的连续性，包括廊道与廊道、廊道与斑块、斑块与斑块之间的连接。对于生态系统来说，廊道必须是一个在结构和功能上的连续体。完整的网络结构才能使生态廊道发挥作用。

（3）确定科学的生态依据。在国土空间规划确定生态廊道与网络过程中，经常是有概念而缺乏精准的科学依据，对生态廊道的宽度、网络链接定位及其动植物生长规律缺乏定量分析。为了精准定位空间尺度，采用大数据和人工智能模型推演已经成为重要的科学手段。

案例 G1071 永宁江周边生态廊道

用 LinkageMapper 工具箱最小累积阻力模型计算源与目标间的最小累积阻力路径模拟生物迁移路径，即生态廊道。然后通过重力模型计算两两生态廊道之间的作用力大小，得到相互作用矩阵，设定相应的阈值可以提取相对重要的生态廊道，并得到廊道级别划分。

来源：吴志强院士团队，《永宁江科创带概念规划、总体城市设计及重点地区城市设计》。

原理 G108 构建区域生态安全格局

城市化进程挑战脆弱的生态环境，构建区域生态安全格局成为国土空间规划必不可少的重要组成部分，也直接影响区域生态的可持续发展。区域生态安全格局概念的提出，也是国土空间规划在生态文明指导下合理调控的必然诉求。区域生态安全格局构建应综合考虑土地利用优化、生态基础设施建设、生态红线划定等要求，识别“源地—廊道—节点”的组合方式，遵从以下三条原则。

（1）针对性：针对区域上的主要生态环境问题，依据空间格局与生态过程相互作用的原理，以生态系统恢复和生物多样性保护为基础，提出解决措施。

（2）系统性：综合考虑生物多样性保护、退化生态系统恢复和社会经济的可持续发展，由关注环境污染或生物资源保护等单一问题扩展到系统分析和综合研究区域生态环境问题，目的是系统解决区域性生态环境问题。

（3）主动性：区域生态安全格局的实现不但要控制很多有害的人为干扰，还要实施很多有益的人为措施，主动干预并人工促进生态系统恢复。

案例 G1081 青岛市西海岸新区生态安全格局构建

基于MSPA（形态学空间格局分析）和MCR（最小累积阻力模型）两大模型，识别青岛市西海岸新区的生态源地、生态廊道和生态节点，构建基于三者关系的生态网络空间，以提高城市生态景观内部的整体生态效能。

生态源地和生态节点为生态安全格局中动植物栖息的重要区域，其区分可以有两种方式：其一是根据承担的生态系统服务价值不同来判定重要性，提取更为重要的作为生态源地；其二是根据图谱理论进行连通性分析，中心性更强的区域作为生态源地。因此“源地—节点”的识别主要分为重要区识别和重要性分析两步。本案例采用的方法依次为：将根据MSPA模型得到核心区作为生态源地；根据图谱理论分析整体连通性指数和可能连通性指数，对生态源地进行分级。

生态廊道是基于生态源地的动物迁徙廊道，通常使用最小累计阻力模型作为底层算法进行计算。本案例还结合电路理论进行了廊道“夹点”“障碍点”的分析。

来源：吴志强院士团队，《青岛市西海岸新区城市发展战略研究》。

案例 G1082 兰溪市国土空间总体规划以“水”为脉

兰溪市属于钱塘江流域洪水多发地区，金华江、衢江、兰江三江交汇的特殊地理环境导致“三江口”集雨面积达18259平方千米，是该市市域面积的13.94倍。该市历史上水患频发，多次造成重大灾害损失。近年来，随着流域下垫面不断变化，洪峰水位逐年上涨，流域防洪压力和调度难度极大。

规划以“水”为脉，提出“韧性承洪—与洪水共存”的理念，推进韧性水安全治理，构建市域生态空间格局。规划以“五水融合”为基础，分别从水资源平衡健康发展、水安全稳定体系建设、水环境系统综合治理、水生态均衡保护修复、水经济产业文化创新五个方面进行创新，从智慧管控体系构建、加强工程措施与制度建设三个方面，持续加大江河、湖泊、水库的治理、保护和管理力度，维护河湖健康生命，提升水资源、水环境、水生态的承载能力。

来源：上海同济城市规划设计研究院有限公司联合编制团队，《兰溪市国土空间总体规划》。

原理 G109 落实生态空间保护建设资金来源

落实生态空间保护建设的资金来源，首先应确保政府专项资金的投入。此外，还可以通过绿色金融体系融资，推动多样的融资方式助力生态保护修复；完善生态产品价值实现机制，深入挖掘生态要素价值，推动生态产品价值实现，实现生态保护修复项目的实际营利能力，满足融资机构对风险与收益的要求。

原理 G110 建立自然资源资产负债表编制制度

建立健全自然资源资产负债表编制制度，核算自然资源资产价值量，准确把握经济主体对自然资产的占有、使用、消耗恢复和增值活动情况。推动生态环境保护，必须守住生态保护红线。创新推动生态空间用地保障机制，增强生态空间的复合利用，实现生态效益最大化。

原理 G111 建立重大项目清单

生态专项规划须确定近期生态修复和生态保育重大项目清单，做好近期项目落实，为实现长远目标奠定基础。

案例 G1091

金华兰溪都市圈同城化专项规划

金华兰溪都市圈同城化专项规划在环境保护方面建立了多项关于生态建设的项目清单，如协同推进跨区域联合治污；推进城市内涝治理和地下管网整治，打造海绵城市、韧性城市；实施“百江千河万溪”水美工程；推进生态环境治理市场化；稳步推进“无废城市”建设等（见表 8-1）。

表 8-1 金兰同城生态建设项目表

序号	建设项目	期限
1	兰湖旅游度假区	近期实施
2	婺江—金华江两岸景观提升工程	近期实施
3	马达溪、白沙溪水环境综合治理工程	近期实施
4	水污染防治追溯体系、生态监测（大气）信息系统	近期实施
5	推进国家森林城市创建，新增国土绿化面积	远期谋划
6	兰溪市三江六岸景观提升工程	近期实施
7	郭力垄水库水质改善工程	近期实施
9	协同推进跨区域联合治污	近期实施
10	明确金华江、金华山联保方案、标准、执法	近期实施

来源：上海同济城市规划设计研究院有限公司，《金兰同城专项规划》。

续表

序号	建设项目	期限
11	推进生态环境治理市场化	远期谋划
12	促进绿色低碳循环发展	远期谋划
13	大力推进绿道、蓝道建设	远期谋划
14	饮用水源内拓外引工程	近期实施
15	实施金西供热管网向游埠镇延伸、浙能供热向金华市区延伸	远期谋划
16	推进城市内涝治理和地下管网整治，打造海绵城市、韧性城市	远期谋划
17	实施“百江千河万溪”水美工程	远期谋划
19	推进涉矿产业链整治，加强超限超载治理和扬尘控制	近期实施
20	稳步推进“无废城市”建设	远期谋划
21	加大节能减排力度	近期规划
22	提高固体废物处理处置能力，推进城镇生活垃圾无害化处理设施建设	近期规划
23	加快工业固体废物处理处置能力	近期规划
24	共建金华江区域防洪排涝网络和海绵城市体系，提升三江堤防标准，共建浙中生态廊道	远期谋划
25	设立防汛抗旱指挥机构	近期规划
26	碳排放权交易	远期谋划

原理 G112 构建多元参与格局，完善多方统筹实施机制

成立跨区域跨部门多元主体参与的协调议事机构，形成多部门联动、多功能布局、多途径联通的统筹协调机制，形成政策合力，搭建多方参与平台。

案例 G1121 环长白山生态城镇联盟

来源：上海同济城市规划设计研究院有限公司，《长白山保护开发区总体规划（2016—2035 年）》研究报告。

由吉林省长白山保护开发区管理委员会，长白县、抚松县、安图县三县政府和八大林业局联合长白山规划指导区范围内的 33 个乡镇，建立了环长白山生态城镇联盟，协调决策层和执行层两级运作的机制。决策层为“环长白山地区主要领导座谈会”，由各级政府主要领导出席。执行层包括“联席会议办公室”和“重点合作专题组”，各级政府在发改委（或林业局政府）设立“联席会议办公室”，分管领导兼联席办主任，设立生态环保、旅游、农业、交通等重点合作专题，专题由当年的轮值方牵头负责（见图 8-1）。

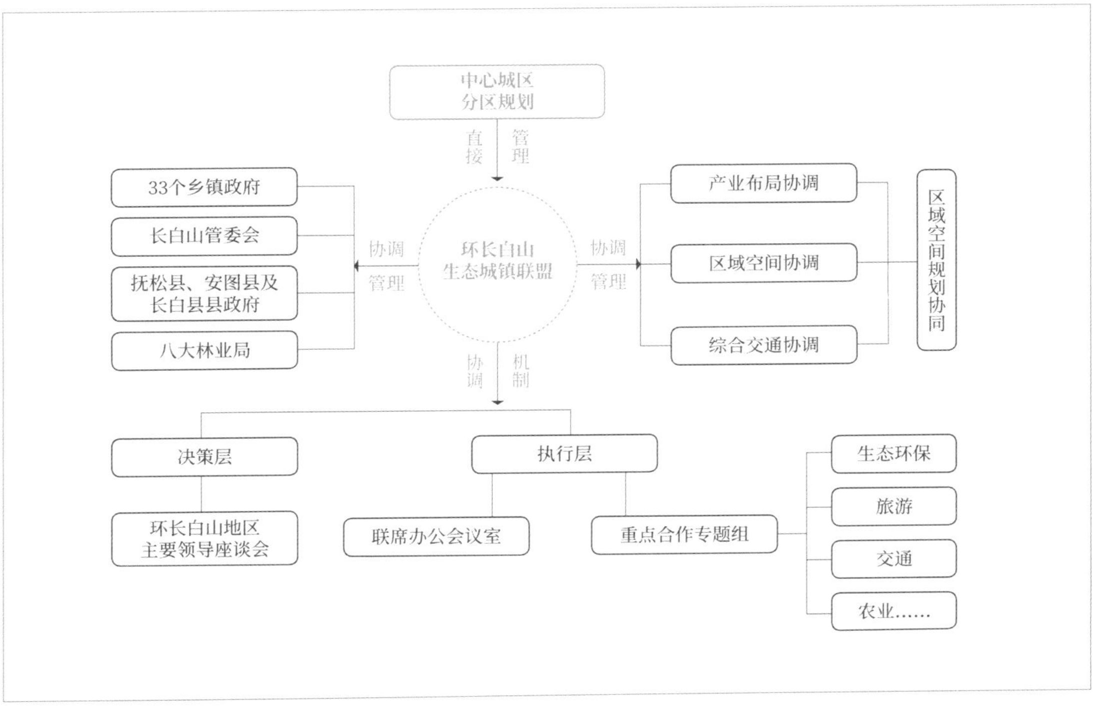

图 8-1 环长白山生态城镇联盟协调机制示意图

原理 G113 建立健全生态规划实施保障机制

在政策实施和法律保障方面，建立健全相关领域法规和标准，完善生态保护、建设和管理的相关政策，加大生态空间保护力度，重点围绕跨区域生态治理加强统筹和依法行政。在实施监督与行政管理方面，结合国民经济和社会发展总体目标，完善国民经济考核体系，将生态空间规划实施情况纳入生态文明考核、绿色发展目标指标考核体系，逐步完善生态补偿制度和相关激励政策，适当扩大生态补偿范围，加大生态补偿力度。完善自然资源基础调查与登记机制，健全管理体制，确保生态空间规划建设实施。

案例 G1131 川西北建议出台政策机制，促进生态资源价值转化

来源：上海同济城市规划设计研究院有限公司与四川省国土科学技术研究院（四川省卫星应用技术中心）联合编制团队，《川西北生态示范区国土空间规划（2020—2035 年）研究报告》。

规划建议在以下方面出台政策机制，促进生态资源价值转化。

（1）建立生态价值量化体系，以生态系统生产总值（Gross Ecosystem Product，GEP）度量生态价值。

（2）确立政府公共产品主导地位，如森林、湿地、河流等公共产品都为政府主导。

(3) 建立企业与个人供给主体体系，如生态农产品、文化旅游服务产品等。

(4) 建立准公共产品的多元治理体系，形成多元协商机制。

(5) 探索生态价值转化路径，制定生态产品有偿使用制度、生态补偿制度、自然资源产权制度等。

(6) 细化生态价值核算体系：GEP（生态系统生产总值）=EMPV（供给产品价值总量）+ERSV（调节服务价值总量）+ECSV（文化服务价值总量）（见图 8-2）。

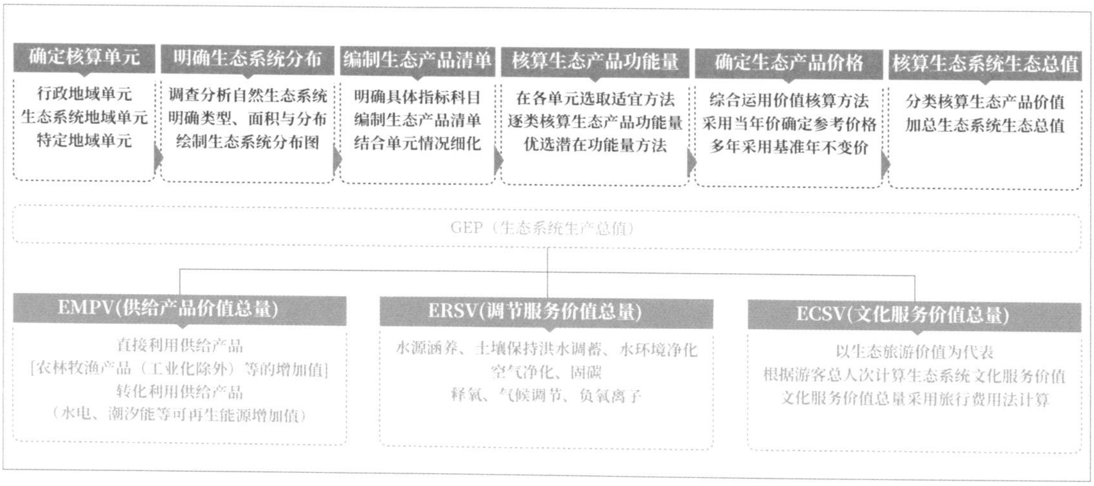

图 8-2 生态价值核算体系

拓展阅读 G1013

统筹划定落实三条控制线

依据《中共中央办公厅 国务院办公厅关于在国土空间规划中统筹划定落实三条控制线的指导意见》，生态保护红线内，自然保护地核心保护区原则上禁止人为活动，其他区域严格禁止开发性、生产性建设活动，在符合现行法律法规前提下，除国家重大战略项目外，仅允许对生态功能不造成破坏的有限人为活动。

原理 G114　健全生态空间规划建设传导机制

将生态空间规划传导体系与国土空间规划体系相结合，实现生态空间规划建设目标指标层层分解落实，充分衔接省级、市县和乡镇国土空间规划，深化管控要求。

案例 G1141

嘉兴市国土空间规划生态空间规划建设传导

优化生态湿地和塘浦圩田景观。嘉兴市现存的塘浦圩田景观主要位于王江泾大运河河道两侧，是经历史上长期人工改造而成的典型景观环境。为进一步保护和发挥塘浦圩田的历史文化价值，在文物保护单位所划定的区划范围的基础上，进一步划定明清海塘线性文化遗产保护范围及建设控制地带，进行区划分层次保护控制。挖掘与海塘线性文化遗产相关联的历史遗存与历史信息，重点保护海宁段海塘及附属遗产、海盐段海塘及附属遗产、老沪杭公路（翁金线）沿线遗产及自然景观环境，构筑完整历史文化景观保护体系。

保护传统农业和遗址生态景观。保护桑基鱼塘、桑基圩田等反映嘉兴传统农业生产活动的特征农业景观，以及保留未经过现代土地平整干预、富含遗址历史信息的微地形特征，采取连片保护的方式，并维护周边生态环境。以基本农田和水系的保护为前提，保护农业生产空间、水域及其他自然生态环境，重点保护塘浦圩田、桑基农田、桑基鱼塘等传统农业景观，以及城郊大量分布的史前文化遗址及其历史环境，突出嘉兴作为太湖流域农耕文明传承地的历史文化价值。

来源：上海同济城市规划设计研究院有限公司联合编制团队，《嘉兴市国土空间规划（2020—2035年）研究报告》。

G2

第9章

社会与公共服务系统

G2

原理 G201 保障群体多元需求

国土空间规划的基本原则是维护社会的公平公正，践行社会主义核心价值观。维护和保障公共利益是国土空间规划的本质任务，尤其我国现处于现代化和城镇化发展阶段，城乡移民总量达到历史新高，需要特别关注城市中新移民的特别需求，关注城乡残疾人等弱势群体的日常需求，关注老年人与儿童的特殊空间需求，关注城市蓝领、白领的空间服务设施需求。

随着收入水平和教育水平的提升，城乡居民的物质需求和精神需求日益多元。大量青年人口的涌入，在给城乡带来充足的体力劳动与智力创造的同时，也显著影响了城乡人口结构及其空间分布格局，并进一步给城乡人口管理及公共服务带来巨大挑战。因此，国土空间规划要落实具体空间来满足日益增长的新的空间需求，这关乎城乡创智力量的增强，关乎城乡永续发展。

案例 G2011

扫二维码了解以下内容：家园体系问题诊断，成熟家园推演（1 千米对角线范围），公共中心布局图，家园系统布局图，邻里中心与创智中心布局图

台州湾新区国土空间总体规划家园体系构建

措施 1：居民需求感知，建立功能需求清单

台州湾新区国土空间总体规划家园体系构建中，将百姓感知与智能诊断联动，基于居民问卷调查和社交媒体大数据分析，对居民“十元生活”需求进行分析，构建多级生活需求总构架；筛选居民重点关注的问题，建立需求清单，分区、分级解决居民诉求；将清单与家园建设、政府年度工作计划相衔接，优化家园布局与建设时序，按照不同年龄段和不同时段，细化痛点和需求清单。

措施 2：家园智能推演布局 32 个家园

在规划中构建多元复合的公共服务体系，促进基本公共服务的均等化、普惠化、便捷化；以 15 分钟生活圈为基础，智能推演布局未来生活家园的功能配置。

措施 3：打造“2981”公共中心体系

2 个区级公共中心：云湖公共服务中心、月湖公共服务中心。

9 个邻里中心：建设秉持“一站式”服务理念的复合家园，15 分钟步行范围内工作、居住、教育、商业、医疗、休闲、交通等有机衔接，24 小时服务到位。

8 个园区创智中心：集科技研发、商业娱乐、商务办公、企业展示、生态休闲、人才居住、智力共享等多功能于一体的创新智慧共享中心。

1 个旅游服务中心：围绕方特主题乐园和轨道交通站点打造集商业娱乐、商务办公、生态休闲、娱乐餐饮、旅游服务等多功能于一体的旅游综合服务中心。

来源：上海同济城市规划设计研究院有限公司与台州市城乡规划设计研究院联合编制团队，《台州湾新区国土空间总体规划（2020—2035 年）研究报告》。

措施 4：定制化设计生产生活两类家园，细化家园中心功能

规划形成 9 个生活共享家园和 8 个工业 4.0 创智共享家园。

幸福活力的 15 分钟生活圈：营造共享活力的 15 分钟生活圈，服务 4.5 万~7.5 万人。

5 分钟便捷共享邻里中心：即在 300~500 米范围内可以解决就学、娱乐、求医、购物、休闲健身、养老等基本生活需求。5 分钟便捷共享邻里中心是一个步行安全便捷的生活网络，能提供使居民感到舒心、体贴的基本生活需求服务。

规划教育用地 183.53 公顷，人均用地面积 4.25 平方米。规划教育用地内设有 9 所小学、6 所初中、1 所九年一贯制学校、1 所十二年一贯制学校、4 所职业学校和 1 所大学，同时规划提供符合创新人才需求的城市文化和科创设施。

原理 G202　以现状问题为导向

社会与公共服务专项规划是存量时代开展公共服务设施规划的基础，必须以解决现状问题为导向，充分开展现状评估，识别现状特征与问题。一方面，对城市、城市片区、城市居住区、城市社区、乡村社区等不同层级的住区开展深入调研和访谈，考察不同层次社会与公共服务设施的空间布局、项目配备及管理水平，提升以现状诊断为导向的工作深度；另一方面，综合大数据分析与典型个案研究的优势，采用整体空间分析和典型社区调查的方式进行评估。

案例 G2021　兰溪市社会与公共服务设施规划

针对社会与公共服务设施，采用对相关职能部门进行调研访谈、Python 爬取 POI 信息进行 GIS 空间分析以及手机微信发布调研问卷等方式，结合年度城市体检评估报告，开展现状评估。2020 年，兰溪市人口老龄化率为 26.67%，已经进入超老龄化阶段。城市 15 分钟社区生活圈覆盖率仅为 11.56%，公共服务设施布局有待优化提升。规划研究老年、青年、儿童等不同年龄段居民对公共服务设施的需求，依据需求频率和服务半径配置公共服务，建立“中心城区—乡集镇—村 / 组”三个层级的社区生活圈。

中心城区结合兰溪市中心城区用地规划方案，根据步行可达距离、人口规模、自然条件及居住区构成方式，将中心城区划分为 11 个 15 分钟社区生活圈，覆盖所有居住用地范围，满足居民各项基本公共服务设施需求。每个 15 分钟社区生活圈根据具体用地布局、步行可达距离及服务需求，进一步细分 5 分钟社区生活圈，最终形成 56 个 5 分钟社区生活圈，满足居民更加精细

来源：上海同济城市规划设计研究院有限公司，《兰溪市国土空间总体规划（2020—2035 年）研究报告》。

的服务需求，为老人及儿童带来更多便利。

乡集镇层级生活圈需确保基本覆盖兰溪市所有居民点，以乡集镇区为中心，出行时间为自行车程 15 ～ 45 分钟的地域范围为一个生活圈，取自行车平均车速 6 千米 / 小时，则乡集镇层级生活圈的半径范围大致为 1.5~4.5 千米，极限出行半径为 4.5 千米，考虑该市乡村公路路况和山区地形等因素，取以基层村居民点为中心，半径 2.0 千米的空间范围为乡集镇层级生活圈，覆盖率达 100%。

村 / 组层级社区生活圈宜依托行政村集中居民点或自然村组，综合考虑乡村居民常用交通方式，按照 15 分钟可达的空间尺度，配置满足就近使用需求的服务要素，并注重相邻村庄之间服务要素的错位配置和共享使用。

案例 G2022

城市幸福指数

吴志强院士团队创新性提出城市“有 · 幸 · 福”理论，从影响幸福感的经济发展、期望寿命、社会支持、自由选择、正向情绪五大维度，遵循数据来源的精细高频、独立可靠、可治理干预的三大原则，首创衡量城市家园级别的城市幸福指数 WUS-City HQ。强调“有”是一个绝对量；“幸”是一个相对量；“福”是“有”与“幸”之感悟，增加了空间相位与时间相位的相对概念，并重点关注“福”与“有”“幸”之间的互嵌式耦合。

场景数据底板：WUS-City HQ 基于多媒体智能技术，以深圳为例，挖掘与整合多源、异构、高频、高精的与城市经济、创新、出行、教育、生态、商业、医疗、治理、居住、基础设施十大功能相关的 290 454 条数据，实现了家园幸福感的实时动态监测。

诊断评价精度：WUS-City HQ 诊断评测精度为 1 千米 ×1 千米，可任意尺度动态监测城市—区县—街道—社区不同尺度的幸福指数，并落实到不同层级的行政责任主体。

智能赋能治理：WUS-City HQ 采用可解释的机器学习模型与算法，明晰 1 千米 ×1 千米的城市家园幸福指数规律，挖掘影响城市家园幸福的关键要素及其精准阈值，实现精准提升人民福祉的智能治理技术集成，以推进城市治理能力现代化进程。

目前最权威的幸福指数报告为联合国的《全球幸福指数报告》（*World Happiness Report*，WHR）。WUS-City HQ 在城市幸福指数的理论研究模型、场景数据底板、诊断评价精度、智能赋能治理等方面，都超越了联合国的全球幸福指数。

原理 G203 以未来需求为导向

我国正经历历史性的城乡人口数量变化与人口结构转型。在未来 15 年，中国城乡人口不仅在数量上更在质量上将发生重大提升，因此，在国土空间规划中的社会与公共服

表 9-2 公共服务设施体系

设施名称	服务内容	
邻里中心	文体活动	多功能活动区、邻里书房、邻里课堂、阅览室、救援培训等，以及“城市书房”“百姓书屋”“文化驿站”“流动舞台车”“汽车图书馆”等新型文体空间
	少儿活动	阅览、课外作业区等
	老年活动	老年文体活动服务
	老年服务	上门家政、生活照料、康复护理服务、生活咨询、送餐服务等
	其他公共服务	社会事务受理、社区劳动和社会保障管理
养老设施	街道级养老院或老年养护院	为老年人提供全日制集中居住和照料服务，服务半径 1000~1500 米，每处床位不少于 75 张
	乡镇（街道）居家养老服务中心	每处应附设床位不少于 50 张，宜与社区卫生服务中心毗邻而设，可兼容老年活动中心、老年大学教学点，为老年人提供短期托养、生活服务、康复护理、文化娱乐、康复辅具租赁、家庭支持、社会工作和心理疏导等服务
	社区（村）居家养老服务照料中心	为老年人提供日间照料、文化娱乐、助餐、健康指导、心理慰藉等服务，服务半径应小于 500 米
卫生站	农村卫生服务网的基层单位；健康咨询、妇幼保健、老年保健、慢性病防治、健康宣传等	
幼儿园托儿班	幼儿教育	
中小学	结合居住生活区布局配置中小学教育设施	
公共厕所	与再回收站、垃圾分类收集站、环卫工人休息点综合设置	
便民服务网点	水果菜店、理发浴室、维修缝补、便利店、智能快件收发	
微型消防站	以救早、灭小和“三分钟到场”扑救初起火灾为目标	
健身场地	结合活动场地、健身步道设置，兼做避难场所	

原理 G206　协调多元主体，促进公服规划实施

城镇化中后期城镇将面临大量存量社会与公共服务设施的更新问题。存量空间资源条件复杂，同一更新地块中可能包含多个利益主体，规划需要从多主体角度出发，协调各方因素以促进规划实施。在维护规划公权、保障城乡居民获益的基础上，还需要广泛

吸纳社会资本力量的介入，政府应承担好服务者与监管者的职责。在空间治理现代化进程中，为提高供给效率，满足公民对公共服务的差别化需求，公共服务设施的供给与运营应由政府单主体为主导转为由政府、国企、民企、股份公司等多主体协同的现代治理模式，并将这种现代治理模式落实到国土空间社会与公共服务专项规划中。

案例 G2061

北京市城市副中心家园中心运营主体单一所带来的问题

北京市城市副中心家园中心主要以政府单主体主导规划建设和运营，家园中心建成后因市场运营力量引入不足，缺乏长效维护机制，功能业态和服务品质无法满足居民需求。

扫二维码了解以下内容：
家园中心因缺乏维护机制，无人使用

原理 G207 构建各部门协作机制

公共管理与公共服务设施包含机关团体用地、科研用地、文化用地、教育用地、体育用地、医疗卫生用地和社会福利用地七大类。实现公共管理公共服务设施的协同配置，必须建立不同部门之间的合作机制。在空间规划中，应探索在现代城乡中，空间和用地的复合，以及多种社会与公共服务设施的空间群落生态维持，克服用地和批准部门之间各自为政的分地模式，促进各主管部门在同一空间和土地上的统一管理，变纵向用地划分为属地化融合，包括统一管理机构、统一数据标准、统一动态监测和高效沟通机制等。

拓展阅读 G2071

依据《国土空间调查、规划、用途管制用地用海分类指南（试行）》（自然资源部，2020 年 11 月）和《城乡规划学名词》（2020 年版）中的规定，公共管理与公共服务设施用地指城乡建设用地范围内行政、文化、教育、科研、体育、卫生等机构和设施的用地。

原理 G208　依托科学动态监测和评价体系

国土空间规划对于城乡社会与公共服务设施的空间配置，关系到从根本上保障城乡居民生活品质，是一项精准的科学问题。动态监测管理社会与公共服务设施，是提高未来城乡社会与公共服务设施使用空间效益的技术保障。国土空间规划在编制社会与公共服务设施专项规划时，应构建城乡居民公共服务设施使用状态的大数据库，利用好市场大数据分析，并与监管部门进行充分沟通，不断提升空间规划的品质。

案例 G2081　衢州市国土空间规划中的家园服务设施智能推演

扫二维码了解以下内容：城市元空间关系组合示意图，2019 年、2035 年衢州中心城区元空间分布及成熟家园，2019 年、2035 年衢州中心城区各家园功能要素占比（计算结果），衢州中心城区各家园的各类设施增幅分布图（计算结果），衢州中心城区家园发展类型划分

1. 理论基础

“家园”模式，即满足“绿、治、住、行、商、医、教、产、基、创”十元平衡的生活模式。每个家园在 15 分钟步行距离内，能满足就近的休闲、出行、购物、就医、就学、通勤等公共生活需求，从根本上减除城市交通的压力。“家园”模式能从根本上消灭大都市无谓的机动车交通，从根本上解决城市病，这种思想方法会对未来产生重大的影响。

2. 模型机理

城市公共服务设施推演，可采用城市元空间单元算法。元空间是规划布局的最小单元，元空间的分布对家园的活力影响大，合理的功能要素配置不仅关系到居民享有设施服务的公平性，更重要的是，能在政府投资有限的情况下，将其效用最大化，使最多的居民受益，同时吸引更多的人在该区域从事生产、生活活动，汇聚人气。公共服务设施推演是在地块功能布局推演结果的基础上，结合区域内现状城市兴趣点 (POI) 的分布情况，对每一个家园 15 分钟出行范围内的交通、医疗、教育、商业、休闲、绿化、基础设施等一系列公共服务设施要素进行配比计算，并在此基础上针对城市中的公共设施短板进行智能配置，精细化布局到每个街道，完成兴趣点配置的自动化迭代，以满足各个家园社区所需要的生产、生活服务。同时集约利用建设用地，将部分相互协作的家园公共服务设施混合叠建，达到土地利用的功能复合。

3. 计算结果

1）服务设施智能推演结果

根据智能推演，相比于现状 2019 年，未来在 2035 年衢州市中心城区的功能布局将会更加均衡，在主城区元空间的分布将更加密集，围绕主要街道形成连续的高密度区域；东部和南部产业区内置入各类功能要素，形成复合功能的产业区。在此基础上，进一步识别对角线 1 千米空间内满足“十元功能”平衡配置的区域，这类区域称为“成熟家园”，其意义在于可以形成一个更加多元、可达的服务设施密集地区，使居民在步行便捷可达的范围内即可满足日常生活的各项需求。

通过对2019年以及2035年成熟家园的识别，检验衢州市中心城区现状2019年与2035年的成熟家园分布情况及数量变化趋势。根据智能优化的结果，衢州中心城区的成熟家园数量将从12个提升到48个，城市公共服务配套水平得到显著提升。基于智能推演的成熟家园布局优化，提出了未来城市发展中最需要复合布局服务设施的区域，进而为国土空间规划中的服务设施配置及家园中心选址提供参考。

2）家园功能要素占比配置结果

在智能推演基础上，通过计算不通家园10类功能占比的变化，可以将衢州中心城区的家园分为三种类型以便于不同国土空间规划政策的实施，包括：

类型1：工业转型家园，根据智能配置，其工业用地的配比大幅减少，增加各类生活服务设施的配置（家园6、家园8、家园9、家园11、家园14、家园15、家园16）。

类型2：优化配置家园，根据智能配置，对家园内部各类服务设施的配比进行精细化调整，以达到符合家园内部功能的需求（家园1、家园2、家园3、家园4、家园5、家园7、家园10、家园13、家园18）。

类型3：新兴家园，在发展起步晚、公共服务设施缺乏的地区，根据智能配置，新建多项公共服务设施，以促进未来家园的形成（家园12、家园17）。

第10章

产业与科技创新系统

原理 G301 协调多元主体，促进产业规划实施

国土空间规划中的产业专项规划应该是政策规划和空间规划的统一，其本质属性为“战略 + 空间 + 特制”的统一体。

一是“战略”属性。产业专项规划必须落实既定的产业发展战略与产业政策，并将其落实到具体的空间和土地，这是国土空间规划的重要支撑点和着力点。

二是“空间”属性。产业规划是重大产业建设项目和固定资产投资的主要依据。没有空间的产业规划是没有载体的剧本。产业发展的空间布局规划将直接指导投资项目的落地。

三是“特制”属性。产业规划必须是为本地特制的，针对本地的原料、劳动力水平、交通条件和产品市场分布进行的精准布局。在此基础上，产业专项规划也必须考虑本地产业的资本、技术和市场与外部产业的联动。最后，产业规划必须明确指明产业提升的关键路径，即主导产业的选择和培育计划。

案例 G3011 济南市国土空间规划以战略板块引领新动能产业空间落地

到 2035 年，济南市国土空间产业规划以战略板块引领新动能产业空间落地，将推动如下三项工作：

一是培育壮大新兴产业，即聚焦新技术、数字化、大融合，培育壮大新兴战略产业。

二是转型升级传统产业，即坚持高端化、智能化、绿色化，实现传统产业转型升级，建设绿色、低碳、循环发展的先进制造业体系。

三是保障动能发展空间，即提升土地绩效，结合济南市未来发展战略板块，优先保障重要功能平台落地。

扫二维码了解以下内容：
济南战略空间板块布点图

来源：上海同济城市规划设计研究院有限公司、济南市规划设计研究院、济南市勘察测绘研究院联合编制团队，《济南市国土空间总体规划（2020—2035 年）研究报告》。

原理 G302 产业规划须强调生态环境影响评估

国土空间规划中的产业专项规划应将节能降碳、污染物减排和资源节约等生态环境保护要求融入规划分析和现状调查、环境目标和评价指标、规划方案综合论证以及规划实施体检评估等环节。从资源能源利用管控、环境质量和承载状态、与区域和行业的碳达峰及碳减排要求的符合性等方面，结合生态化和低碳化的发展要求，论证区域产业规划目标与发展定位、规模和结构，以及重点涉碳排放产业的环境合理性，通过对生态环境质量的持续改善，逐步提升自然资源和环境的承载能力，不断拓展产业经济发展的新动能。

案例 G3021

河南省国土空间结合生态化和低碳化要求推动产业发展

河南省国土空间产业规划提出，未来以科技创新产业为引领，结合生态化和低碳化的发展要求，拓展河南省经济发展的新动能。其中，郑州承担国家综合创新职能，洛阳承担先进制造业创新职能；新乡、焦作承担化工与材料创新职能；郑州、洛阳、南阳承担军民融合创新职能。

原理 G303　明确重点优势产业

不同的城市—区域都应该在其特定的历史阶段、独特的地理空间条件以及现实产业发展优势的基础上完善产业链条，在国土空间产业专项规划中明确重点发展哪几类产业，或是某几类产业中的某些环节，突出区域产业特色，落实空间战略职能。

案例 G3031

兰溪市明确优势产业，构建高质量发展的产业体系

扫二维码了解以下内容：
某市产业体系

来源：上海同济城市规划设计研究院有限公司，《兰溪市国土空间规划》。

兰溪市国土空间产业规划明确提出培育 5 大百亿主导产业，做强 3 大优势产业集群。以科技创新驱动、重大产业项目招商、高能级产业平台搭建等途径，加快动能转化、产业结构调整、用地效率提升、空间布局优化，构建具有高质量发展特征的“5+3”现代化产业体系。

原理 G304　注重产业集聚发展

国土空间产业专项规划应该注重由产业聚集带来的区域产业和经济发展优势。产业的空间集聚带来了产业链的上下延伸、生产过程的企业联盟、人才汇聚和交流合作。因此，应在已决策的经济产业战略的基础上进行产业集中布局，形成本地优势的主导产业，依托产业集聚放大本地市场效应和价格指数效应，不断推动地方产业链在空间上的整合。

案例 G3041

集聚融合，优化海南优势产业

海南省国土空间产业规划提出建设文昌国际航天科学与技术创新研发产业集群。高起点建设文昌国际航天城，打造“一中心、一平台、两基地、一园区”，吸引火箭研制、卫星研制、卫星应用企业集聚，打造商业航天全产业链发展基地。

扫二维码了解以下内容：
文昌航天产业集群规划

来源：上海同济城市规划设计研究院有限公司、南京大学、海南省海洋与渔业科学院、海南国源土地矿产勘测规划设计院联合编制团队，《海南省国土空间规划（2020—2035 年）研究报告》。

原理 G305 把握产业发展未来，落实关键空间

国土空间经济产业专项规划应遵循产业发展规律与未来发展趋势，着眼战略性新兴产业，培育先导和支柱产业，推动产业在空间上的融合、集聚和生态化发展。

拓展阅读 G3051

Gartner 技术成熟度曲线（Gartner Hype Cycle for emerging technologies）

Gartner 咨询公司依据其专业分析，预测与推论各种新科技的成熟演变速度及要达到成熟所需的时间。他们提出新技术发展分成以下五个阶段。

（1）科技创新的促动期（innovation trigger）：伴随着过度化的媒体报道与非理性的公众渲染，即将到来的潜在科技突破无处不在，然而该阶段通常不存在可用的产品以及商业可行性。

（2）过高期望的峰值期（peak of inflated expectations）：早期公众的过分关注演绎出了一些成功的案例，但同时也伴随着大量的失败案例。对于失败的案例，一些公司采取了补救措施，而大部分公司却无动于衷。

（3）泡沫破裂的底谷期（trough of disillusionment）：随着潜在科技突破的实施未能交付，公众的兴趣急剧减弱，大部分的该类型企业要么摇摇欲坠，要么彻底失败，只有当幸存企业改进他们的产品以使早期的产品使用者满意时，投资才能得以继续。

（4）稳步爬升的光明期（slope of enlightenment）：通过更多的科技突破使企业受益的实例开始具体化，并且得到更广泛的理解与关注。随着第二代和第三代产品面世，更多企业成为资助试点。

（5）实质生产的高峰期（plateau of productivity）：产品在此阶段占据主流市场，其商业模式经过数代的演进，进入了非常成熟的高回报阶段。

拓展阅读 G3052

中国工程院《中国战略性新兴产业发展报告》

中国工程院《中国战略性新兴产业发展报告》已经连续 10 年发布，在 2022 年的报告中，指出了八个战略性新兴产业：新一代信息技术；高端装备制造；新材料；生物产业；新能源汽车；新能源；节能环保；数字创意和相关服务业。

以上战略性新兴产业是我国区域产业创新升级的核心，也是未来产业发展的增量所在。

原理 G306 在区域中组织产业链，超越空间集聚

在国土空间规划中，开展产业研究应高度关注产业上下游企业在空间中的链接和集聚关系，以降低产业上下游产品之间的运输和交易成本，促进上下游产品创新之间的联动和协同，形成生产地区域性的产业生态系统，加速产业在优势空间的集聚、快速升级迭代与高质量发展。随着信息技术的快速发展，产业之间协同关系有可能超越地缘的集聚模式，实现更大范围的协同与创新，产业规划也应考虑到在更大区域空间内进行生产力的布局。

案例 G3061

中德工业 4.0 示范园区

扫二维码了解以下内容：
沃尔沃汽车小镇园区功能布局

来源：上海同济城市规划设计研究院有限公司与台州市城乡规划设计研究院联合编制团队，《台州湾新区国土空间总体规划（2020—2035 年）研究报告》。

中德工业 4.0 示范园区产业规划以现状沃尔沃汽车小镇为基础，进行园区改造提升，建成国内首个开放创新型工业 4.0 汽车智造示范园区。该规划提出整合现有企业和产业链，打通上下游产业链条，实施工业 4.0 企业诊断，推进企业工业 4.0 步伐，实现产业纵向集成。

原理 G307 根据产业发展周期，合理安排布局

任何产品都有生命周期，任何企业都有生命过程，任何产业都有自身的生命发展阶段。因此，国土空间产业专项规划应明确各种产业的发展周期，判断各种产业的发展阶段，区分朝阳与夕阳产业，并根据产业发展周期规律科学合理地布局产业空间。

案例 G3071

台州湾新区产业布局

在台州湾新区的国土空间产业规划中，基于当地的产业现状和未来发展趋势，依据产业发展周期规律选出具有发展潜力和发展基础的产业，包括汽车制造、航空装备、绿色科技以及高端装备制造等产业，并着力打造相关产业园区。同时，规划针对一些产能、效率低的产业用地进行用地潜力挖掘，淘汰夕阳和低效产业用地。针对企业的生长周期不同，台州湾产业规划提出“先租后让”等用地方案，弹性用地，促进当地产业经济发展。

来源：上海同济城市规划设计研究院有限公司与台州市城乡规划设计研究院联合编制团队，《台州湾新区国土空间总体规划（2020—2035年）研究报告》。

原理 G308 复合利用产业空间土地

国土空间产业专项规划应充分注重空间的多元功能复合利用。在传统计划经济下的规划中，土地使用以单一功能来划分，空间中的功能相互割裂、互不联动，这样的空间缺乏活力，无法永续发展。而中华传统城乡空间的智慧，在于同一空间上的多功能复合，实现多功能在同一空间中的互融、互助、互促，这就是中华城市的魅力和活力的根本原因。因此，在国土空间产业规划中，应通过“绿地 + 产业 + 居住 +X”的复合利用，带动人和人之间多元活动的联动，最大限度地激发土地使用的活力。

案例 G3081

德国西门子城产业用地复合

西门子公司正在计划下一步的发展，再次规划一个新的西门子城，希望能在 Nonnendammallee、Paulsternstraße 和前西门子铁路之间的 70 公顷的土地上建设一个面向未来的地区。这次的规划任务由 Ortner & Ortner Baukunst 事务所承担。西门子城 2.0 应该在 2030 年准备就绪，届时将有数以亿计的人在那里消费，将有 2800 套公寓、一所学校、一条长廊和一条郊区铁路线。

来源：作者读书笔记。

原理 G309 保障经济体系原创动力

产业、企业、产品的生命延续都需要科技的支撑。因此，城乡和区域的产业布局必须考虑布局主导产业的研创空间，以保障在一个经济体系中能有生生不息的原创动力。这也是评价一个产业规划是否考虑了城市经济可持续发展目标的重要表征。

案例 G3091

太湖湾科创带产业研发枢纽区建设

扫二维码了解以下内容：
太湖湾科创带产业研发枢纽区

来源：上海同济城市规划设计研究院有限公司，《太湖湾科创带城市设计》。

在无锡太湖湾的国土空间产业规划中，研创空间主要包括：国家主导的大科学装置、科研院所；由大学主导的高校、大学科技园；由地方政府主导的创新平台、孵化器；由市场主导的科创园区、创意园区，科创空间的面积总量规划为 32 平方千米。

产业研发枢纽区主要包含做强太科园应用研发、孵化中试、信息服务等功能，打造 AIoT（人工智能物联网）和软件产业高地，探索创建全国第一个"自由科创区"，赋予全球技术跨境交易、国际人才社区、跨境数据海关、境外科创资本结算、全球知名高校研究院、国际科技培训与技术交流、国际知识产权服务等功能，规划规模 28.8 平方千米。

原理 G310　合理布局科技创新空间

对于科技创新空间的合理布局，既要考虑其对产业的支撑，更要考虑高等院校或科研机构群落等智力资源集聚、生态环境、对外交通、枢纽节点、风险资本、美好生活等要素。

案例 G3101

海南省科创潜力空间及产业落位

来源：上海同济城市规划设计研究院有限公司、南京大学、海南省海洋与渔业科学院、海南国源土地矿产勘测规划设计院联合编制团队，《海南省国土空间规划（2020—2035 年）研究报告》。

海南省国土空间产业规划重点挖掘科创四要素，推演科创潜力空间。科技能力强弱与创新水平高低是评价城市科创潜力的关键。在众多因素的影响下，创新策源、创新应用、创新产业、创新人才四大基础要素最能体现城市科创水平的高低。基于科创四大要素，结合城市创新发明专利统计数据、推动创新潜力发展的中青年分布集聚数据、培育创新专利产生的高端教育科研基础设施分布数据等，对城市科创潜力空间进行预测，为政府的未来产业布局提供决策支持。

原理 G311　特殊产业依托对外交通枢纽的特别连接

以快速交通为基础的特殊产业需要依托交通枢纽的特别连接。如航空服务、航空制造、航空枢纽物流等，直接依赖于机场资源，需要布局在紧邻机场的区域。同样，港口、火车站、地铁中心站附近的辅助性产业，也需要依托对外交通的特别连接。

案例 G3111

太湖湾科创带产研之芯，科服中枢

扫二维码了解以下内容：
临空智造示范区区位图

来源：上海同济城市规划设计研究院有限公司，《太湖湾科创带城市设计》。

《无锡太湖湾科创带城市设计》重点依托太湖新城的综合服务和高新区的产业研发与临空智造功能，引导强化尚贤湖、具区路、太科园、硕放国际空港等重点创新单元板块，将“总部—研发—制造”“研发—孵化—中试—产业化”的价值链与创新链融入滨湖带，使之成为太湖湾科创带的产研之芯、科服中枢。其中，临空智造示范区作为太湖湾科创带高新技术产业化的主阵地，争取中国（江苏）自由贸易试验区扩区至空港片区，集聚芯片、医药等临空智造，拓展技术服务外包、跨境电商贸易等功能，打造国家临空经济示范区和空港型自贸区，其规模为 46.9 平方千米。

原理 G312 满足科研人员生活需求

科研人群创新动力的持续发展需要都市生活的滋养。因此，国土空间产业规划应重点研究产业与科技创新系统，在合理布局科研人群日常生活和工作空间的同时，还应统筹安排餐厅、咖啡厅、健身房、剧院等承载都市生活的空间，激发科研人群创新的涌现；同时，科研人群对于生活和工作周边的生态环境较为敏感，因此在产业空间选址和布局时应着重评估生态环境质量，着重提升人居环境品质。

案例 G3121

无锡市太湖湾围绕科研人员生活需求进行功能配置

扫二维码了解以下内容：
太湖湾科创智家园城市设计

来源：上海同济规划设计研究院有限公司，《太湖湾科创带重点片区城市设计》。

《无锡太湖湾科创带重点片区城市设计》通过分析科研创新人员的生活需求，总结提炼出科创人员的小范围生活场景。将生活场景中存在的产、城、人、文、闲、研 6 类功能复合在单元用地规划中，使各个街坊内都能满足科创人员的日常生活需求，实现“有就业，有服务，有休闲，有绿地，有科研”。

原理 G313　产业规划应细化内容，保障项目落地

国土空间产业专项规划应与国土空间总体规划紧密联动，国土空间经济产业专项规划应在保证方向指引的前提下最大限度细化深化保障项目落地，做到“定位、定量、定图，定功能、定产业、定机制”，融合产业规划语言体系与国土空间语言体系，实现产业规划对国土空间总体规划的有效支撑。

案例 G3131

扫二维码了解以下内容：
自贸区（青岛片区）产业集群空间配置

来源：上海未来城市建筑规划设计有限公司，《中国（山东）自由贸易试验区青岛片区概念规划》。

中国（山东）自由贸易试验区青岛片区

中国（山东）自由贸易试验区青岛片区概念规划，综合了区域发展需求、规划目标定位、自身资源禀赋以及既有项目建设情况，着重建设生命科学、智能制造、现代海洋、航运物流、国际贸易和金融服务六大产业。

规划结合既有及引进项目的空间选址及联动辐射半径的合理化考虑，落实并形成产业基地，有效指导产业导入在空间规划上的精准落位，构建高价值的产业集群格局。

原理 G314　依托智能技术建立产业图谱

通过大数据和人工智能技术可以建立起国土空间及其周边区域的产业图谱，从门类到小类，在不同国民经济行业层级，充分发掘出研究范围内的优势空间集聚产业，从而精确认知区域强势产业，重点围绕世界科技和产业发展大势、国家战略性新兴产业布局以及空间战略主要职能，厘清关键产业的补强环节和空间落位，从而对国土空间及其城市—区域的产业结构进行智能优化。

案例 G3141

来源：上海同济城市规划设计研究院有限公司、济南市规划设计研究院、济南市勘察测绘研究院联合编制团队，《济南市国土空间总体规划（2020—2035 年）研究报告》。

济南市加强和完善环泰山城镇群产业体系

在济南市国土空间规划中，以国民经济产业门类为考察节点，建立济南市、淄博市、德州市、泰安市和滨州市的产业图谱，发掘出各地市的优势聚集产业以及各产业门类之间的空间分布特征。同时，以链接尽可能多的在地优势产业节点为依据，进一步明确济南市在环泰山城镇群中对其他城市的关键补强产业，如以金属结构制造业和制冷、空调设备制造业补强淄博市，以金属

结构制造业和塑料零件及其塑料制品业等补强德州市，以其他金属加工机械制造业和泵及真空设备制造业补强泰安市，以其他专用设备制造业和机械零部件加工业补强滨州市等，从而有的放矢地不断加强和完善环泰山城镇群的产业体系构建和发展。

扫二维码了解以下内容：
济南市产业知识图谱以及环泰山城镇群补强产业

原理 G315 构建纵横双向的产业规划协作机制

国土空间产业规划涉及纵向的市、县、乡镇等不同空间层级以及横向的同级政府不同部门之间的协作。在纵向协作方面，产业规划应采用上下级协商一致的原则，优先锚固承载市级空间战略功能的高端制造产业区域，规模小且与城市功能融合程度较高的产业社区和零星工业用地的划定可以区县为主导进行调整和提升。在横向协作方面，需要由发改、经信、自然资源和规划、水务、生态环境以及应急管理等部门通过协商，形成一致的空间规划底板。

案例 G3151

太湖湾科创带产业规划协作机制

太湖湾科创带产业规划提出：联合环太湖区域各市，成立环太湖科技创新共同体联盟，实现区域科技创新红利共享；成立环太湖湾科创带领导小组，常设工作专班以及联席会议；核心区与全市域联动，各部门作为工作小组成员；将政府主导与市场主导相结合，吸引专业的产业新城、科技平台开发运营商入驻。

扫二维码了解以下内容：
太湖湾科创带产业规划协作机制流程图

来源：上海同济城市规划设计研究院有限公司，《太湖湾科创带城市设计》。

G4

第11章

遗产保护与文化创新系统

G4

原理 G401 历史文化保护专项规划的编制意义

制度建设方面，有助于构建历史文化保护传承体系，增强文化自信。

遗产保护方面，有助于历史文化遗产的保护修缮与活化利用。

城乡建设方面，有助于促进人地关系协调，推动高质量发展。

人居改善方面，有助于公共服务设施、基础设施的改善与提升。

文旅融合方面，有助于深化文化旅游理念，促进文旅产业提升发展。

文化创新方面，有助于培育具有地方特色的创意产业与新型文化。

拓展阅读 G4011

中共中央办公厅、国务院办公厅《关于在城乡建设中加强历史文化保护传承的意见》，2021 年

在城乡建设中系统保护、利用、传承好历史文化遗产，对延续历史文脉、推动城乡建设高质量发展、坚定文化自信、建设社会主义文化强国具有重要意义。可以采用空间处理的手段来缓解大都市不同阶层之间的冲突与矛盾。

原理 G402 遗产保护与文化创新的本质

国土空间规划中遗产保护和文化创新的本质要求是保护文明生存和发展的空间载体，为未来的文明发展提供丰富的文化基因。

拓展阅读 G4021

联合国教科文组织《关于在国家一级保护文化和自然遗产的建议》，1972 年

考虑到在一个生活条件加速变化的社会里，对人类平衡和发展至关重要的是为人类保存一个合适的生活环境，以便人类在此环境中与自然及其前辈留下的文明痕迹保持联系。为此，应该使文化和自然遗产在社会生活中发挥积极的作用，并把当代成就、昔日价值和自然之美纳入一个整体策略。

1972 年通过的《保护世界文化和自然遗产公约》在人类文化史上具有里程碑的意义，它集中于具有“突出普遍价值”的不可移动的文化财产和自然遗产，创造了“人类遗产”这一关键概念。

到 2021 年底，世界遗产已超过上千处，分布于全球各地。世界遗产一方面作为人类共同遗产的重要组成部分，另一方面以其多样性和丰富的表现形式促进不同文化间的尊重和理解。

对全球而言，世界遗产是人类整体文明的载体之一。在承载人类遗产的共同文化基因的同时，它还保护着文化多样性的动态性质。

对于一个民族和国家，其遗产同样负有双重使命：承载文明基因和提供不断创新的源泉。

拓展阅读 G4022

联合国教科文组织《世界文化多样性宣言》，2001年

每项创作都来源于有关的文化传统，但也在同其他文化传统的交流中得到充分的发展。因此，各种形式的文化遗产都应当作为人类的经历和期望的见证得到保护、开发利用和代代相传，以支持各种创作和建立各种文化之间的真正对话。

文化在不同的时代和不同的地方具有各种不同的表现形式。这种多样性的具体表现是构成人类的各群体和各社会的特性所具有的独特性和多样化。文化多样性是交流、革新和创作的源泉，对人类来讲就像生物多样性对维持生物平衡那样必不可少。从这个意义上讲，文化多样性是人类的共同遗产，应当从当代人和子孙后代的利益考虑予以承认和肯定。

原理 G403 遗产保护支撑人民更美好的生活

国土空间规划体系中的遗产保护和文化创新专项规划应确立“以人民为中心”的原则，以遗产保护支撑人民更美好的生活。遗产保护和文化创新需要与百姓利益关联起来规划设计。从长远的历史角度上看，若人民幸福生活得不到提升，文化遗产也无法持续地保护、维护和发展。世界上保护得最好的历史城市，一定是其人民美好生活和经济社会的基础支撑，也一定是其文化遗产保护和不断创新的内在动力。

拓展阅读 G4031

联合国教科文组织世界遗产中心《实施 < 世界遗产公约 > 操作指南》，2019年

世界遗产可维持生物和文化多样性，提供生态系统服务及其他益处，这可能有助于环境和文化的可持续性。世界遗产可支持各种正在或计划采用的使用方式，以支持生态和文化的可持续性，这有助于提高相关社区的生活质量和幸福程度。

拓展阅读 G4032

中共中央办公厅、国务院办公厅《关于在城乡建设中加强历史文化保护传承的意见》，2019年

坚持以人民为中心，坚持创造性转化、创新性发展，将保护传承工作融

入经济社会发展、生态文明建设和现代生活，将历史文化与城乡发展相融合，发挥历史文化遗产的社会教育作用和使用价值，注重民生改善，不断满足人民日益增长的美好生活需要。

案例 G4031

山西平遥古城保护与发展

山西平遥古城是中国保存最完整的古县城，也是世界文化遗产。平遥古城的保护历经了“保下来”和“管起来”两个阶段。现在的平遥，对物质文化遗产的保护制度基本建立，下一步的工作重点为：在继续完善遗产管理的同时，更加关注古城居民的生活改善和古城活力的复兴。为了改善传统民居的生活条件，平遥建立了传统民居保护修缮补助制度，制订了指导民居保护修缮的导则，逐年开展民居的修缮工作。古城正在进行基础设施改善，通过清洁能源的替换改变冬季分散烧煤供热造成污染等情况，取得了良好的效果。古城的可持续发展离不开当地居民的参与，为了鼓励居民在古城居住生活，需要保证良好的公共服务设施配置，为居民提供便利且可负担的公共交通。除了参与餐饮、住宿类旅游商业，一些古城居民也开始积极投身传统文化的保护和传承创新，使木版年画、推光漆器、布鞋等非物质文化焕发新的活力。

案例 G4032

新疆莎车

在新疆莎车的历史名城保护规划中，结合“一带一路”倡议，突出其作为新疆这一丝绸之路经济带核心区的重要节点，以“维护社会稳定和长治久安”为总目标，特别注意莎车古城内大量抗震能力较差的生土建筑民居。

在明确整体保护的框架下，一方面，重点保护逐水而居的空间特征——库勒和传统街巷；另一方面，传承“多元文化”，促进就业，基于莎车老城居民受教育程度情况，规划中结合社区中心等空间优先安排职业培训和文化功能，结合适当旅游项目，为老城繁荣创造积极的条件。

原理 G404 自然生态是文明生存和延续的关键要素

自然生态是文明生存与发展的载体。历史上诸多文明未能延续，正是因为其所处空间的自然生态平衡被破坏，无法承受自然灾难。国土空间规划需从历史文化中学习古人对于天、地、人之间的生态系统平衡的处理，并将其发扬光大。以文化遗产培育新的生态文明，以生态文明滋养遗产保护和生态文化创新。在气候变化和可持续发展的全球优先议题下，国土空间规划须重视自然遗产以及自然遗产领域所关注的生态景观。

拓展阅读 G4041

联合国教科文组织《保护世界文化和自然遗产公约》，1972 年

世界自然遗产与世界文化遗产一样，是属于全人类的遗产：是从审美或科学角度看，具有突出的普遍价值的由物质和生物结构或这类结构群组成的自然面貌；是从科学或保护角度看，具有突出的普遍价值的地质和自然地理结构以及明确划为受威胁的动物和植物生境区；是从科学、保护或自然美学角度看，具有突出的普遍价值的天然名胜或明确划分的自然区域。世界自然遗产保护对人类的可持续发展具有重要的启示意义。

案例 G4041

UNESCO 世界自然和文化双遗产玛雅古城和卡拉克穆尔热带保护森林，墨西哥坎佩切

该遗产地位于墨西哥南部，目前占地面积达 331.397 公顷。

从公元前 1000 年中期至大约公元 1000 年，在该地区的中心地带，玛雅文明达到了顶峰。根据美国科学院发表的关于玛雅文明经典时期崩溃原因的研究显示，该地区 9 世纪的崩溃与废弃是缘于人类文明活动对自然生态环境造成了重大影响，而生态环境的急剧变化造成了人类文明的衰亡。玛雅文明进行的大规模景观建设活动，因为自然资源和生态系统的需求对环境条件施加了高压，而气候干旱进一步增加了环境压力。不断变化的社会经济和环境条件，引发了社会冲突并导致人们决定搬到半岛区域的其他地方。

人类社会对自然生态的无节制索取造成环境的恶化，这一结果反过来严重影响人类社会的生存和可持续发展。从今天的玛雅古城遗址可以看到，环境早已恢复的地域，人口却从未恢复。

来源：UNESCO 世界遗产中心、《美国国家科学院院刊》。

原理 G405 注重自然生态和文化保护的相互促进

在气候变化成为全球共同面对的重要议题下，国际遗产领域在文化与自然的互相促进方面已经付出多年努力。在我国的传统文化和哲学中，自然与文化之间本就是相互作用与影响的关系，人与自然须和谐共处。在国土空间规划中，应继承这一传统，而不应有所偏废，须使自然生态的保护与文化遗产的保护相互促进。

拓展阅读 G4051

IUCN，ICOMOS《关于自然—文化之旅的夏威夷宣言》，2016 年

认识到文化和自然多样性与遗产在全世界范围内受到包括气候变化在内的一系列严重威胁和挑战。人为地分割文化与自然会使我们走上一条不可持续的道路。

认识到我们的地球正处于危急关头。有充分的证据表明，自然—文化融合的方法对于保护有着积极作用，培养了文化多样性，支持了城乡地区当代社会的福祉，并有利于可持续发展。

拓展阅读 G4052

IUCN, ICOMOS《自然—文化之旅 Yatra 声明》，2017 年

特别提出 naturecultures（自然文化融合）这一词（单词中间没有空格、连字符、或者‘和’等符号），因为自然和文化是不可分割的，是交叉的、相互融合的。naturecultures 这一词包含生物多样性、地理多样性和农业生物多样性等概念，同时也包含多重视角的学科和世界观。

在接受“自然文化融合的本质是动态变化的”这一说法的前提下，我们以创造并培育有活力、适应性和恢复力的系统为目的，尝试去理解并建立对于可接受变化的限制。

案例 G4051

丽江古城与水资源的保护

扫二维码了解以下内容：
丽江古城水系分布图

丽江古城以三山为屏、一川相连，来自黑龙潭的玉泉水流入古城后分为三股，蜿蜒曲折地穿街绕巷，串联起整个古城。流出古城后水系继续分支，化为坝子中丰富的灌溉水系。水既是古城的生气所在，也是古城人生活的必需，更是丽江坝子得以支撑农业生产的关键。反过来，古城的发展也促进了丽江坝子水环境的改善，通过丽江先民的理水，水资源在存储、分流方面得到根本改善，在缺水的气候条件下保证了常年的正常用水。一个融合了传统建筑、民族文化和自然山水的整体的有机系统是丽江古城的突出普遍价值。如果没有水环境的支撑，古城的景观、古城外围的田园背景，乃至丽江坝子的小气候都将发生恶化。因此对丽江古城的保护必须将自然生态与文化作为一个整体，在保护文化遗产的同时，要特别关注自然生态的脆弱性。

案例 G4052

新疆楼兰考古遗址

司马迁《史记》记载，大约在公元前 3 世纪，楼兰人建立了自己的国家。至西汉时，楼兰已经是西域一个著名的“城廓之国”。《汉书·西域传》记载，楼兰有居民 14000 多人，士兵将近 3000 人。1900 年，瑞典探险家斯文·赫定在罗布沙漠考察，发现了这座古城。经过近百年的考古发掘，通过遗址、书简和文物可推断楼兰古城当年相当繁荣。它屹立于丝绸之路上，向东通往中国内地，向西通往波斯、印度、叙利亚和罗马，是十分重要的通商口岸。楼兰消失的原因一直未有定论，但其中一个重要的观点是环境因素——洪水或干旱。不争的事实是这里的自然生态不再适合人类社会的生存及持续发展。

来源：UNESCO 世界遗产中心。

原理 G406　注重挖掘与理解城乡发展中的文明基因

人类在千百年创造家园的历史进程中，会把自己的思想意识、科技创新成果、文化艺术创意思潮，尤其是对于人类生产、生活与自然关系的哲学思考与营建技术，体现落实到空间中。这些都是国土空间规划中特别需要注重发掘的文明基因和传统智慧，是国土空间规划中最需要掌握的地域文化关键基因，应成为规划中地域特征塑造与强化的主要依据。

案例 G4061　河南省国土空间规划探索文化基因

从国土空间的角度梳理区域的历史文化系统，使区域的文化基因得到整体而系统的保护，为区域文化的创新蓄积厚重的历史资源。从历史时间轴纵向梳理区域文明的沉积层剖面，探索区域本土文化基因的成长历史；通过对基因载体空间的系统梳理和保存，既保护了区域的本土文化特征，又给文化的创新留下空间，有助于地域文化的发展。

来源：上海同济城市规划设计研究院有限公司、河南省国土资源调查规划院、河南省城乡规划设计研究总院股份有限公司联合编制团队，《河南省国土空间规划（2020—2035 年）研究报告》。

案例 G4062　新疆莎车国王陵、加满路、奥尔达库勒历史文化街区保护规划及实施

在新疆莎车国王陵、加满路、奥尔达库勒历史文化街区保护规划及实施项目中，包含了 281 份居民问卷调查、2719 户摸底统计数据和 54 户民居测绘。该规划方案秉持尊重民族特点、坚持公众参与的原则，突出传统空间的地域特点和社会意义，在继承传统风貌的基础上进行文化创新（见图 11-1，图 11-2）。

扫二维码了解以下内容：
传统手工艺一条街的整体发展规划

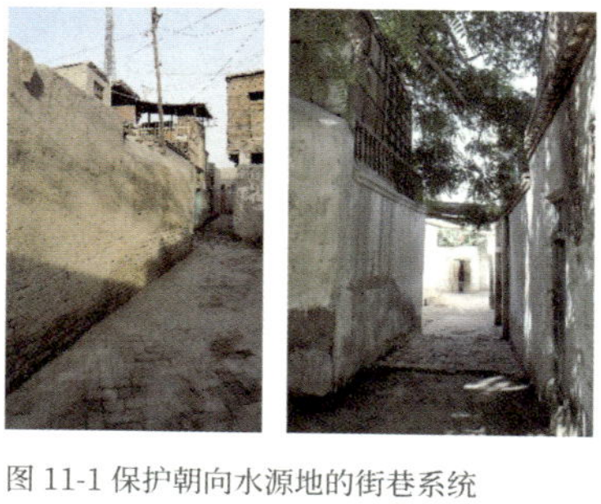

图 11-1 保护朝向水源地的街巷系统

图 11-2 整修恢复后的手工艺一条街，积极带动当地传统艺人复工

来源：上海同济城市规划设计研究院有限公司，《新疆莎车国王陵、加满路、奥尔达库勒历史文化街区保护规划及实施》。

原理 G407 充分学习与吸纳历史文化遗产蕴含的中国智慧

地方文明基因是未来空间创新的源泉。国土空间规划应该充分挖掘地域历史文化遗产中蕴含的独特的中国智慧，包括：人类如何处理地、天、人之间的关系；如何达成整体与局部的协同；如何处理建筑和聚落之间的关系；如何实现当地文明基因延续，等等。国土空间规划对这些中国传统智慧不应只是尊重和保护，更应该充分学习吸纳和创新发展。让中国传统智慧成为国土空间规划处理空间上的诸多自然、社会和经济持续发展的老师。

案例 G4071 河南省国土空间规划总结先民智慧

通过梳理河南省全域历史文化发展脉络，基于地理环境—经济基础—社会结构—政治制度多因素的历时性、共时性分析，理解千百年来河南先民在处理人地关系方面的传统智慧，总结出以陂渠、渠灌、淤灌、井灌等为特点的农耕智慧；以防洪工程、控导工程、水利工程为载体的安澜智慧；具有地域特色的城湖、圩堤、地坑院等城乡营建智慧。

来源：上海同济城市规划设计研究院有限公司。

案例 G4072 赣州历史文化名城保护规划

扫二维码了解以下内容：
赣州福寿沟分布示意图，增冲村巧妙利用地形，设置一系列水塘与水渠，形成防灾减灾体系，增冲村微地形改造防灾减灾

从国土空间层面到城区街巷再到单体建筑，分层梳理、整理区域内的历史文化保护体系，既从区域整体把握本地文化遗产的分布格局，又从具体单元分析本地文化的智慧。

赣州最具代表性的宋代历史文化遗产之一福寿沟排水系统凝聚了古代劳动人民的智慧，是赣州古城历经千年不涝的核心所在，在现今赣州城的排水体系中仍发挥着重要作用，堪称城市建设史上的奇迹，在中外城建史上具有重大意义。

福寿沟由北宋著名的水利专家、赣州知军刘彝规划建成，距今已有 900 多年的历史，是我国古代城市建设中极富创造性的城市排水工程，利用地势建成。福沟与寿沟为主干排水沟，城内数个水塘与福寿沟相连，既可蓄水，也可排水，福寿沟与章江、贡江相通的数个水窗，可视江水的涨落而自行关启，形成了完整的排水系统。

来源：上海同济城市规划设计研究院有限公司与赣州市国土空间调查规划研究中心联合编制。

案例 G4073 贵州增冲村保护研究中对村落防灾体系的研究（2020—2035 年）

通过对贵州侗族村寨在选址、地形、水系、建筑等关系的解析，充分认识到当地在恶劣自然条件与低下生产力水平下，为满足生理、安全、社会交往等需求，采用乡土智慧，形成了独特的物质文化、制度文化和精神文化。

来源：同济—夏约中法城乡遗产保护联合设计。

原理 G408 构建国家级、省级城乡历史文化保护与传承体系

城乡历史文化保护传承体系是以具有保护意义、承载不同历史时期文化价值的城市、村镇等复合型、活态遗产为主体和依托，保护对象为由历史文化名城、名镇、名村（传统村落）、街区和不可移动文物、历史建筑、历史地段，与工业遗产、农业文化遗产、灌溉工程遗产、非物质文化遗产、地名文化遗产等共同构成的有机整体。

拓展阅读 G4081

中共中央办公厅、国务院办公厅《关于在城乡建设中加强历史文化保护传承的意见》，2021年

建立城乡历史文化保护传承体系的目的是在城乡建设中全面保护好中国古代、近现代历史文化遗产和当代重要建设成果，全方位展现中华民族悠久连续的文明历史、中国近现代历史进程、中国共产党团结带领中国人民不懈奋斗的光辉历程、中华人民共和国成立与发展历程、改革开放和社会主义现代化建设的伟大征程。

建立城乡历史文化保护传承体系三级管理体制。国家、省（自治区、直辖市）分别编制全国城乡历史文化保护传承体系规划纲要及省级规划，建立国家级、省级保护对象的保护名录和分布图，明确保护范围和管控要求，与相关规划做好衔接。市县按照国家和省（自治区、直辖市）要求，落实保护传承工作属地责任，加快认定公布市县级保护对象，及时对各类保护对象设立标志牌、开展数字化信息采集和测绘建档、编制专项保护方案，制订保护传承管理办法，做好保护传承工作。具有重要保护价值、地方长期未申报的历史文化资源可按相关标准列入保护名录。

案例 G4081

河南省国土空间规划构建城乡历史文化保护与传承体系

河南省历史资源丰富，依据我国法律法规、部门规章公布及部门认定、国际组织认定的遗产资源包括：国家文化公园、世界遗产、各级文物保护单位、历史文化名城名镇名村、传统村落、历史建筑、风景名胜区、国家考古遗址公园、中国重要农业文化遗产、世界灌溉工程遗产、国家工业遗产、非物质文化遗产等内容。

通过对河南省从远古到近现代的地理环境—经济基础—社会结构—政治制度的文明发展影响因素分析，构建覆盖河南省全域的城乡历史文化保护与传承体系。在既有的历史文化保护体系的基础上，提出需完善可增补的保护对象名单，提出可以进一步申报各种名录的建议。

来源：上海同济城市规划设计研究院有限公司、河南省国土资源调查规划院、河南省城乡规划设计研究总院股份有限公司联合编制团队，《河南省国土空间规划（2020—2035年）研究报告》。

原理 G409 完善历史文化保护传承空间格局

将历史文化资源系统的保护与利用在国土空间中进行统筹安排，从空间角度认识各类遗产的价值，从区域协调角度对历史文化进行整体传承，综合推进历史文化遗产保护与利用，加强地域景观和城乡风貌引导与管控，保护好、传承好、利用好历史文化遗产和自然景观资源，塑造富有地方特色、独具魅力的国土空间，营造美丽宜居的城乡人居环境。

案例 G4091 河南省国土空间规划构建历史文化保护空间格局

来源：上海同济城市规划设计研究院有限公司、河南省国土资源调查规划院、河南省城乡规划设计研究总院股份有限公司联合编制团队，《河南省国土空间规划（2020—2035 年）研究报告》。

以古都、名城、大遗址，黄河、运河、文化带等历史文化空间为核心载体，构建“一主一副三重点、一轴一带四廊道”的历史文化保护空间格局，建立全省层面“点＋线＋面”保护与传承的空间体系，系统保护各类历史文化资源。

原理 G410 落实全域全要素遗产保护要求

在国土空间规划中，基于空间全覆盖、要素全囊括的城乡历史文化保护与传承体系，划定各类保护对象的保护范围和必要的建设控制地带。

（1）保护文物本体及其周边环境，大力实施原址保护，加强预防性保护、日常保养和保护修缮。

（2）划定地下（水下）文物埋藏区，明确保护重点和保护要求。

（3）保护不同时期、不同类型的历史建筑，重点保护体现其核心价值的外观、结构和构件等，及时加固修缮，消除安全隐患。

（4）保护能够真实反映一定历史时期传统风貌和民族、地方特色的历史地段。

（5）保护历史文化街区的历史肌理、历史街巷、空间尺度和景观环境，以及古井、古桥、古树等环境要素，整治不协调建筑和景观，延续历史风貌。

（6）保护历史文化名城、名镇、名村（传统村落）的传统格局、历史风貌、人文环境及其所依存的地形地貌、河湖水系等自然景观环境，注重整体保护，传承传统营建智慧。

（7）保护非物质文化遗产及其依存的文化生态，发挥非物质文化遗产的社会功能和当代价值。

（8）保护工业遗产、农业文化遗产、灌溉工程遗产等产业遗产的物质空间及其蕴含的生产工艺、生产智慧、生产组织管理等文化内涵。

拓展阅读 G4101

自然资源部、国家文物局《关于在国土空间规划编制和实施中加强历史文化遗产保护管理的指导意见》，2021 年

明确提出将历史文化遗产空间信息纳入国土空间基础信息平台，历史文化保护类规划中涉及自然环境、传统格局、历史风貌等方面的空间管控要求要纳入同级国土空间规划。

案例 G4101

南通历史文化名城保护规划，2021 年

南通历史文化名城的保护内容包括区域环境基底、大运河文化廊道、捍海垦牧景观廊道、滨江港运生态廊道、各片文化单元，一城三镇历史城区的格局，及已登录的各级历史文化名城、名镇、名村（传统村落），未登录的其他历史城市、市镇、垦牧镇，各级不可移动文物、历史建筑、传统风貌建筑、建议的工业遗产，各类历史环境要素和非物质文化遗产等内容。确定后的保护对象及其保护范围纳入国土空间“一张图”中。

来源：上海同济城市规划设计研究院有限公司，《南通历史文化名城保护规划》。

原理 G411 历史文化名城、名镇、名村（传统村落）保护规划未来要加强的内容

厘清历史文化特征与价值。从历史、地理学等多学科角度，厘清历史文化名城、名镇、名村（传统村落）的历史文化特征与价值。

确定遗产保护空间。根据历史文化名城、名镇、名村（传统村落）的特点，划分多层次、多类型保护空间，提出相应保护要求，科学分类保护措施。

加强遗产活化利用。强调历史文化遗产的活化利用，以用促保，让历史文化遗产在有效利用中成为城市和乡村的特色标识和公众的时代记忆。不断丰富业态，活化功能，提升城乡活力，反哺保护工作。

注重人民古城建设。将历史文化与城乡发展相融合，强调历史文化遗产保护与历史文化街区、老旧小区的公共服务设施、市政基础设施完善相结合，改善人居环境品质，不断满足人民日益增长的美好生活需要。

拓展阅读 G4111

共中央办公厅、国务院办公厅《关于在城乡建设中加强历史文化保护传承的意见》，2019 年

保护历史文化名城、名镇、名村（传统村落）的传统格局、历史风貌、人文环境及其所依存的地形地貌、河湖水系等自然景观环境，注重整体保护，传承传统营建智慧。

拓展阅读 G4112

《历史文化名城保护规划标准》（GB/T 50357—2018），2018 年

历史文化名城保护规划应在有效保护历史文化遗产的基础上，改善城市环境，适应现代社会的物质和精神需求，提升城市文化特色与活力，增强人民群众的获得感，促进城市经济社会全面协调可持续发展。

案例 G4111

青州历史文化名城保护规划（2020—2035 年）

扫二维码了解以下内容：
青州历史文化特征与价值分析，
青州古城中心城区保护规划空间布局

来源：上海同济城市规划设计研究院有限公司，《青州市历史文化名城保护规划（2020—2035 年）》。

青州历史名城保护规划深入挖掘了青州的历史发展脉络，不仅关注每一个重要的历史发展时期城市空间的演变，还注重地域名人活动与历史事件的空间分布。同时，也考虑到城市格局所体现的中国传统城市选址理念，以及明清时期州府城市建设体系与思想特征。在此基础上，形成了青州历史文化价值综述。

青州市历史文化名城保护规划的目标是保护历史文化遗存，保护、展现历史环境，留住青州城市发展的记忆，科学保护和合理利用历史文化资源，形成富有历史文化内涵，延续历史文脉，古代与近代文明交相辉映，文化和旅游融合发展的历史文化名城。根据城市遗产的分布、类型以及价值评估，在市域层面重点保护文物古迹、历史文化名镇名村、传统村落、各级风景名胜、山水自然环境；中心城区层面重点保护历史城区与自然山水环境的关系，重点保护“三山连翠，双城对峙，一水中流”的城址景观环境；在历史城区层面重点保护整体格局、历史文化街区、文物古迹、历史建筑和历史环境要素。

原理 G412 兼顾历史城区格局保护与社会经济发展

历史城区保护规划需要将其空间成果和要素配置落实到国土空间规划的土地属性和空间格局中。其中，有以下六项工作需要与国土空间总体规划进行分项对接。

（1）保护老城格局肌理。

（2）增强功能混合利用。

（3）增加文化设施用地。

（4）增强公共服务效能。

（5）推进老旧小区更新。

（6）减调低效闲置用地。

案例 G4121

南通历史文化名城保护规划，2021 年

南通的主城区历史城区是指濠河环绕的古代通州城、近代濠南地区、文峰塔周边和桃坞路沿线。涵盖了南通近代及以前主要的城市建设成就，是集中体现南通历史文化价值的区域。规划明确保护“一城两貌”的整体风貌特色，保护和强化城市轴线空间，保护“城河相拥”的传统州城格局，保护钟楼谯楼、光孝塔、文峰塔三者互相眺望的视廊等空间管控要求。

扫二维码了解以下内容：
南通历史文化名城历史城区空间格局保护示意图

来源：上海同济城市规划设计研究院有限公司，《南通历史文化名城保护规划》。

案例 G4122

青州历史文化名城保护规划（2020—2035 年）

青州市历史城区土地利用规划目标包括：强化青州市双城格局、增强功能混合利用和推进老旧小区改造；规划内容主要为增加文化设施用地、增强公共服务用地、减少棚户居住用地以及减调低效闲置用地。

扫二维码了解以下内容：
青州市历史城区用地规划图

来源：上海同济城市规划设计研究院有限公司，《青州市历史文化名城保护规划（2020—2035年）》。

原理 G413　科学划定历史文化街区保护范围

国土空间规划中，应将历史文化名城保护规划中划定的历史文化街区与历史地段的保护范围纳入“一张图”中。如果不是历史文化名城，则根据历史风貌保存的完整度、真实性以及规模，同时根据城市功能布局、交通组织等，科学划定保护范围，并完成专家论证。历史文化街区保护管控包括以下内容。

（1）确定保护范围及面积，包括其中的核心保护范围和建设控制地带。

（2）明确保护重点，保护历史文化街区的历史肌理、历史街巷、空间尺度和景观环境，以及古井、古桥、古树等环境要素，整治不协调建筑和景观，延续历史风貌。

（3）对保护范围内的建筑物、构筑物提出分类保护与整治要求。对核心保护范围应提出建设高度、体量、风格、色彩、材质等具体控制要求和措施，并应保护历史风貌特征。建设控制地带应与核心保护范围的风貌相协调，至少应提出建筑高度、体量、色彩等控制要求。

拓展阅读 G4131

《历史文化名城保护规划标准》（GB/T 50357—2018），2018 年

历史文化街区应具备下列条件：

（1）应有比较完整的历史风貌；

（2）构成历史风貌的历史建筑和历史环境要素应是历史存留的原物；

（3）历史文化街区保护范围面积不应小于 $1hm^2$；

（4）历史文化街区核心保护范围内的文物保护单位、历史建筑、传统风貌建筑的总用地面积不应小于核心保护范围内建筑总用地面积的 60%。

案例 G4131

青州历史文化名城保护规划（2020—2035 年）

规划划定了偶园历史文化街区、东关历史文化街区和北关历史文化街区共 3 片历史文化街区，以及旗城风貌区、范公亭路风貌区和古驿道风貌区 3 个风貌区，并分别制定保护内容。

扫二维码了解以下内容：
青州市东关历史文化街区保护规划示意图

来源：来源：上海同济城市规划设计研究院有限公司，《青州市历史文化名城保护规划（2020—2035 年）》。

原理 G414 明确不可移动文物和历史建筑的管控要求

应将各级文物保护单位和历史建筑的位置和保护范围纳入国土空间规划“一张图”，提出文物保护单位和历史建筑的建议名单，并提出保护管控要求。

原理 G415 加强对地下与水下文物的保护与空间管控

针对中国历史悠久、地下堆积层丰富的特点，国土空间规划不仅需要明确地上文化资源的空间位置和保护范围，还必须高度重视地下和水下空间的考古遗存的保护，并在规划中明确标注地下和水下文物埋藏区，确定地下与水下保护空间四至定位和深度，明确保护重点和保护要求。

案例 G4151

青州市历史文化名城保护规划（2020—2035 年）

扫二维码了解以下内容：
青州古城地下文物埋藏区划定示意图

来源：上海同济城市规划设计研究院有限公司，《青州市历史文化名城保护规划（2020—2035 年）》。

青州作为古九州之一，自夏商至明清，近四千年来一直是山东东部的政治、经济、文化中心区域，有“海岱惟青州”之说。青州历史上先后兴建了五座城池——广县城、广固城、东阳城、南阳城、满洲旗城，均有遗址留存。“三迁四筑”的城址变迁演变和城池建设内容体现出典型的中国传统城市选址理念和明清传统州府城市的建设体系和建设思想特征。

由于青州古城历史悠久，地下文物累积层多，东阳城、南阳城均有千年以上的历史，规划将南阳城故址和东阳城故址整体划为地下文物埋藏区，其中东阳城与广固城重叠处、北关西大街及北关街两侧、南阳城龙兴寺和齐王府、衡王府周围、东关与偶园大街周围是规划建议的重点勘探区域。

原理 G416　城市更新中善待历史文化遗产

国土空间规划需要按照历史文化保护原则，采用微改造和“绣花”功夫，像对待老人一样尊重和善待城市中的老建筑，坚持“留改拆”并举、以保留利用提升为主，加强修缮改造，补齐城市短板，注重提升功能，增强城市活力。

拓展阅读 G4161

住房和城乡建设部《关于在实施城市更新行动中防止大拆大建问题的通知》，2021 年

提倡分类审慎处置既有建筑，推行小规模、渐进式有机更新和微改造。倡导利用存量资源，鼓励对既有建筑保留修缮加固，改善设施设备，提高安全性、适用性和节能水平。对拟拆除的建筑，应按照相关规定，加强评估论证，公开征求意见，严格履行报批程序。

不破坏老城区传统格局和街巷肌理，不随意拉直拓宽道路，不修大马路、建大广场。鼓励采用“绣花”功夫，对旧厂区、旧商业区、旧居住区等进行修补、织补式更新，严格控制建筑高度，最大限度保留老城区具有特色的格局和肌理。

案例 G4161

扬州仁丰里历史文化街区保护与更新

自 2013 年街区按照批准的保护规划进行整治实施以来，获得国家资金 550 万元加上扬州市配套资金 1295 万元。更新中采取“自下而上”的保护整治方式，以保护改善仁丰里的历史特征和环境风貌为前提，不动迁原住民，不改变街巷肌理，通过房屋、路面、街角、院落的修缮整治，全面改善街区环境质量，让本地原住居民获得实实在在的幸福感。居民也充分利用原有生活空间营造小庭院，改善自己的居住条件，并主动为感兴趣的游人开放讲解。

来源：上海同济城市规划设计研究院有限公司，《扬州仁丰里历史文化街区保护与更新》。

原理 G417 促进基于遗产保护的文化旅游活动

在国土空间规划中落实长城、大运河、长征、黄河等国家文化公园建设，整合具有突出意义、重要影响、重大主题的文物和文化资源，重点建设管控保护、主题展示、文旅融合、传统利用四类主体功能区，实施保护传承、研究发掘、环境配套、文旅融合、数字再现五大工程。

依托世界遗产、历史文化名城、名镇、名村（传统村落）及各级文物保护单位等，在加强历史文化空间保护的基础上充分活化利用各类遗产资源，发展文化旅游产业。

案例 G4171

南通历史文化名城保护规划，2021 年

在充分挖掘南通市域自然与文化资源、分析其历史文化特征与价值的基础上，将整个市域分为胡逗州、如海、沙地三个文化旅游单元，并通过加强大运河、捍海垦牧、研江港口、红色文化四个专题旅游线路，将最能体现南通历史文化特征的资源点串联起来。其中文化遗址类展示点可通过设立博物馆、遗址公园等方式进行展示；城镇村类展示点可结合地段复兴、建筑再利用，发展文化旅游；自然景观类展示点可结合生态环境改善、配套服务设施提升，发展休闲度假旅游。

来源：上海同济城市规划设计研究院有限公司，《南通历史文化名城保护规划》。

案例 G4172

中国历史文化名村查济村保护规划，2016 年

基于对中国历史文化名村查济村的自然与文化资源的调查，在保护的基础上对其充分活化利用，形成了民俗文化、农家生活、田园风光、山林风光四类旅游区，合理安排旅游路线，配置各大旅游要素，使游客在查济村流连忘返，充分体验了查济传统文化与自然风景的独特魅力。查济村的文化旅游取得了显著的成效，也避免了人满为患的旅游弊病。

扫二维码了解以下内容：
中国历史文化名村查济保护规划
旅游规划示意图

来源：上海同济城市规划设计研究院有限公司，《中国历史文化名村查济保护规划》。

原理 G418 布局地域文化创新的空间系统

地域文化发展迭代过程中，通过导入外部新基因，与传统文化基因形成横向组合，是一个地方产生新一代文化的关键环节。在保护地方遗产的同时，注重年轻人对于新文化基因的导入偏好，创造本地传统基因与外部导入基因的交互空间，布局创新文化空间系统，滋养地方文化发展生命力。

拓展阅读 G4181

云冈石窟

云冈石窟是中国佛教艺术首个巅峰的经典杰作（见图 11-3）。云冈石窟造像群之所以成为世界文化遗产，其中重要的原因是其艺术代表了南亚和中亚佛教宗教象征艺术与中国文化传统的成功融合，同时佛教石窟艺术在云冈形成了自己独特的个性和艺术力量，第一次在宗教艺术中产生重要的影响。

图 11-3 云冈石窟

来源：UNESCO 世界遗产中心，https://whc.unesco.org.

案例 G4181

来源：上海同济城市规划设计研究院有限公司、河南省国土资源调查规划院、河南省城乡规划设计研究总院股份有限公司联合编制团队，《河南省国土空间规划（2020—2035 年）研究报告》。

河南文化创新空间系统

在河南省国土空间规划中，除了注重传统文化历史的空间保护，同样也关注传统基因现代化发展过程中的新文化空间的保护，如近代工人运动、长征、抗日战争、解放战争在河南留下的一系列红色文化遗产，以及现代工业发展对城市的影响，例如铁路建设留下的工业遗址。

案例 G4182

平遥古城保护控制性详细规划（2021—2035 年）

扫二维码了解以下内容：
平遥古城内文化空间分布，平遥古城内活化利用各类文物和历史建筑形成的文化空间

《平遥古城保护性详细规划》的实施使得平遥古城的文化产业发展得到了充分保障。2016 年，贾樟柯团队与平遥合作，在柴油机厂废弃厂房的基础上建设电影展区及文化产业园区，通过“平遥电影宫”这一新的名称举办平遥国际电影展。平遥每年还有国际摄影展、平遥中国年、国际雕塑节等重大节日，更多的人开始关注并访问平遥古城，古城的产业也出现了新的变化：一是会展行业，配合这些节日，平遥当地的相应服务配套得到加强；二是文化创意产业，国际交流拓宽了当地手艺人的眼界，平遥非物质遗产的文化创新得到培养（见图 11-4）。

图 11-4 平遥古城内活化利用各类文物和历史建筑形成的文化空间

来源：上海同济城市规划设计研究院有限公司，《平遥古城保护控制性详细规划（2021—2035 年）研究报告》。

原理 G419 引入遗产保护与文化创新多方参与机制

国土空间规划中的遗产保护不仅是专家的必要工作，还需要建立遗产保护与文化创新的治理制度，保障多方专家、部门、百姓和企业的参与。国土空间规划需要城乡文化遗产保护与创新的现代治理体系的保障。

案例 G4191

平遥古城保护控制性详细规划（2021—2035 年）

在新的合作关系中，政府、居民、专家等各参与主体的角色都需要发生转变：政府需要从原来的决策者转变为平台搭建者、监督者，从项目的开始阶段就介入，贯穿立项、方案、实施、审批全过程，而不仅是方案的审批者；居民不应是被动的政策执行对象或局外人，而应是积极的参与者、建议者、实施者，起到关键作用；专家也需要从单纯地为政府提供咨询转变为多方利益协调者、推动者，工作立场需要从“work for people”转变到“work with people”（见图 11-5）。

图 11-5 平遥古城从精英保护到政府、社区、专家、企业和 NGO 共同缔造

原理 G420 注重以虚实交互空间保护文化遗产

数字智能技术已大规模导入城市百姓的日常，虚拟现实和真实生活极大程度地在年轻人身上发生交互，历史遗产现场虚拟化和网络虚拟博物馆的有形化和可视化，也使遗产保护与文化创新在"由实到虚"和"由虚到实"的两个相位上发生交互。

案例 G4201 梵蒂冈线上博物馆

全球新冠肺炎疫情加速了人类进入万物互联、虚拟生活的节奏。长期的线下封锁让越来越多的博物馆加速展开了数字化和虚拟游览的方案。

在梵蒂冈线上博物馆，游客可以对景点进行虚拟游览，不仅可避免长时间排队、大量的人流，还可以仰视西斯廷教堂的天顶壁画，通过数字工具仔细地近距离地观摩和研究线上的一切展品和各个展示大厅（见图 11-6）。

图 11-6 梵蒂冈线上博物馆

案例 G4202

故宫展览

“故宫展览”是由故宫博物院出品的一个微信小程序，可线上了解宫廷状、常设专馆和专题特展，所推荐的展览不仅仅包含近期开放和即将开放的，还包含已经结束的，同时小程序详细记载了每一次展览的信息，所有的展览均包括：展览 360° 全景、展览展品和展览背景资料。这样的记录方式，让每一块文化之砖都转换为数字信息得以传播、积累（见图 11-7）。

来源：故宫博物院“故宫展览”微信小程序。

图 11-7：“故宫展览”小程序

原理 G421 旧城古村复兴应遵循的八项联动

旧城古村复兴是遗产保护和文化创新的系统工作，应遵循以下八项联动。

（1）科学诊断与百姓感知相联动。

（2）城市新区建设与旧城更新复兴资金相联动。

（3）旧城生活服务设施复兴与城市新区设施提升相联动。

（4）旧城复兴资金的地方投入与国家财政金融相联动。

（5）城市政府与旧城更新复兴行政主体职能相联动。

（6）地方传统与国际经验相联动。

（7）国际组织与地方文化交流相联动。

（8）百姓就业与旧城复兴生活相联动。

案例 G4211

扫二维码了解以下内容：
绍兴柯桥古运河元宇宙空间设计示意

来源：上海同济建筑设计研究院（集团）有限公司、绍兴市国土空间规划研究院联合编制团队，《绍兴古城智慧复兴规划设计》。

绍兴老城复兴案例

绍兴古城通过打造新经济为古城注入创新动力，组织举办年度衣食住行文产业联盟发布会，论坛为期 15 天，持续不断有与绍兴相关的企业应邀参加小型产品发布会及展会。特别是与市民衣食住行及文化娱乐生活高度相关的产业，以具体产品（如与纺织、黄酒等相关的地方特色文创产品和绍兴科创大走廊带动产生的新兴科技型产品）为抓手进行宣讲，强化市场影响力。

G5

第12章

交通与网络链接系统

G5

原理 G501 交通规划对于“交通”的衡量准则

国土空间交通规划的本质是对人、物和信息的交往、交易、交流等活动的政策干预，是调节空间发展的重要抓手。“通”的成本和“交”的效益应当通过交通规划有所平衡优化，进而实现区域内外社会效益、环境效益和经济效益的综合提升。

原理 G502 客运交通发展应服务于人的需求

客运交通的建设与发展主要服务于人的出行需求，需要结合新时代创新、协调、绿色、开放、共享的发展理念，依托新技术支撑，创新交通服务方式，提升交通服务多样化程度，促进交通效用最大化程度，满足居民个性化交通需求。

（1）从工具到服务。交通方式不等于交通工具。帮助人们到达出行目的地的交通方式，不仅涉及交通工具本身的技术功能，还包含相应的服务过程。实际上，常见的交通工具往往存在多种服务方式。例如，将闲置的私人小汽车进行出行共享就改变了其个人机动化的性质。同一交通工具的多样化使用可以提高其效用，降低闲置率、减少资源浪费。

（2）从公共到共享。提供给所有居民共同使用的传统公共交通工具服务（如公共自行车、公交车辆等），以往主要依靠公共资金。随着共享理念和共享经济的快速发展，通过激发市场与私有交通工具开放共享的方式，可以形成对公共交通的有效补充，提高后者的配置与运行效率。此外，机制创新以及技术创新也会带来一些新型交通方式和服务（如步行校车、共享单车、定制公交等）。

案例 G5021 河南省国土空间规划基于城镇单元划分的交通模式引导

都市圈是指以中心城市为核心，与周边城镇在日常通勤和功能组织上存在密切联系的一体化地区。轨道枢纽中心与都市圈中心存在高度重叠，并有较强的相互促进作用。郑州（洛阳）都市圈内部呈强中心辐射网络组织交通，以高铁（城际铁路）与市域铁路为骨架，实现都市圈中心至内部城镇群的 1 小时通勤出行，打造“都市圈 1 小时通勤圈”。

城市组群是依托基础设施网络所形成的空间组织紧凑、经济联系紧密的城市群体。规划“安阳—鹤壁”“驻马店—漯河”两个城市组群，前期以城际铁路开行市域班列，实现城镇间 1 小时出行，预留市域铁路通道，打造“城市组

来源：上海同济城市规划设计研究院有限公司、河南省国土资源调查规划院、河南省城乡规划设计研究总院股份有限公司联合编制团队，《河南省国土空间规划（2020—2035 年）研究报告》。

群 1 小时出行圈”。

城镇圈是以多个重点城镇为核心，空间功能和经济活动紧密关联、分工合作可形成小城镇整体竞争力的区域，以半小时通勤圈作为空间组织和资源配置的基本单元。以半小时通勤距离为半径，围绕信阳、南阳、商丘、周口、平顶山等城市规划一般城镇圈。城镇圈的交通组织以快速公交（城市轨道延伸）与干线公路为依托，体现城乡融合一体化发展和跨区域公共服务均等化目标，形成“中心城市至周边主要城镇半小时通勤圈”。

原理 G503 交通发展应着眼于品质提升

在高质量发展的目标指引下，国土空间交通规划应结合特定的发展环境和社会经济发展阶段，以人为本，从数量规模扩张转向品质提升，满足人民群众对交通出行的品质需求。对百姓生活影响重大的交通问题，在规划中应给予优先布局和立项；尽可能减少道路交通投资的浪费，向绿色交通发展方向转型；精准配置道路空间，精准安排建设时序，从简单扩张区域道路交通规模转向人民生活品质的整体提升。

拓展阅读 G4041 全国运输线路增长数据

随着人民群众对生活品质需求的不断提升，我国交通运输需求不断增长，全国的运输线路长度不断增加，具体数据如表 12-1 所示。

来源：《中国统计年鉴（2021）》。

表 12-1 全国运输线路情况

运输线路长度（万千米）	2017 年	2018 年	2019 年	2020 年
铁路营业里程	12.70	13.17	13.99	14.63
公路里程	477.35	484.65	501.25	519.81
高速公路	13.64	14.26	14.96	16.10
内河航道里程	12.70	12.71	12.73	12.77
定期航班航线里程	748.30	837.98	948.22	942.63
管道输油（气）里程	11.93	12.23	12.66	13.41

原理 G504 交通规划促进经济增长、生态友好和社会发展

国土空间交通规划应构建绿色、高效、安全、便捷的交通体系，以促进国土空间的经济增长、生态友好和社会发展为综合目标，满足城乡可持续发展的战略需求。作为国土空间规划体系中重要的专项规划，综合交通规划应导入新发展理念，实现可持续的城市机动性，优化经济增长、生态友好和社会发展之间的相互关系。通过便捷的交通网络，在更广阔的空间范围内配置物质、能源、公共服务等区域发展要素，促进信息、知识、技术和人才的流动，提升空间保护与开发效率，促进区域协同发展、共同繁荣。

交通是空间发展的命脉。依托区域交通发展“过路经济”与“落地经济”，可以促进区域社会经济和文明发展。交通运输和区域经济之间的作用是相互的，构成反馈环，任何一方的变化都会对另一方产生影响。交通规划应通过有效的政策干预，促进二者形成相互促进的正向循环，通过协同发展，共同向更高水平演化。

案例 G5041 嘉兴市国土空间交通规划

在嘉兴市国土空间交通规划中，嘉兴市将建立以铁路为骨架、公铁水空复合联动的交通体系，打造全国性综合交通枢纽 + 开放创新核心功能区，融入长三角，使其成为接轨上海门户的桥头堡，从而促进嘉兴市经济增长和社会发展。

规划主要提出三方面内容：强化客货运门户枢纽地位；强化“米字形”复合交通廊道；强化嘉兴市“1+2”三大枢纽对接上海门户。

通过对客货运、复合交通走廊以及“1+2”三大枢纽的建设，使得嘉兴市能够 2 小时通达长三角城市群中心城市，1 小时通达上海都市圈城市，30 分钟通达上海浦东、上海虹桥、杭州萧山三大国际机场。

来源：上海同济城市规划设计研究院有限公司联合编制团队，《嘉兴市国土空间总体规划（2021—2035 年）研究报告》。

原理 G505 加强构建交通专项规划与国土空间规划的协调机制

加强构建交通专项规划与国土空间规划的协调传导机制，充分发挥交通专项规划在国土空间规划体系中的作用。国土空间交通专项规划需要从战略性、政策性以及综合性三个方面进行全面提升，即从工程建设到目标研判的战略性提升，从技术手段到公共治理的政策性提升，从组合协调到整合融合的综合性提升，从而保证从理念目标到实施运行的全过程治理。

原理 G506 智能技术赋能交通规划

随着信息技术的不断进步，以大数据、人工智能、移动互联网、云计算为代表的智能数字技术为交通规划在问题诊断、策略研判、规划实施等方面提供了更加科学的分析工具，国土空间规划数据平台也为智能技术赋能交通规划提供了有力的支撑。

拓展阅读 G5061 智能技术在交通规划中的主要应用

1. 感知和收集

借助于各种人工智能技术，对城市道路环境数据和车辆状态信息数据进行实时、动态、高频收集。

2. 分析和判断

依靠智能技术的神经网络和机器学习、深度学习算法，对城市交通和道路问题进行全面判断，综合多元数据对出行者的需求进行刻画。

3. 反应和学习

以资源最优化的方式配置交通资源，预判出行者偏好与行为，实现对各类交通工具的精准把握，根据综合情况不断进行监控并循环迭代。

案例 G5061 台州湾新区国土空间交通规划

在台州湾新区国土空间交通规划中，通过智能技术对台州当地的交通状况进行了分析，发现浙江省货运强联系集聚于杭州、宁波、嘉兴、绍兴、金华等城市的区县，台州在浙江省内联系较弱；台州仅仅通过杭深线与杭州、温州、宁波等周边城市联系，缺乏与浙江中部城镇群的联系；台州港口货运吞吐量处于低位，需提升自身港口货运能力。

这些分析与判断在技术层面为台州湾新区国土空间交通规划提供了数据支持，保障了规划的精准有效。

来源：上海同济城市规划设计研究院有限公司与台州市城乡规划设计研究院联合编制团队，《台州湾新区国土空间总体规划（2020—2035 年）研究报告》。

原理 G507 交通系统结构支撑人类文明的空间结构

从平面至立体的生态网络思维是国土空间规划的重要思想，是区域空间参与世界竞争的关键。交通系统结构的演化发展经历了单点、两点、多点，最终形成了复杂网络结构。它作为居民点之间不同基因的交互线，从单点到系统网络，具有多种类型与演变的过程。三角形是六角形的构成元件，能形成最生态与稳定的系统架构，支撑着人类文明演进传播的空间结构。

拓展阅读 G5071

罗马帝国的道路交通体系

罗马帝国时期建造了庞大的公路系统，使军团能够快速部署，促进了各地的商业贸易，甚至在沿途设有定期的站点为旅行者提供茶点、里程标记和为信使提供马匹接力。交通体系支撑并巩固了罗马帝国在当时世界上的地位，有“条条大路通罗马”之称。

来源：作者读书笔记。

拓展阅读 G5072

全球航空航线布局

根据联合国预测，未来世界各地的超级大都市将逐渐发展成更大的超级城市群，到2050年全球城市人口占总人口的比例将超过75%，最大的40个城市群将参与全球66%的经济活动和85%的技术革新。机场群与城市群相伴相生，不同功能、不同规模的机场分布于城市群的各个区域并形成机场群，与城市群相互作用、联动发展，支撑着城市群发展，成为城市群对外交流合作的重要方式。

来源：冯正霖：实现世界级城市群和机场群联动发展，http://www.ccaonline.cn/news/top/348692.html。

原理 G508 结合区域发展，规划“一带一路”沿线城市交通

研究“一带一路”沿线城市交通与经济的协同发展，对推动沿线城市的区域发展以及制定相关政策具有重要意义。“一带一路”沿线主要城市作为区域交通网络中的重要交通枢纽，其交通空间分布格局不仅支撑了对外开放交通体系的构建，也关系到国内交通网络的连通性，更推动了地区经济的发展。交通与经济作为城市发展的两大动力因素，其协调发展水平在一定程度上会影响我国“一带一路”沿线城市的发展进程。

原理 G509 明确设定内外交通链接枢纽

国土空间交通规划包括内部交通和对外交通。对外交通中的铁路运输、水路运输、公路运输、航空运输以及管道运输等与规划区内部交通的链接点是保障内外两套交通系统顺畅运行的关键，直接影响到国土空间的交通服务水平。在国土空间规划中须明确衔接区域内部与对外的交通枢纽的空间选址、功能及其内外支撑网络。

案例 G5091

济南市国土空间交通规划

扫二维码了解以下内容：
济南市三级枢纽体系示意图

来源：上海同济城市规划设计研究院有限公司、济南市规划设计研究院、济南市勘察测绘研究院联合编制团队，《济南市国土空间总体规划（2020—2035年）研究报告》。

在济南市国土空间交通规划中，为了提升枢纽能级，推动综合交通一体化枢纽建设，济南市计划构建枢纽群联动机制，提高枢纽运转效能。

规划分两步走。第一步，强化济南西站与空港组合枢纽的联系，整合枢纽空间资源，打造高效的多式联合系统，提升枢纽能级；第二步，依托航空、铁路、公路系统，重点构建三级对外枢纽体系，契合多中心发展格局的多级枢纽体系，提升交通枢纽对城市的服务功能。以下为三级对外枢纽体系。

国际（国家）级枢纽：遥墙枢纽——航空、铁路、公路。

区域级枢纽：济南西站、济南东站、济南站、济南北站——铁路、公路。

城市枢纽：大明湖站、东沙王庄、济阳站、章丘站、商河南站、莱芜北站、长清站、平阴站，董家镇、桑梓店、白云湖、崔寨——铁路、公路。

原理 G510 城乡交通一体化

长期以来，我国交通运输发展水平存在着较大的城乡差异，城乡交通结构矛盾突出，难以有效适应新时代交通强国战略和交通运输高质量发展的内在要求。

交通强国建设与交通运输业的高质量发展需要统筹城乡交通更大范围和更深层次的融合，构建一流的综合交通设施网络体系。而构建综合交通设施网络体系与发展城乡交通的均衡性必然要求走城乡交通一体化之路。城乡交通一体化是城乡经济统筹协调和良性持续发展的内在需求，乡村振兴视域下的城乡协调发展也需要一体化的交通作为支撑。

案例 G5101

河南省国土空间规划基于功能分区的城乡交通网络引导

黄河流域生态保护与高质量发展区的城乡交通网络应采用梯级网络结构模式，以“中心城市—节点城市（市县）—乡镇—村”四级结构组织城乡节点间直连直通、梯级辐射的交通网络，促进集聚发展。

山地重点生态屏障区的城乡交通网络应采用枝状网络结构模式，构建衔接“地市、支撑县—乡镇—村落”三级枝状交通网，扁平化县城与乡镇两级单元网络。交通网络应充分适应本底，避免均衡覆盖或强心辐射，形成开放枝状网。

平原粮食生产核心区的城乡交通网络应采用均衡网络结构模式，扁平化县城与乡镇两级单元，构建“市—县（乡镇）—村三级”网络，引导村庄适度集聚与转移，打造村庄连绵带与镇村生活圈。城乡交通网络采用均衡化布局，充分适应平原地貌。

来来源：上海同济城市规划设计研究院有限公司、河南省国土资源调查规划院、河南省城市规划设计研究总院股份有限公司联合编制团队，《河南省国土空间规划（2020—2035年）研究报告》。

原理 G511　道路系统规划应与绿色交通体系充分结合

道路是用地布局的骨架，是城乡交通的载体。城乡区域各个组成部分通过城市道路构成一个相互协调、有机联系的整体。城乡道路系统规划应该以合理的城市用地功能布局为前提。在进行城乡用地功能组织的过程中，应该充分考虑城乡交通需求，与步行、自行车和公共交通等组成的城市绿色交通体系相结合。

案例 G5111　济南市国土空间交通规划

扫二维码了解以下内容：
中心城区慢行圈布局图

在济南市国土空间交通规划中，通过推动轨道交通引领的绿色交通发展模式，建设紧凑日常通勤圈，使得道路系统规划与绿色交通体系紧密结合。济南市国土空间交通规划根据 15 分钟生活圈划分慢行分区，使中心城区绿色交通出行比例达到 80%。

在此基础上，济南市国土空间交通规划还构建了 40 个通勤生活圈（半径 2.5 千米），包含片区级以上中心 + 轨道交通站点 + 地区级公园 + 一定规模商业中心。这些通勤生活圈保证了职住平衡，给市民提供就近通勤的机会。

来源：上海同济城市规划设计研究院有限公司、济南市规划设计研究院、济南市勘察测绘研究院联合编制团队，《济南市国土空间总体规划（2020—2035 年）研究报告》。

原理 G512　合理布局铁路站线

在省级与市县级国土空间中，应合理地布置铁路车站线路，尤其是高铁车站与线路的规划选线。在布局过程中，必须保护自然生态空间的连续性和完整性，充分发挥铁路交通运输效能，引导城乡空间有序发展。在站场附近，需要高度重视站城融合发展，采取 TOD 开发模式，并做好与城际和市内多种交通的综合链接。

原理 G513 合理布局港口枢纽

港口的活动由船舶航行、货物装卸、库场储存以及后方集疏运四个环节构成，这四个生产作业系统的共同活动形成了港口的综合通过能力，即港口吞吐量。港口的生产活动需要符合要求的水深和水下地质条件、区域和港区内部交通及相应的设施来保证；港口的综合通过能力将受到最薄弱环节的制约。因此，规划应保障各个环节紧密配合、相互协调。港口枢纽选址与布局必须与区域开发建设配套进行。

原理 G514 公路布局与区域城乡发展协同

公路网的布局、主要线路的走向、公路的等级应尽量与区域交通流量流向相一致，并综合考虑地质、地貌以及现有道路网格局的影响，处理好与铁路、航空、港口等多种交通方式的联运关系，处理好与城市内部道路网的协调关系，实现与区域城乡协同发展。

案例 G5141 红河州国土空间总体规划

红河州同属滇中地区与滇东南地区，向北对接昆明、玉溪、曲靖，东西连通普洱与文山州。在红河州国土空间总体规划布局中，红河州应积极参与区域间经济、产业分工协作，与周边州市优势互补，强化交通联系、促进旅游资源协同发展、生态环境区域共保，共同推进云南省高质量发展。

其中，昆河经济走廊加快了红河州与滇中城市群的交通、物流体系、信息平台基础设施共建共享，依托广昆高速、开河高速，加强昆河铁路米轨改准轨优化建设，强化“昆明—蒙自”交通联系以及“红河州—昆明”经济产业一体化。联动玉溪的新通道强化了“红河州—玉溪”公路交通联系，加强了建水、开远、弥勒、红河等县与玉溪的经济联系，推进了红河流域红河县与元江县区域内共治共保。联动曲靖构成了“弥泸师一体”，强化了弥泸一体化区域与曲靖产业合作，承接昆明经济辐射，加强了“弥—泸—师”旅游环线建设。联动普洱，强化了生态环境区域共治共保，筑牢云南省南部边境生态屏障，协调建设沿边铁路、沿边高铁、沿边国道，落实云南省沿边城镇带的战略布局。联动文山，加强红河州与文山州的经济、文化、交通联系，促进文山州旅游、生态、产业、基础设施的合作。

来源：上海同济城市规划设计研究院有限公司，《红河州国土空间总体规划（2021—2035 年）研究报告》。

原理 G515　合理布局航空港与区域交通网络

国土空间规划应合理选择航空港的位置并妥善解决航空港与区域交通之间的关系。

航空港的区域布局应超越单一城市，成为区域内城市间协作的枢纽。

空港选址在满足地质、风向等诸多条件的基础上，应布局在与城镇距离适中、方便地面交通联络的地区，同时需要注意飞机起降与高度控制的关系。

在与城乡和区域的衔接方面，应与其他空港、铁路站线和高速公路形成良好的联运体系。

在空港周边地区，应协同空港与相邻地区的产业及功能，形成空港产业经济区。

原理 G516　合理优化城市交通结构

城市内部各种不同的交通方式在其总量中所占的比例称为城市交通结构。各种交通方式的速度、运载能力和占用道路的时空不同，对环境的污染也不同。因此，国土空间规划要寻求一种较合理的交通结构，在适应和满足各种出行活动需求的情况下，尽可能降低这些交通方式的空间占用，让有限的道路面积发挥最大的效能，同时，既要尽可能降低环境污染和能源消耗，也要尽可能降低交通运输成本。

案例 G5161

扫二维码了解以下内容：
嘉兴市轨道交通系统示意图，嘉兴市客运系统示意图

来源：上海同济城市规划设计研究院有限公司联合编制团队，《嘉兴市国土空间总体规划（2020—2035 年）研究报告》。

嘉兴市国土空间交通规划

在嘉兴市国土空间总体规划中，嘉兴市计划优化区域/市域轨道交通系统。其中，上海方向，计划建立沪嘉乌城际、沪苏嘉城际、沪平盐城际、示范区环线；苏州方向，计划建立苏嘉平城际、水乡旅游线、示范区环线；杭州方向，计划建立杭海嘉城际、杭桐嘉城际、杭海桐城际轨道交通线路。在对城市环境污染最小和最经济的条件下，适应和满足城际轨道交通出行活动需求。

在汽车客货运方面，嘉兴市针对城市范围内的路网配置情况，设立了 11 个地方性枢纽客运中心，包括嘉善南站、嘉兴北站、嘉善站、嘉兴站等。

原理 G517 短距离出行满足居民日常所需

建构满足城乡居民日常所需的短距离出行空间，是实践以人为本和可持续发展规划理念的重要举措。居民的出行需求影响了城乡空间结构，如果居民可以在较短距离内实现日常生活所需的出行，不仅可以使居民更灵活地选择交通方式，大大便利居民的生活，还可以有效缓解城市拥堵、尾气污染等一系列交通问题。通过建构区域多中心的空间结构，打造基于 15 分钟步行范围的“家园生活圈”策略，均匀覆盖城乡公共服务设施，可推动短距离出行，提升居民生活便利度。

案例 G5171 北京城市副中心“家园生活圈”规划

来源：上海同济城市规划设计研究院有限公司吴志强院士联合编制团队，《北京城市副中心总体城市设计》。

在 15 分钟生活圈的范围内建设若干个家园服务点，提供助老、家政、阅览、医疗等多种服务，构成新的家园空间模式（见图 12-1）。

图 12-1 家园空间模式

原理 G518 提升城乡区域公共交通服务水平

公共交通是服务城乡空间的重要共享基础设施，与其他交通方式相比具有综合运量大、能耗低的优势。城乡区域公共交通包括郊区铁路、跨市轨道交通、长距离公共交通和乡村公共交通等方式。

公交优先发展策略有益于减少交通污染、缓解交通拥堵以及促进区域社会公平。

拓展阅读 G4181

2021 年国内城市城轨交通线路概况

截至 2021 年 12 月 31 日，中国内地累计有 50 个城市投运城轨交通线路 9192.62 千米，其中地铁 7253.73 千米，占比 78.9%。2021 年当年新增洛阳、嘉兴、绍兴、文山州、芜湖 5 个城轨交通运营城市，其中洛阳、绍兴为地铁运营城市，芜湖为跨座式单轨运营城市；北京、上海、天津、重庆、广州、深圳、武汉、南京、沈阳、长春、大连、西安、哈尔滨、苏州、郑州、杭州、佛山、宁波、无锡、南昌、青岛、南宁、合肥、石家庄、贵阳、厦门、济南、常州、徐州、株洲 30 个城市也均有新线或新段开通运营。

2021 年当年共计新增城轨交通运营线路长 1222.92 千米。新增运营线 39 条，新开既有线路的延伸段、后通段 23 段。新增 1222.92 千米的城轨交通运营线路共涉及 8 种制式，其中，地铁 971.93 千米，占比 79.48%；市域快轨 133.15 千米、跨座式单轨 46.31 千米、有轨电车 38.73 千米、导轨式胶轮系统 15.4 千米、电子导向胶轮系统 14.0 千米、轻轨 2.2 千米、磁浮交通 1.2 千米。

来源：智研咨询数据中心，《智研年榜：2021 年中国内地城市轨道交通累计运营线路长度排行榜单 TOP50》。

原理 G519 联合交通相关功能，提高运输效能

为了加强区域综合交通运输效能，有必要将交通与其他相关功能联合。

在货运方面，应按区域物流组织的需求，分别在空港、城市出入口附近或消费中心布置货物流通中心，提高运转效能，并减少不必要的迂回交通。

在客运方面，应充分发挥各类运输方式的长处，以车站为节点，将轨道交通与道路交通、公共交通与个体交通、机动交通与非机动交通紧密衔接，组织方便的客运转乘，实现公交系统与土地利用有机结合。

案例 G5191

台州湾新区国土空间交通规划

在台州湾新区国土空间总体规划中，货运系统根据工业 4.0 的要求进行升级改造。构建安全、可靠、高效的货运物流体系，服务货物输送需求，支持台州湾新区的经济发展。打造物流中心和销售发货中心，与生产和配套相连接，完善工业 4.0 功能链条。

同时，落实上位规划沿海货运铁路建设，构建“两横三纵”货运道路体系。“两横”为现代大道和东方大道，“三纵”为疏港大道、G228 国道和甬莞高速。

来源：上海同济城市规划设计研究院有限公司与台州市城乡规划设计研究院联合编制团队，《台州湾新区国土空间总体规划（2020—2035 年）研究报告》。

原理 G520 优化城市道路路网级配

随着城市客货运交通量和汽车保有量的持续增加，城市交通问题日趋严重。大量客货运机动车交通、自行车上下班交通、日常生活步行交通等，造成了城市干道和交叉口交通拥挤、阻塞，易引发交通事故。为缓解道路交通问题，提高道路的通行率，可按客货流不同特性、交通工具不同性能、交通速度差异进行分流，对道路进行等级划分，不同等级的道路密度应形成合理的比例关系。

（1）快速路：城市道路中设有中央分隔带，具有双向四车道以上的规模、全部或部分采用立体交叉与控制出入、供车辆以较高速度行驶的道路。通常在大城市中采用，主要作用是保证汽车畅通连续地行驶，提高城市内部的运输效率。

（2）主干路：主要联系城市中的主要功能区，主要交通枢纽和全市性公共活动中心等，为城市主要客货运输路线，以交通功能为主。

（3）次干路：承担主干路与各分区间的交通集散作用，兼有交通和服务功能。

（4）支路：次干路与街坊路（小区路）的连接线，以服务功能为主。

案例 G5201 台州湾新区国土空间交通规划

台州湾新区国土空间总体规划提出完善“两横一纵”的快速路体系，优化“十一横七纵”的主干路系统，形成外联内通、畅达高效的道路体系。

十一横：主干路东西向路网为枫南路、市府大道、东海大道、开发大道、洪三路、海城路、鲍浦大道、甲南大道、蓬北大道、白金线和金北大道。

七纵：主干路南北向为东环大道、机场路、椒金大道、海虹大道、聚海大道、聚洋大道和滨海路。

加密支路路网：支路网密度按不同功能分区，采取内密外疏的原则进行总体控制，台州湾新区中央创新区和月湖绿岛核心区内支路网密度宜不低于 4 千米 / 平方千米控制，其他城区宜不低于 3 千米 / 平方千米控制。

通过对于台州湾城市道路进行等级划分，优化内部道路交通系统，实现便捷高效出行。

来源：上海同济城市规划设计研究院有限公司与台州市城乡规划设计研究院联合编制团队，《台州湾新区国土空间总体规划（2020—2035 年）研究报告》。

原理 G521 因地制宜合理选用区域道路网布局形态

应根据区域规模和性质，以及土地使用、客货运交通源和集散点的分布、交通流量、流向，结合自然条件、地形、河流走向和原有道路系统，因地制宜合理选用区域道路网布局形态。

案例 G5221

河南省国土空间规划基于功能分区的城乡交通网络引导

河南省可以分为山地区和平原区。在河南省国土空间总体规划中，山地区，主要针对生态保护方面，整合城镇稀疏与生态敏感地区通道；平原区，主要针对粮食生产核心区，现状路网分布较为均衡但路网间距较密（间距 12~25 千米，长三角 20~25 千米），需要减少长距离穿越城镇稀疏地区的路段；在郑州都市圈范围内，郑州、新乡周边高速公路偏密（如跨黄河桥梁间距 7~12 千米，长三角 10~14 千米），需要优化供需，适当控制新建道路。

原理 G522　公路规划需注意节约用地和投资效益

在国土空间规划中，尤其要注意节约交通用地和节省公路工程投资。应充分注意我国丘陵和山区的自然地形对区域公路选线的重大影响。在地形起伏较大的丘陵地区和山区，公路选线常受地形、地貌、工程技术经济等条件的限制，有时候不得不在地面上作较大的改变，纵坡也要作适当的调整。如果片面强调平、直，就会增加土方工程量而造成浪费。因此，在规划公路系统时，要善于结合地形，尽量减少土方工程量，节约公路的基建费用，便于车辆行驶和地面水的排除。公路选线还要注意所经地段的工程地质条件，线路应选在土质稳定、地下水位较深的地段，尽量绕过水文地质不良的地段。

原理 G523　停车设施布局可作为调控小汽车使用的重要手段

停车设施是城乡交通不可分割的组成部分。为过境和货物运输的机动车停放设置的大型机动车公共停车场，应布局在城市中心城区和乡村居民点的外围。在大城市近郊区，可结合轨道交通站点，规划设置停车换乘设施（也称 P+R 停车场），鼓励郊区通勤人员换乘公共交通进入市中心。在公共交通服务较为完备的城市，城市中心区可考虑通过减少停车位数量、提高停车成本的方式，鼓励居民选择公共交通出行。在推动绿色出行的目标指引下，城市的停车设施布局可作为调控小汽车使用的重要手段，在不同空间之间采取差异化的管控措施。

G 6

第 13 章

智能与基础设施系统

G 6

原理 G601 智能基础设施是未来国土空间的生命支撑系统

基础设施中的公用工程设施主要指为社会生产和居民生活提供公共服务的工程设施，是国土空间开发利用的基础条件，基础设施建设对国土空间保护具有直接影响。这些软硬件设施网络在特定阶段保障着人类社会物质流、能量流、信息流的顺畅、安全、高效流动，为社会经济发展提供持久性公共服务支撑。新型智能基础设施是智慧城市化过程中国土空间的生命支撑系统，其本质就是完成城市生命体的能量、物质、信息在体内与体外的交换与处理，支撑城乡社会、经济及生态系统的运行。

拓展阅读 G6011 新基建

关于“新基建”的定义，在过去一段时间里，相关领域和学界提出了多种认识和解读。

1. 七领域说

央视新闻2019年3月2日将“新基建”总结为5G基建、特高压、城际高速铁路和城际轨道交通、新能源汽车充电桩、大数据中心、人工智能、工业互联网七大领域。该说法对“新基建”内容做了具体界定，但尚未明确揭示本质要义；同时，城际铁路、轨道交通等传统意义上的基础设施也应当包含在内。

2. 三方面说

国家发改委2020年4月20日对新型基础设施的范围作出解读：初步研究认为，新基建是以新发展理念为引领，以新技术创新为驱动，以信息网络为基础，面向高质量发展需要，提供数字转型、智能升级、融合创新等服务的基础设施体系。主要包括信息基础设施、融合基础设施、创新基础设施三个方面。

3. 服务应用说

部分学者将“新基建”理解为应用并服务于新型城镇化、治理体系现代化等战略目标的具体措施。黄慧群认为，新型基础设施应理解为新型工业化、新型城镇化、现代化经济体系的基础设施，要服务高质量工业化、城镇化战略。郭朝先等提出，“新基建”需要具备新技术、新高度、新领域、新模式、新业态、新治理“六新”特征。金昱指出，我国新型基础设施要为改善和保障民生发挥一定的作用，瞄准民生需求，补齐民生短板。姜卫民等提出，还要加大公共卫生服务、应急物资保障领域的投入，加快推动智慧城市建设，补齐我国“新基建”的技术短板。这些观点从服务对象和应用场景的角度进行了论述，但对“新基建”本质特征的突出不够。

来源：作者研究笔记。

4. 新技术赋能说

另一些学者强调，“新基建”是以适应新一轮科技革命和产业变革为导向和驱动的。陈晶认为，“新基建”是在城市基础设施建设这一领域进行数字技术赋能改造的新的探索。盛磊等认为，新型基础设施是以适应新一轮技术革命需要为导向，提供智能化产品和服务的新一代数字基础设施体系。由此可见，“新技术赋能驱动”是“新基建”的本质内核。

原理 G602 网络及其空间组合布局应支撑三生系统

基础设施作为国土空间的生命支撑系统，服务于“生产、生活、生态”三生系统，应该包含以下八类基础网络。

（1）通信、互联网、物联网数字化基础设施网络。

（2）科技创新基础设施网络。

（3）交通物流等基础设施网络。

（4）农业生物、生态环境基础设施网络。

（5）能源、供热、燃气、储能基础设施网络。

（6）智慧电网基础设施网络。

（7）安全保障设施网络。

（8）现代治理基础设施网络。

除上述八类基础设施网络外，在特殊空间还需特殊的支撑网络，随着时代的发展也将不断有新的内容进行补充。在基础设施规划中，不仅仅是对单个网络的布局，还应在空间上对不同网络的走线进行整合。

案例 G6021 荆州市基础设施布局

扫二维码了解以下内容：
荆州市重大基础设施规划图

来源：上海同济城市规划设计研究院有限公司、苏州市城市规划设计研究院联合编制团队，《荆州市国土空间总体规划（2020—2035 年）研究报告》。

（1）提升城乡设施配置水平。

（2）加快布局城乡骨干设施。

（3）建立安全可靠的城市供水网络。

（4）构建结构合理的城市电网架构。

（5）打造高效清洁的城市燃气网络。

（6）完善城市内涝污水治理能力。

（7）强化城市固体废弃物处置能力。

（8）推进城市信息基础设施建设。

原理 G603　为基础设施智能化迭代发展预留空间

国土空间的发展变化，为城市基础设施带来了更新迭代的动力和可能性。不断迭代发展的基础设施作为支撑体，保障区域空间实现更高的品质需求。规划应为未来基础设施的智能化升级预留空间。

拓展阅读 G6031　城市七波技术迭代

工业革命之后，传统基础设施经历了四波技术迭代。从国内规划发展情况来看，我国还有三波技术未落实到国土空间。其中，第五波生物与信息技术包括数字化、生物技术、信息技术；第六波可持续发展技术包括再生能源技术、设计、生态技术；第七波为以人工智能为引领的“大智移云链”（大数据、人工智能、移动互联网、云计算、区块链技术）。第五、六波技术对应的设施应是目前中国智慧城市急需建设的一类基础设施，第七波技术对应的基础设施是另一类真正意义上面向未来的“新型基础设施”。“大智移云链”产业是指在生产过程中使用人工智能技术或输出产品与人工智能技术相关(从基础支撑、核心技术到行业应用）的完整产业链或其中某部分，在空间上具体表现为人工智能产业集群和产业园区。

拓展阅读 G6032　基础设施在上海的空间分布发展

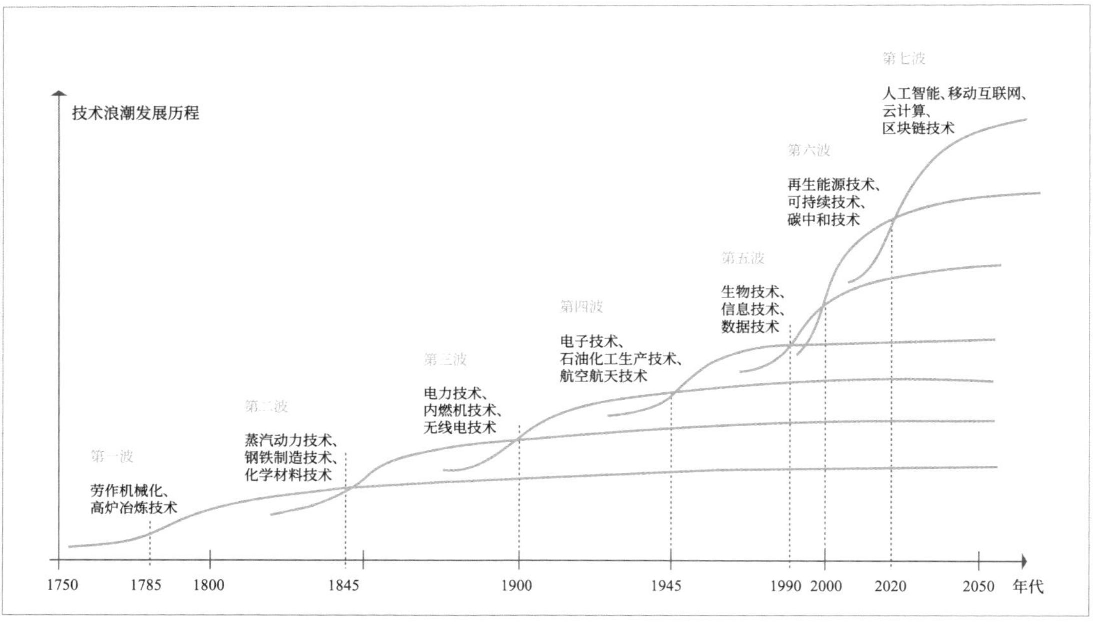

图 13-1 城市七波技术迭代

原理 G604 新基建感知系统

扫二维码了解以下内容：
新基建感知系统架构

新基建系统应形成“感知—判断—反应—学习”的循环系统。其中，感知系统分为内感知和外感知。

内感知解决城市运行系统间的感知，是以城市智能体系保障城市生命健康和生存的基本前提。

外感知解决城市生命与周边环境群落间的协同，是城市能否长周期持续兴旺的基本保障。

原理 G605 新基建规划的城市应用

新基建规划的城市应用可以落实在三个方面：一是传统基础设施的信息化、智能化提升（见图 13-2）；二是将新一代技术进行设施化转译，成为能够应用于城市，提升人民生活质量的设施；三是为新型基础设施规划必要的城市空间，满足设施的正常运行。

拓展阅读 G6051 基础设施的智能化与未来智能技术的基础设施

1. 大智移云技术的基础设施

（1）大数据、移动互联网、云计算的基础设施：如通信网络基础设施（5G 基站、光纤宽带、卫星互联网、物联网、工业互联网），算力基础设施（数据中心、计算中心）。

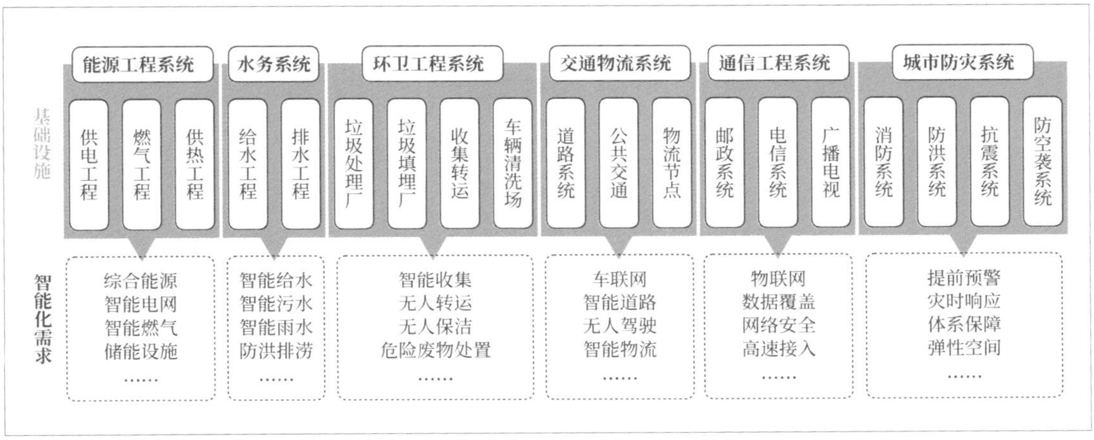

图 13-2 各项基建设施智能化需求

（2）数据源采集系统：如监测和数据采集设施网络包括生产生活状态与需求的监测与感知设施，交通能源物质信息流运动状态的监测与感知设施，城市安全的监测与感知设施（RFIED 标签、线圈、摄像头、GPS、雷达、微波、手机等）。

（3）网络安全基础设施（安全硬件和软件）：万物互联背景下，网络安全是城市运行的基础。

2. 大智移云技术的基础设施化运用平台（见图 13-2）

（1）大智移云资源管理方面包括城市运行数据库和城市云计算平台。

（2）生产方面包括智慧农业生产平台、园区智慧云、营销服务云、企业管理云、产业链协同平台。

（3）生活方面包括智慧社区管理系统、智慧医院系统、区域卫生系统、家庭健康系统、智慧教育平台。

（4）交通方面包括智慧交通系统、自动驾驶调度系统、智慧物流监控和调度系统；市政方面包括智能电网、智慧水务。

（5）安全方面包括城市网络安全防护体系、自然灾害智能预警系统、网络舆情监测分析系统、城市防灾救灾应急处理支持系统、智慧警务平台。

（6）管理方面包括智慧政务系统、智能规划平台。

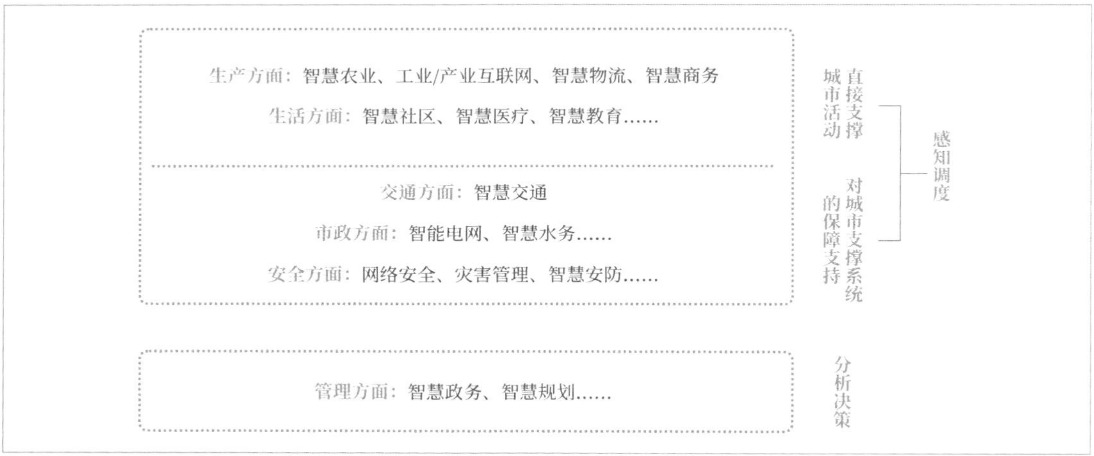

图 13-3 新基建未来应用领域

原理 G606 以新基建打造美好生活的智慧空间样板

新基建是数字和智能技术支撑人民城市美好生活的重要体现，是智慧城市建设关键底板的推动力。新基建的本质目的就是通过新技术的应用，减少城乡区域空间基础设施所需要的空间、材料、能耗，并及时感知基础设施的使用状态，保障城乡生产、生活和人民生命财产安全，提高城乡空间的运营效率。因此，新基建可以为国土空间未来发展提供数字时代的基础设施装备，以新基建打破国土空间规划中各支撑系统的壁垒，以数字智能串联起自然生态系统、人造基础设施系统和社会发展系统，从而提升国土空间规划的质量，为城乡居民生活提供更智能化的生活示范。

拓展阅读 G6061 **无锡市太湖湾科创带新基建规划**

在规划中全面构建 30 多种新基建在城市中的实际应用场景，作为展示太湖湾科创带城市魅力和城市技术成果的特色示范性空间。

扫二维码了解以下内容：
太湖湾科创带新基建应用模块

原理 G607 多层次多主体参与新型基础设施规划

国家发改委将新基建分为信息基础设施、创新基础设施和融合基础设施。融合基础设施的核心目的是用现代信息技术支持传统基础设施的升级改造（如智慧电网、智慧能源）强调融合赋能。国家新一轮的发展规划强调通过新基建打造经济新引擎。国土空间规划应统筹安排各类新型基础设施建设，提升基础设施的运营效能，布局相关产业集群，并利用数据的流动共享来促进社会管理体制和治理结构变得更加合理高效。

原理 G608 新基建应实现重点领域全覆盖

新型基础设施规划与建设应实现城市、工业、农业、医疗、金融、电力、社区、交通、媒体、安全十大重点领域全覆盖，制订各重点领域新基建实施路线图，并针对实施过程开展监测与评估。

第14章

城市设计

原理 G701 认识城市设计的重要性

城市设计是以城市空间的全生命周期发展为导向，以人的空间感知尺度为准绳，针对城市形体环境及其场所营造所进行的整体性引导、服务及管控，其本质是一项将城市文明赋予城市物质空间的创造性工作。城市设计应遵循以人为本的原则，在时空动态的视角下，完成连续的创作，并随人类文明的演进而迭代。国土空间规划虽然以国土空间为其工作对象，但是，国土空间中的人永远是其服务的核心对象，人民的获得感、幸福感和安全感是评判国土空间规划质量的标准。

案例 G7011

北京城市副中心总体城市设计中，对当地 500 位居民和就业人员的采访，精准把握人民需求

扫二维码了解以下内容：
北京城市副中心 500 位居民和就业者采访剪辑

来源：上海同济城市规划设计研究院有限公司吴志强院士联合编制团队，《北京城市副中心总体城市设计》。

原理 G702 认识城市设计在空间规划中的定位

城市设计注重三维空间的创造，其在城市整体形态完善、特色风貌塑造、环境品质优化、居民生活质量提高等方面的作用能让空间规划更具科学性、艺术性与社会性，这就使得城市设计与空间规划成为不可分割、互为补充的统一体。在国土空间规划中，应该突破传统的总体规划和详细规划的应用范围，将城市设计分层级融入国土空间规划体系，作用于国土空间全域。

拓展阅读 G7021

城市设计在空间规划中的定位

2017 年《城市设计管理办法》出台，提出城市设计是落实城市规划、指导建筑设计、塑造城市特色风貌的有效手段，贯穿于城市规划建设管理的全过程，明确了城市设计作为方法手段与城市规划构成密切的关系。2019 年，中共中央、国务院《关于建立国土空间规划体系并监督实施的若干意见》中提出，将城市设计作为手段，以改进规划方法，提高规划编制水平，再一次昭示城市规划与设计是不可分割的两部分。

来源：《城市设计管理办法》，2017；《关于建立国土空间规划体系并监督实施的若干意见》，2019。

原理 G703 认识城市设计在用途管制方面的作用

城市设计贯穿于国土空间规划、建设和管理的全过程，不仅作为一种编制规划的技术方法，还兼作自然资源的管理手段，在国土空间用途管制中发挥着多重作用。

（1）统筹整体空间格局：城市设计着眼于整体空间环境塑造和多尺度要素内容协调，在全域空间中发挥着统筹生态、农业和城镇空间关系的作用，引导形成共识性的设计规则和协同行动方案。

（2）优化重大项目选址：在跨区域层面，城市设计充分考虑空间形态、风貌景观和功能组织，可以优化重大设施、重要项目的选址及重要管控边界的确定。

（3）精细化设计：基于兼具时间和空间维度的品质营造思维，城市设计聚焦具体的公共问题和空间需求，从空间结构、功能结构、现状问题、公众意愿等角度对空间、建筑和景观进行精细化设计和管控。

（4）人本化检验：城市设计的效果最容易被百姓直观感知到，城市设计对空间方案的社会影响、环境影响和生活品质影响都可以从百姓那里得到最直接的反馈，以此保持国土空间规划对人民诉求的回应。

（5）规划引导与许可：国土空间规划在必要时可附加城市设计图则，内容包括界面、高度、公共空间、交通组织、地下空间、建筑引导、环境色等引导和管控要求。

拓展阅读 G7021 城市设计在用途管制方面的作用

2021 年 6 月，自然资源部发布的《国土空间规划城市设计指南》提出，从整体视角出发，运用城市设计方法，对生态、农业和城镇空间进行全域全要素整体统筹；运用城市设计手段，改进编制方法；在规划管理环节加强城市设计内容运用，提高用途管制和规划许可的科学性和可操作性。

来源：自然资源部，《国土空间规划城市设计指南》，2021。

原理 G704 明确城市设计的基本理念

城市设计必须明确以下基本理念，并将这些理念贯穿于城市设计工作的全过程。

（1）空间美化：城市设计以城市景观和形态的表现为基本对象，关注城市空间的艺术性和城市环境的美化。

（2）功能理性：城市设计必须满足人和社会的功能需求，进行空间功能的科学布局与组合。

（3）人文关怀：城市设计必须遵循人本主义、阶层多元化、社会公平公正的基本理念，满足不同人群的空间使用需求，营造不同类型空间的场所感、亲切感和归属感。

（4）自然融合：城市设计必须强调以自然为基底，充分考虑建成环境与自然环境的关系，积极塑造美好人居环境和宜人空间场所。

（5）全生命周期的可持续性：城市设计具有时间属性，空间在不同的时段和环境中具有不同的用途，城市设计需要理解空间的时间周期及社会活动的时间组织规律，城市设计方案、导则等具体内容也应通过一个“连续决策过程”来逐步调整，以服务完整的城市空间生命周期的可持续性。

拓展阅读 G7041

城市设计的基本理念

《国土空间规划城市设计指南》中提出，城市设计是营造美好人居环境和宜人空间场所的重要理念与方法，通过对人居环境多层级空间特征的系统辨识，多尺度要素内容的统筹协调，以及对自然、文化保护与发展的整体认识，运用设计思维，借助形态组织和环境营造方法，依托规划传导和政策推动，实现国土空间整体布局的结构优化、生态系统的健康持续、历史文脉的传承发展、功能组织的活力有序、风貌特色的引导控制、公共空间的系统建设，达成美好人居环境和宜人空间场所的积极塑造。

来源：自然资源部，《国土空间规划城市设计指南》，2021。

案例 G7041

上海市浦东世纪大道城市设计

上海市浦东世纪大道在20世纪90年代建成打通后破坏了城市原有的空间肌理，造成城市原有的街坊被分割成为南北两个部分，出现了大量异型交叉口，交通组织混乱。道路两侧建筑风格过于统一造成行人对城市空间无法辨识。过宽的道路断面带来了行人穿越的障碍，原道路两侧设计的8个围合的小院也无法吸引游人驻足。

针对这些问题，在2000年浦东新区规划局提出了浦东世纪大道城市设计任务，要求综合解决交通组织尤其是连续的异型交叉口的交通设计，道路两侧的社区重建，未来城市形象，高度、色彩、材质的设计依据，行人步行的友好性设计，道路南北两侧功能设置与安排，街道绿化景观风格，未来周边房价房租预测等一系列议题。

设计方案首先针对街道行人迷失方向感和场所感的问题出发，对世纪大道在市政工程后的再开发提出了生态、交通、功能、形象、立体复合空间城市设计方案，并综合配置了方案中的未来功能机构和公服设施，核算了整个道路两侧的房价、地价和租金的发展趋势，为21世纪世纪大道的开发管理提供了基本思路。

来源：吴志强院士团队，《浦东世纪大道城市设计》。

原理 G705 城市设计应制定多重目标

物质空间：设计一个精美的物质形式和有生机的空间。

经济社会：振兴经济，并实现政治目标。

实施管理：制订完善的管理程序及设计实施导则。

永续发展：促进城市永续发展。

拓展阅读 G7051 城市设计的多重目标

“物质空间：设计一个精美的物质形式和有生机的空间”，该项目标是对卡米洛·西特（Camillo Sitte，1843—1903）思想的凝练。西特是奥地利建筑师、城市规划师、画家和建筑理论家，被视为现代城市规划理论的奠基人。1889 年，西特出版了《根据艺术原则的城市规划》（*City Planning According to Artistic Principles*），书中用草图和街区地图进行了丰富的说明，西特将公共空间的元素与家具房间的元素相提并论，有力地说明了城市空间的审美体验应该是城市规划的主导因素。

“经济社会：振兴经济，并实现政治目标”，该项目标是对罗伯特·文丘里（Robert Venturi，1925—2018）思想的凝练。文丘里是美国建筑师，是 20 世纪的主要建筑人物之一。1977 年，文丘里出版了《向拉斯维加斯学习》（*Learning from Las Vegas*），书中认为现代主义建筑关注形式追随功能，“让鸭肉店的形式最终成为鸭子的样子”。在拉斯维加斯街道的尺度、人们的消费模式、交通模式与传统城市各不相同，商家们更关注人们在高速公路上行驶的时候看到了什么，因此赌场、酒店、餐馆等设施更注重广告牌的设计，让这些巨大的招牌来吸引快速行驶的司机。城市设计是追求经济社会目标的手段。

“实施管理：制订完善的管理程序及设计实施导则”，该项目标是对乔纳森·巴内特（Jonathan Barnett）思想的凝练。巴内特是现代城市设计实践的先驱者之一。1974 年，巴内特出版了《作为公共政策的城市设计》（*Urban Design as Public Policy*）。书中提出，城市设计只有得到发展决策者的支持才能获得成功，在城市设计过程中，设计师应和政治家、发展商、社区组织共同工作，进而对城市才能有更深刻的理解。

“永续发展：促进城市永续发展”，该项目标是笔者基于学术研究和实践工作的思想总结。2016 年，笔者在《城市规划设计的永续理性》中提到，面对宏观社会经济发展新阶段的需求、西方理性化模式的困境以及在“大智移云”技术提供的历史性机遇下，城乡规划思想方法应进行永续性变革，并以融入中华文明的永续理性思想和开启“大智移云”时代的规划工具理性变革为方向。

原理 G706 明确城市设计的核心要素

自然生态要素：自然山水格局，蓝绿空间体系，建造体系。

历史人文要素：风貌街区，历史建筑，非物质文化。

公共空间要素：活动广场，生活街道，市民公园。

规划治理要素：规划研究，管理制度，建设成本。

案例 G7061 北京城市副中心城市设计的核心要素

北京城市副中心总体城市设计为实现人与自然和谐共生、人与城市协同共创、人与社会包容共享的发展目标，统筹设计自然生态、历史人文、公共空间和规划治理要素，确定了“一网融九组、一带合两圈、一环连八坊”的设计特征。

扫二维码了解以下内容：
北京城市副中心总体城市设计三大设计特征示意图

来源：上海同济城市规划设计研究院有限公司吴志强院士联合编制团队，《北京城市副中心总体城市设计》。

原理 G707 分类型开展城市设计

不同类型的城市设计应侧重于城市的不同方面，以人的尺度和感知对各种城乡要素进行空间综合创新组合。城市设计致力于人本视野，针对城乡空间结构的改造、街区建设、居民生活改善等目标，侧重于对人所能感知的空间的不同方面进行针对性创新。

案例 G7071 绍兴古城智慧复兴规划设计

绍兴古城智慧复兴规划设计中，基于绍兴市中兴路及周边地区的现状诊断，结合区域未来发展需求，以“街—坊—院”的空间层次逐级更新，承载新经济与时尚业态跨界交融。

扫二维码了解以下内容：
绍兴古城中兴路复兴策略示意图

来源：上海同济建筑设计研究院（集团）有限公司、绍兴市国土空间规划研究院联合编制团队，《绍兴古城智慧复兴规划设计》。

原理 G708　分层次开展城市设计

城市设计贯穿于空间规划的各个层面，既有空间规划之前的分析与策划内容，又有空间规划之后具象形态的延伸和细化表达。

区域层面：从区域的角度构筑空间结构，如产业布局、交通系统、城市组团；从区域的角度进行大范围的自然环境和区域生态系统设计。

中心城区层面：中心城区整体社会文化氛围的研究与策划；实现空间性质与空间形象的衔接；进行物质框架景观规划；进行三维空间形态概念规划。

片区和地段层面：群体建筑空间设计；单体细部设计及周边环境设计。

案例 G7081　北京城市副中心区域层面、城市层面、街区层面城市设计

扫二维码了解以下内容：
北京城市副中心 0402 街区家园中心地块设计示意图

来源：上海同济城市规划设计研究院有限公司吴志强院士联合编制团队，《北京城市副中心总体城市设计》。

在北京城市副中心总体城市设计中，区域层面，以有机生命体思维构建组团布局、交通快达、城田共融的副中心和北三县区域空间大格局；城区层面，确定了蓝绿交织、水城共融的生态城市格局和总体城市设计框架；片区和地段层面，以 0402 街区家园中心为例，对用地及指标进行控制引导，形成近远期结合的功能配置方案（见图 14-1）。

图 14-1 北京城市副中心城市设计总体鸟瞰示意图

原理 G709 与自然融为一体的城市设计

国土空间规划应贯彻城市设计思想。在城市设计思维中，应从山水林田湖草沙生命共同体的整体视角出发，强调整体设计和整体保护，实现空间布局与自然生态的有机融合。

（1）在不同层面的国土空间规划中，均应结合自然环境特征和地域风貌塑造、生态保护、历史文化传承等要求，提出在国土空间的设计格局。

（2）优先识别、保护和利用特色自然资源，如山前地区、滨水地区、自然公园、生态廊道等，塑造特色地域风貌。

（3）强调人与自然和谐共生，从人的体验和需求出发，合理设计空间的规模尺度和形态，实现自然景观与休闲娱乐、社交游憩等功能相融合，激发人与自然之间的交流。

（4）积极践行碳中和理念，倡导绿色建筑、绿色社区、绿色交通和绿色生活方式，提升自然碳汇水平。

案例 G7091 无锡市太湖湾科创带体现与自然融为一体的城市设计思想

来源：上海同济城市规划设计研究院有限公司吴志强院士联合编制团队，《无锡太湖湾科创带国土空间规划及重点片区城市设计》。

无锡市太湖湾科创带重点片区城市设计中，充分依托无锡北靠长江、南拥太湖的得天独厚的自然生态资源，打通“山—湖—河—溪”脉络，构建生态网络底板，形成“环湖绿廊、辐射蓝道、绿楔花溪、湖畔绿叶”的生态底板。

图 14-2：无锡市太湖湾科创带城市设计

原理 G710　以家园组织城市空间单元

国土空间规划中的城市设计应倡导“共享同一家园”的理念。以家园作为城市空间组织的基本单元，合理组织地域的空间结构、公共服务、绿色交通体系、慢行系统、开放空间、景观风貌等，形成共享家园。

案例 G7101　无锡市太湖湾科创带城市设计以家园组织城市空间单元

扫二维码了解以下内容：
无锡市太湖湾科创带西林创新元片区科创家园空间组织示意图

来源：上海同济城市规划设计研究院有限公司吴志强院士联合编制团队，《无锡太湖湾科创带国土空间规划及重点片区城市设计》。

在无锡市太湖湾科创带西林创新元片区城市设计中，科创岛是科学家们“小”生活的空间载体。在这些组团中置入丰富多元、全天候的服务功能与引领潮流、实时更新的动态活动，构建交织畅行的路径体系，打造充满活力的“研学圈子”，让科学家们高效的科研生活有张有弛，享受科学并享受生活。

原理 G711　挖掘保护地域空间历史文化

历史风貌与文化遗产是地域文化中重要的基因载体。在国土空间规划中，应传承和发展历史文化、激发文化创新活力，具体规划工作包括以下四项内容。

（1）识别历史文化要素特征，明确历史文化脉络，提出历史文化聚集地、历史遗存等类型空间的保护性要求。

（2）提出历史资源的活化、展示与体验的策略。

（3）挖掘地域历史人文特色，并结合时代精神进行创新性的演绎，提出地域风貌的设计指引。

（4）明确历史风貌与文化遗产保护区内新建和改扩建的建（构）筑物的高度、体量、肌理、风格、色彩、材质等具体控制引导要求，建立设计负面清单。

案例 G7111　北京城市副中心总体城市设计挖掘保护地域空间历史文化

来源：上海同济城市规划设计研究院有限公司吴志强院士联合编制团队，《北京城市副中心总体城市设计》。

将城市历史文化作为创新未来的源泉，对国家级新区规划建设进程中的地方基因延续有着重要的指导意义。在北京城市副中心城市设计中，依托城市发展演变的文化脉络，从自然关系、区域关系、历史进程、精神内涵四个方面提炼形成城市副中心的地方基因谱系，识别出运河文化、京畿要地、城市生活、科工先风四项主要基因序列，总结出具有城市副中心特色的地方基因延续路径；提出以“历史创新未来”为目标的地方基因延续模式，保护地方基因的精髓，激发城市文化活力，延续城市生命。

扫二维码了解以下内容：
北京城市副中心三庙一塔历史区域设计引导示意图，北京城市副中心古韵街区设计示意图

原理 G712 老旧街区风貌整治设计

街区风貌整治设计内容包括以下五方面。

（1）保护：对于目前已修缮完成的民居，加强后续维护管理；遵循“不改变原状”的原则修缮其他文物建筑，宜进行功能调整合理利用。

（2）修缮：针对老建筑，在修缮过程中应注意主要立面、结构体系、基本平面布局、建筑高度等的复原。

（3）改善：对于已修缮完成的建筑进行合理利用，加强后续维护管理及建筑防火；对于目前暂未修缮的建筑，按照原有特征，使用相同或相近材料进行修复，做到修旧如故。

（4）保留：保留现有已整治过的建筑，近期维持现状，远期因街区整体保护需要整治时，应按照地方传统建筑特色，对保留类建筑整体风貌中不协调的部分进行局部改造。

（5）整治：整治不协调的建筑风格。

原理 G713 国土空间规划应落实到城乡家园空间

任何尺度的人类居住环境都不应脱离人的基本社会组织与感知尺度。城乡家园指结合了民生福祉的复合功能，满足步行 15 分钟范围，且以地域近邻组织社会治理的城乡空间单元（包括农村和城市社区），是空间规划的基本单元。各层级国土空间规划的规划设计、建设实施和运营治理最终都应落到城乡家园空间上。

拓展阅读 G7131 社区空间规划设计的演变

社区空间规划设计随着技术迭代发展、人们生产和生活方式的变化而发生变革。1950 年代家庭小汽车的发展给传统社区结构带来了根本性的变革。从郊区整体规划社区模式、邻里单元模式、居住开发单元模式、扩大小区模式（居住综合区）、新城市主义模式（公共交通导向开发模式等）。

原理 G714　城乡家园规划设计的目标

城乡家园规划设计有六大发展目标。

目标 1：根治交通问题。让居民可以就近享受种类完善、质量较高的公共服务，优化出行方式，缩减交通通勤距离，减少交通时间，从而缓解道路与公共交通系统压力，从根本上改善城市交通拥堵。

目标 2：回归绿色慢行。提升家园绿色出行比例，降低对机动车的依赖，15 分钟步行可达家园中心。与 5—15—30 分钟生活圈相匹配，居民通过步行或骑车能在短时间内抵达公共服务中心，享受便捷高效的公共服务，同时降低对汽车等交通工具的依赖，回归慢行交通、公共交通、低碳交通，实现绿色环保。

目标 3：强化亲邻意识。增加家园内邻里交往空间，促进居民的家园认同。提供更多公共服务和公共空间，构建居民见面场景，增加邻里间接触交流，实现“小家”与“大家”之间的平衡，共建精神家园。

目标 4：关爱弱势群体。构建对老人和儿童护助完善的“家园”机制体系，共同关爱弱势群体。应对目前城镇化背景下的“孤寡老人”与“留守儿童”等社会问题，促进双方交流，实现心理共同慰藉。

目标 5：保护公共财产。通过共建共享的方式打破公有私有二元对立界限，提升居民社区归属意识、集体财产意识和公德文明意识，保护公共财产，落实家园建设治理。

目标 6：营造绿色环境。见缝插绿，增加休闲健身空间，提升社区绿色生态品质。以创新公共服务设施布局为契机，提升公共空间品质，建设绿地公园，方便居民享受良好环境、养成健康生活习惯。

案例 G7141　北京城市副中心家园发展目标

北京城市副中心家园规划设计中，确定了家园的六大发展目标，尤其强调了对家园中弱势群体的底线保障以及亲邻意识的培育。

扫二维码了解以下内容：
北京城市副中心家园空间结构示意图

来源：上海同济城市规划设计研究院有限公司吴志强院士联合编制团队，《北京城市副中心总体规划设计综合方案》。

原理 G715 城乡家园应规划日常三生功能

家园是城乡基本社会治理的复合单元，其规划空间应在 15 分钟可达范围，服务约 1 万 ~2 万人。家园规划应统筹生产、生活和生态三生布局，安排就业、居住、休闲、教育、医疗、商业等各类与百姓息息相关的公共服务设施，组合生活和就业空间，缓解城市通勤压力。同时，家园的治理应与街道、社区等基层行政组织相结合，鼓励居民积极参与家园共建、共享、共治。

案例 G7151 北京城市副中心的三生布局

北京城市副中心家园规划设计中，综合考虑老年人、孩子和中青年居民的需求，精准配置就业、居住、休闲、教育、医疗、商业等各类功能，统筹生产、生活和生态三生布局（见图 14-3）。

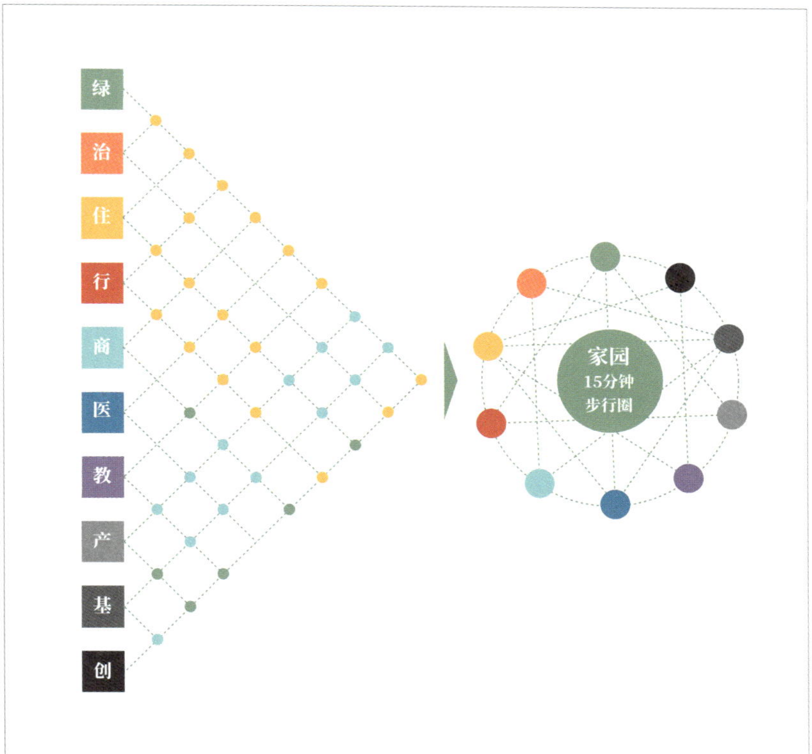

图 14-3：家园十元功能配置示意图

来源：上海同济城市规划设计研究院有限公司吴志强院士联合编制团队，《北京城市副中心总体规划设计综合方案》。

原理 G716　家园中心应提供一站式公共服务

家园应设置家园中心，家园中心的功能配置应遵循以下三项原则。

1. 多样集成原则

构建居民生活基本需求的服务体系，既包括公共服务，也包括商业服务，保证居民享有一站式生活服务。

2. 人本定制原则

综合考虑城市现状条件，在满足基本生活配套的基础上，根据居民构成特征，差异化定向配置公共服务。在空间充足的街区，允许增加品质提升设施，满足居民更多样的需求，丰富居民生活；在某些用地条件较为紧张的街区，可以酌情降低设施配置标准。

3. 弹性调整原则

根据家园发展生命阶段，持续优化配置与居民需求息息相关的设施比例。如在老年人口集中的街区，在配置全品类服务设施的基础上，适当提升医疗、养老、康养、护理等设施比例；在儿童、年轻人较多的街区，考虑增加基础教育、亲子活动、体育等设施。

案例 G7161

扫二维码了解以下内容：北京城市副中心家园中心鸟瞰效果图，北京城市副中心 0102 家园中心具体功能配置

来源：上海同济城市规划设计研究院有限公司吴志强院士联合编制团队，《北京城市副中心总体规划设计综合方案》。

北京城市副中心家园中心一站式公共服务

北京城市副中心规划设计中强化家园中心建设，鼓励配套服务功能集中设置、混合利用、统筹核算，实现均衡布局，就近满足居民的居住、就业、交通、教育、文化、医疗、体育、休闲等需求，实现步行 15 分钟可达家园中心，享有一站式社区生活服务。

原理 G717 城乡家园规划设计的核心任务

城乡家园规划设计的核心任务是科学合理地创造一个满足日常物质和文化生活需要的安全、卫生、舒适、优美的居住和工作环境。除了布局住宅外，还应规划设计人们日常所需的公共服务设施、道路、停车设施、绿地和健身活动场地、基础设施等。城乡家园内应提供相应的就业岗位。

城乡家园规划设计必须根据总体规划和近期建设的要求，在控规相关指标要求下，统筹家园内各系统的规划设计、建设实施和运营治理。家园规划设计还必须考虑一定时期内经济发展水平和居民的文化背景、生活习惯、物质技术条件以及气候、地形和建成现状等条件，注意远近结合、永续发展。

原理 G718 城乡家园的规划设计

城乡家园的规划设计应与城市级、地区级的公共服务设施、就业岗位、公共空间等进行充分搭接，根据城乡家园新建或更新的不同情况分别制定针对性的规划设计。

一个成功的城乡家园规划设计都应具备合理的选址、目标和功能、空间规模和人口规模、空间规划布局、建筑设计、景观设计和治理制度设计。

案例 G7181 北京城市副中心 0102 街区家园规划设计

北京城市副中心 0102 街区家园规划设计提出了上位传导落实、街区整体协同、承续场地记忆和分期可操作实施四大设计策略。其中，上位传导落实是指落实街区控规相关要求；街区整体协同是明确家园中心与 0102 街区服务人群的关系；承续场地记忆是指方案需要考虑在地属性及限制条件，打造有形象展示功能的家园中心；分期可操作实施是指能在近期快速建成，远期结合使用情况的反馈不断完善，实现完备的家园中心功能。

来源：上海同济城市规划设计研究院有限公司吴志强院士联合编制团队，《北京城市副中心总体规划设计综合方案》。

原理 G719　城乡家园形态规划设计的引导与控制

整体空间形态的引导和控制是实现城乡家园环境品质的首要层面，包括与周边环境的呼应和和谐，整体高度和体量控制，连续的开敞空间和多样化景观节点设计，综合考虑朝向、景象和风向，设置家园中心等。

与周边环境的呼应和协调：充分依托周边文化、景观等优质资源，采取整体高度控制等措施，实现资源利用效益的最大化，形成与资源之间的良好互动关系。

整体高度和体量控制：设计中应避免千篇一律的建筑高度和体量，在保证经济性的基础上，协调周边景观条件，塑造错落有致、整体有序的建筑空间。

连续的开敞空间和多样化景观节点设计：在保持和鼓励家园各地块设计各具特色的基础上，引导形成贯穿地块间的连续开敞空间系统，形成生态化的家园休闲游憩系统。以共同的空间景观寓意加强居住区的整体性，精细化、特色化设计重要景观节点。

综合考虑朝向、景象和风向：充分满足人们对阳光的需求、对优美景观视野的需求以及对通风和节能环保的需求，科学合理设置景观和通风空间廊道。

设置家园中心：形成共享的具有一定规模和服务水平的家园中心。

详细规划篇

第 15 章 详细规划的内容与编制

第15章

详细规划的内容与编制

原理 T101 国土空间规划的详细规划

详细规划必须通过立法程序审批，批准后成为整个社会对于土地空间具体使用的法律依据，也作为实施国土空间用途管制、核发城乡建设项目规划许可、进行各项建设等的法定依据。因此，详细规划包含了法治社会的要求，包括：明确具体地块禁止使用的功能负面名单；明确具体地块开发建设强度的允许范围；明确具体地块的四至边界及其与相邻地块的通道与封闭界面；明确具体地块与周边相邻地块的污染影响控制。

国土空间规划中的详细规划，不仅要落实城市发展战略，建立空间秩序，创造美好生活环境，还要建立空间规划的规范管控职能，复合规划用地边界与行政管辖事权边界，强调详细规划设计对接空间开发管理，作为空间治理的法律依据。在详细规划的过程中应该做到以下三点。

（1）建立空间资源管控体系，严守生态资源使用底线，保障人民群众主体利益，保护市场经济主体利益，增强市场经济运行活力。

（2）建立空间利益协商机制，明确同空间内多方主体权益，明确同空间内多方投资与经营遴选规则，明确同空间内投资与产出效益的分配原则，明确同空间内多方主体协商谈判规程。

（3）建立空间运营治理平台，建构空间运营法治体系、空间产权登记制度、空间使用权协商平台和空间运营交易平台。

现代土地使用的本质是空间，但空间规划的核心不是“分土地”，而是在土地上进行平面、垂直空间和不同时间的配置，是在对各类城市规律充分掌握的基础上提出准确的组合方式。因而，空间规划质量的高低在于不同城市功能在空间上的配置精准度。

详细规划为引导土地集约节约利用，服务新经济、新业态与新兴产业发展需要，可以鼓励合理的土地功能复合使用，以增强土地使用弹性，必要时可对用地性质做出兼容性规定。详细规划应结合区域整体功能制定留白用地正面清单和负面清单，根据需要可进一步深化到具体地块层面进行报批。

案例 T1011 上海浦东联洋新社区引导性规划

联洋新社区位于上海市浦东新区花木地区内，占地面积 189.4 公顷，通过总体空间形态和开发控制引导以及分地块设计图则，在浦东建设了第一个大型生态住区。

该规划通过对整个居住区在空间形态意象、公共设施、开放空间等方面

来源：《上海浦东联洋新社区引导性规划》。

扫二维码了解以下内容：
联洋居住区家园中心

的构想，拟订引导规划以确定各地块具体的开发要求，使空间形态、居住区环境等基本目标具有实现的可操作性。在已编制完成的联洋居住区控制性详细规划和修建性详细规划的基础上，通过对基地周边环境的分析和对联洋新社区整体形象的构思，拟订相应的开发控制和引导的具体规定，以进一步指导各地块的开发建设。

在联洋居住区中，以城市综合体形式配置了集中式的家园中心，该家园中心具备了完善的功能和一站式的全品类公共服务，社区居民只需要步行 15 分钟便可以到达，满足日常生活的各种需求。

原理 T102　详细规划的编制与报批

详细规划可以分为城镇开发边界内和城镇开发边界外两大类。

城镇开发边界内的详细规划，由市县自然资源主管部门组织编制，报同级政府审批。

城镇开发边界外的详细规划，以一个或几个行政村为单元，由乡镇政府组织编制“多规合一”的实用性村庄规划，作为详细规划，报上一级人民政府审批。

原理 T103　详细规划应充分关注人、物、事权

详细规划在编制过程中应充分关注人的感受，必须与规划区域内的不同主体进行充分沟通。在公共服务设施的配置中，需要充分考虑区域内人的需求，充分尊重区、街道和社区的权利和运行机制；在市场服务设施的配置中，应以人口分布与交通可达为基本原则，合理划分空间单元；在经营性用地配置中，应充分考虑不同实施主体的成本与收益关系。

详细规划应充分关注区域内三维空间的物质集成，打通地面、地下和空中的多功能联系，注重对建筑密度与容积率的控制，并为区域内的生产、生活和生态提供空间上的组合方案。

详细规划应充分尊重事权的空间管控，在区域内规划和实施之间进行协调联动，划定空间与事权匹配的权利边界，明确行政实施主体的功能配套责任，兼顾功能设施的合理服务范围，加强与规划实施方案中建设工程设计要求、土地权属、规划指标、城市设计引导、市政及交通条件、供地方式、建设时序等内容的衔接，匡算区域内用地开发的收益，引导市场服务与开发利益的平衡。

拓展阅读 T1031

城市中的土地都有相应的产权和使用权，因此在详细规划中引入产权的概念更加有利于规划的精准落位与实施，如深圳在法定图则的编制中就引入了产权地籍的概念。

1. 空间与事权的匹配关系

保障公共利益是空间规划的根本使命，其在规划中的体现方式之一是公共服务功能的配置。以空间为基础的公共服务功能配置主要考虑的是公共服务设施规模与人口规模的匹配关系，以及公共服务设施布点与服务半径的协调关系。但需注意的是其前提是各类公共服务设施可以无门槛地均等使用。现实生活中，各级各类公共服务设施的建设、运营与各级政府的事权紧密关联，通常有较强的行政辖区属性，存在有门槛的差别使用限制，如学校之于学区，行政服务之于行政管辖范围。二者一旦失配，就有可能导致貌似合理的公共服务设施配置与布局方案在实际使用中无法给使用者提供便利的服务。要解决这一问题，既要寄希望于政府治理水平的提升，用新的管理方式打破更多的服务壁垒，也需要在规划时充分考虑空间与事权的匹配，以减少可能出现的矛盾。

2. 详细规划应是尊重事权的空间管控

传统控规重功能空间、轻事权治理，管控单元往往按功能以自然地理界线、线性交通设施和开发建设功能等空间要素进行划分，与地方实际管理辖区不吻合，可能导致跨行政区的单元在建设中出现失控现象，造成设施配置的缺失或重复。国土空间规划体系下的详细规划应是尊重事权的空间管控，需要综合考虑公共服务的管控、开发利益的平衡和市场服务的引导。其中，公共服务设施的配置应充分结合区、街道、社区的权利与责任，经营性用地的配置应充分考虑不同实施主体的成本与收益关系，而市场服务设施的配置则应以人口分布与交通可达为基本原则，合理划分管控单元，在规划和实施之间划定空间与事权匹配的权利边界，既明确行政实施主体的功能配套责任和用地开发收益，也兼顾功能设施的合理服务范围。

原理 T104 详细规划对接分层管控

详细规划的编制应实现分层管控，落实“一级政府、一级规划、一级事权”的原则，形成与之相匹配的空间分层规划体系。在空间上层层相扣，实现从城市整体到单个地块的逐层分解传导落实，同时注重空间边界与区、街道、社区行政管理界线的结合，逐级落实责任，均衡利益调配。

拓展阅读 T1041

大中小城市详细规划层级体系

北京市在分区规划之下构建了“街区指引—街区控规—地块实施方案”三级传导的详细规划层级体系。其中，街区指引重在将分区规划意图分解至街道，街区控规则进一步细分至社区，地块实施方案在深化研究的基础上明确地块管控要求，实现了不同层级规划之间的有序传导。上海市在总体规划和详细规划之间增加了单元规划层次，通过“单元规划—街区控规”分层传递管控要求，主城内的单元规划以区的行政管辖范围为编制范围，街区控规则尽可能结合街道范围编制。

对于中小城市，在“总体规划—详细规划”的层级基础上，建议将详细规划分为单元和街坊两个层次进行编制。其中，单元层次详细规划要严格落实总体规划或分区规划分解至本单元的相关要求，据此形成接近控规深度的用地布局方案，原则上对应于社区将本单元划分为若干街坊。此用地布局方案的主要作用并非作为规划许可的直接依据，而是作为划分街坊、分解管控要求的参考依据。街坊层次详细规划的主要任务是将管控要求落实到具体地块，作为城市建设项目规划许可的直接依据。

案例 T1041

“上海 2035”规划

上海市国土空间规划建立了由空间维度、时间维度、政策维度三个维度构成的实施框架体系。从空间维度上，可以分为三级层次。

（1）总体规划层次突出战略引领作用，是凝聚全社会共识的发展纲领，是指导全市、各区和各专业系统未来 20 年乃至更长远发展的战略蓝图。

（2）单元规划层次突出承上启下、保障公共资源的作用，是统筹协调生态空间、公益性设施和文化风貌等底线型内容，强化空间引导和落地管控的管理平台。

（3）详细规划层次突出实施导向，是项目建设阶段实施规划土地审批管理的法定依据。通过体系构建，实现管控要素自上而下传导。

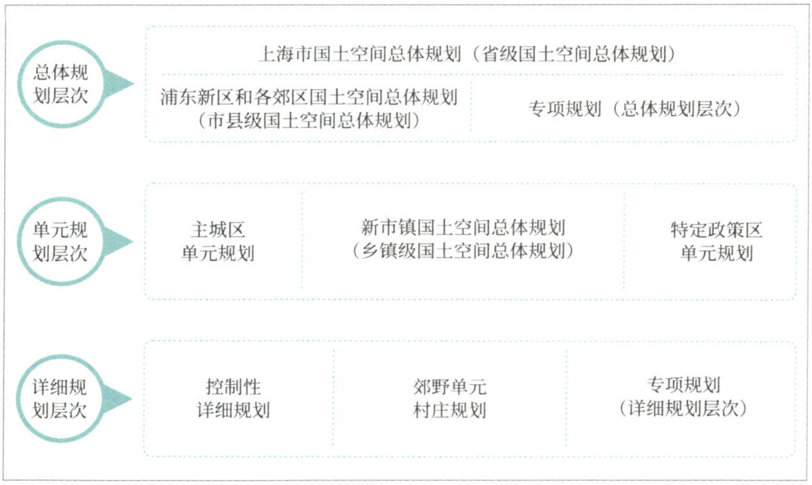

图 15-1 上海市国土空间规划编制审批体系

来源：上海同济城市规划设计研究院有限公司，《上海 2035 规划传导机制和实施框架体系》。

原理 T105 详细规划对接分区管控

详细规划的编制应充分对接分区管控，根据城乡建设情况和发展潜力对用地类型进行细分，依据各地区特征差异、经济社会发展战略及近远期建设内容，从国土空间整体调控出发，提出各类地区的规划编制重点，因地制宜采用技术方法、形成编制内容，为不同的分区定制土地管控措施。

1. 重点发展区的规划管控

重点发展区包括城市公共中心、交通枢纽、滨水空间、重要街道等公共属性较强的地区。重点发展区详细规划的编制在严格落实总体规划强制性管控要求的基础上，应鼓励功能复合开发，给予重点发展区更大的灵活性；加强与城市设计衔接，将城市设计管控内容具体化。

2. 一般地区的规划管控

一般地区详细规划的编制，应重点加强落实总体规划的布局和管控要求。城镇开发边界内的详细规划应重点对公共空间控制、建筑形态控制和环境设施控制等方面的内容具体化；城镇开发边界外的详细规划应重点对村庄设施配置、风貌控制、人居环境整治等方面的内容具体化。

3. 新建地区的规划管控

新建地区大多由政府推动建设，详细规划发挥着重新赋权的规则作用，当转化为许可条件后，可充分发挥市场主导作用，让各类主体通过公平竞争获取权益转让机会。新建地区受现状约束较少，可依据总体规划及相关规范标准形成详细规划方案。同时，由于市场开发的不确定性较大，详细规划在守住功能平衡底线、保障公共利益的前提下，更应保持足够的弹性，比较不同开发模式、不同建设时序的经济可持续性，合理实现空间资源价值。

4. 更新地区的规划管控

更新地区权利主体复杂多样，详细规划需发挥调整既有利益格局的作用，同时综合平衡损益。在更新地区的详细规划编制过程中应关注既有权利主体的意愿，加强公众参与，通过留、改、拆等不同更新方式，构建共商共治、合作开发和多方共赢的格局。

案例 T1051

北京城市副中心民生共享组团

扫二维码了解以下内容：
北京城市副中心民生共享组团规划图

来源：上海同济城市规划设计研究院有限公司，《北京城市副中心总体城市设计和重点地区详细城市设计方案》，2017。

在空间分布上，顺应北京城市副中心的水网地形基础，依托水网、绿网和路网形成 12 个城市组团。12 个组团内，结合功能分区、规划人口布局以及现状情况，规划 36 个“幸福家园”，使市民能在 15 分钟步行范围内实现工作、居住、休闲、交通、教育、医疗等功能之间的有机衔接，便利快捷。

原理 T106　详细规划公服设施

详细规划应落实上位规划的公服设施配置要求和标准，对包括公服设施的服务类型、等级、服务范围、整体布局、选址、用地规模和空间组合等内容作出具体的规划安排，原则上应深化到用地分类三级类深度，并明确公服设施的投资建设方式。

拓展阅读 T1061

社区生活圈和便民生活圈

以《社区生活圈规划技术指南》（TD/T 1062—2021）为指导，构建 15 分钟社区生活圈和 5 分钟便民生活圈。15 分钟社区生活圈基于街道（镇）行政管理范围，配置内容丰富、规模适宜的服务要素；5 分钟便民生活圈基于社区管理范围，配置满足日常使用，特别是面向老人、儿童的基本服务要素。

案例 T1061

北京城市副中心组团中心和家园中心详细规划

北京城市副中心控制性详细规划中提出，以组团、家园为单元提供城市公共服务，每个组团规划建设 1 处组团中心，每个家园规划建设 1 处家园中心，适当集中混合设置部分公共设施，由“城市级中心—组团中心—家园中心”三级公共服务中心组织城市副中心的公共服务功能，分别解决居民的基本生活需求和品质提升需求（见图 15-2）。

家园中心和组团中心承担了不同的职能，家园中心解决社区级功能，关注人日常生活的必需功能，强调功能均衡和慢行可达，包括了城市日常生活中的必需功能；组团中心解决城市级功能，是城市级功能的组团节点，强调职住平衡和城市功能，配置人才公寓，与大型交通枢纽相结合，兼顾产业功能和生活服务功能，服务半径为 3~5 千米。

来源：上海同济城市规划设计研究院有限公司，《北京城市副中心组团中心和家园中心规划》，2019。

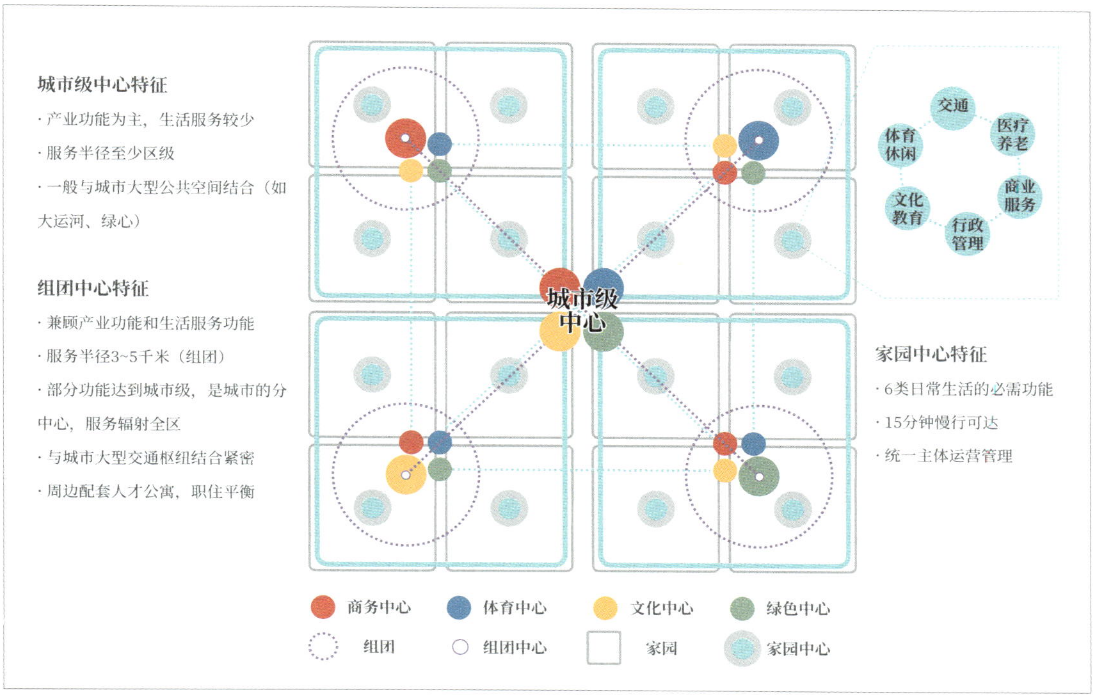

图 15-2 北京城市副中心公共服务设施体系模式图

原理 T107 详细规划绿地生态

详细规划需要落实上位规划的绿地生态配置要求和标准，明确配置和落实各级各类绿地，对包括绿地的整体布局、类型、等级、共享范围、选址、用地规模和空间组合等作出具体的规划安排。

案例 T1071 泰州市姜堰区融创教育小镇项目启动区控制性详细规划

扫二维码了解以下内容：
泰州市姜堰区教育小镇绿色生态系统空间布局示意图

来源：上海同济城市规划设计研究院有限公司。

在泰州市姜堰区绿色智慧小镇规划中，通过绿色空间结构的梳理统领，形成了“一带引领、五心汇聚、五廊延展、多点成网”的四层蓝绿空间结构。将绿色空间划分为运河游憩带、河道绿地、小镇公园、城市绿荫道、社区公园、建筑垂直绿化六级系统，重视各级绿色空间的关联性，共同形成生态景致连续、可持续运行的绿色生态系统，并根据不同绿色空间的内涵明确不同的管控要求。

原理 T108　详细规划河流水系

详细规划需要落实上位规划的河流水系保护开发的要求和标准，明确保护开发的措施、建设工程的标准以及协调管理的要求，包括以下六项内容。

（1）水生态：河流水系的上下游生态系统保护及开发利用，来水量、用水量、降雨量和水面蒸发量之间的平衡。

（2）水安全：防洪排涝安全要求、河流等级、水质控制。

（3）水工程：河道深度及断面类型、地下管线、水下地形造型。

（4）岸线规划：岸线类型、河道两侧安全距离、河岸绿廊、岸线步道。

（5）水岸设施：河岸安全救护设施布点、河岸公服设施设置。

（6）水系管理：按照领导牵头、属地管理的组织方式，对水系、岸线进行分段空间治理落实责任。

案例 T1081　北京城市副中心大运河生态规划设计

扫二维码了解以下内容：
北京城市副中心大运河生态规划设计示意图

该项目设计范围邻近高强度复合开发区域，设计目标是形成滨河公共活力空间，并配合建设慢行交通系统。在此基础上，纵深向腹地延伸的步行路网是滨河空间与城市空间联系的保障。核心活力区不仅有沿河线性的交通空间，保证了滨河交通的贯通性，同时选择适当的纵向道路有间距地向内陆延伸。纵深距离在350米左右的跨河桥梁两岸往往是不同类型活力点的聚集区。跨河步行交通是增强两岸联系的重要通道。核心活力区的跨河交通数量明显高于整条河道区域的平均值，基本500米一座桥。

确定滨河15分钟步行范围，选择范围所覆盖的地块；结合地图、公共设施点分布图和重要公共空间图，换取15分钟步行覆盖的滨河活力点；基于周边城市开发情况规划12个滨河公共空间活力中心，在此处鼓励高强度复合立体开发；建立高密度便利通达的慢行交通系统；补充必要的步行桥梁联系两岸功能；形成有特色、有吸引力的景观风貌。

来源：上海同济城市规划设计研究院有限公司。

原理 T109　详细规划道路交通

详细规划需要落实上位规划的道路交通要求和标准，包括对外交通和对内交通。

（1）地块对外交通：明确配置和落实地块对外交通，对包括轨道交通线路和站点、公共交通线路和站点、地块内外交通交接点面等进行整体布局和规划安排。

（2）地块内部交通：明确配置和落实地块内部交通，对包括道路整体布局、道路类型等级、停车设施布点、步行网络及地块内公服设施点的配套等作出规划安排。

案例 T1091

宁波市文创港核心区运河及运河以东地块整体交通格局

扫二维码了解以下内容：
宁波市文创港道路格局

来源：上海同济城市规划设计研究院有限公司。

宁波市文创港规划设计中，道路格局以南北向平行式路网为整体架构，连接下白沙路与大庆北路。

按照城市快速路、主干道、次干道、支路、地块内部限时车道五大类别进行道路交通空间规划。城市快速路宽度 60~80 米，城市主干道宽度 40~60 米，城市次干道宽度 24~40 米，城市支路宽度 16~24 米，地块内部限时车道宽度小于 16 米。

根据《城市综合交通体系规划标准》（GB/T 51328—2018）中对城市道路网密度的相关规定，基地内道路网密度满足相关要求。

主干路（大庆北路）路网密度为 1.5 公里 / 平方公里，满足规范主干路网密度 0.8~1.2 公里 / 平方公里要求。次干路（下白沙路）路网密度为 1.4 公里 / 平方公里，满足规范次干路网密度 1.2~1.4 公里 / 平方公里要求。支路路网密度为 3 公里 / 平方公里，满足规范支路网密度 3~4 公里 / 平方公里要求。

原理 T110 详细规划市政工程

详细规划需要落实上位规划的市政工程设施配置要求和标准，明确配置和落实各类市政工程设施，落实重大公用基础设施预研预控的相关控制要求，确定供电、通信、燃气、供水、排水、环卫等公用设施的等级、数量、规模、位置以及相关建设要求，明确相关安全和卫生防护距离及控制要求。按照使用规模的流量需求预测，合理确定各类市政工程管线的走向和管径，明确管线综合控制要求。

随着数字化时代的到来，在详细规划阶段的市政工程专项规划需要增加两部分内容：传统市政工程设施的数字化监测监控的提升；新型智能基础设施网络的建构，如 5G 无线网络覆盖。

拓展阅读 T1101

详细规划市政工程具体内容

1. 给水工程

落实总体规划（分区规划）、专项规划中水厂、区域增压站等重大设施布局及规模，明确水厂、原水管、区域供水管控制范围，提出防护要求；确定主次干管布局和管径，结合综合管廊规划校核区域内给水管线入廊的必要性和控制要素。

2. 排水工程

落实总体规划（分区规划）、专项规划中污水厂、雨水排涝泵站、区域污水提升泵站等重大设施布局及规模，明确防护要求；结合内涝防治要求，明确雨、污水主干管网的布局模式和建设规模；推进雨洪利用和污水再生利用；基于专项规划确定的主干管网控制点标高，深化完善次、支管网控制点标高。

3. 供电工程

校核用电负荷，落实总体规划（分区规划）、专项规划中 110 千伏及以上变电站布局，明确变电站建设形式，鼓励新建变电站与非居住建筑结合建设，鼓励开发利用地下空间。明确高压线路廊道路由及控制宽度，提出中压线路敷设原则，鼓励电力线路结合综合管廊敷设。

4. 燃气工程

落实总体规划（分区规划）、专项规划中燃气门站、分输站、调压站、储气站、加气站等燃气设施布局及规模，明确气源及供气方式。落实燃气高压管道、中压管道的主干管路由及管径、压力参数，根据路网布局细化支管路由及管径、压力参数。

5. 供热工程

落实总体规划（分区规划）、专项规划中热电厂、换热站、能源站、供热管网等供热设施布局，根据用地功能及周边资源条件明确供热方式，鼓励地源热泵、水源热泵等可再生能源开发，提高能源利用效率。明确各类供热设施的用地规模和防护要求，明确供热主干管网的走向、位置及敷设方式，鼓励供热管网结合综合管廊敷设。

6. 通信工程

落实总体规划（分区规划）、专项规划中固定电话交换局所、移动通信机房、有线电视网络中心等设施容量规模和空间布局原则，明确防护要求；确定有独立用地需求的通信设施的位置和用地规模。明确通信主干传输通道的走向、路由及安全防护要求，提出基站、机房、通信管道等通信设施集约化建设要求，鼓励通信线路结合综合管廊敷设。

7. 环卫工程

落实总体规划（分区规划）、专项规划中垃圾转运站、环卫停车场、垃圾资源回收中心等重大环卫设施布局，制定降低邻避效应的措施。依据垃圾分类方式提出垃圾资源回收利用要求。

案例 T1101

上海市马桥新型基础设施规划

来源：上海同济城市规划设计研究院有限公司。

上海市马桥新型基础设施规划明确提出了包括三个层级的智慧基础设施配置。底层层级为信息基础设施，包括算力基础设施、通信网络基础设施以及新技术基础设施三类，共同支撑传统基础设施升级，并协助搭建现阶段创新设施；第二层级为融合基础设施，包含交通、能源、税务等传统基础设施的智慧化，与人工智能技术和传统基础设施深度融合实现优化提升；第三层级为新型基础设施的孵化设施，包括创新应用平台以及产业实验室，作为开放平台为下一代新型基础设施的发展作准备。

原理 T111 详细规划韧性防灾

详细规划需要落实上位规划的防灾设施配置要求和标准，综合评估规划范围内面临的主要灾害及次生灾害风险，因地制宜进行风险影响评价，高标准规划防灾减灾基础设施布局和应急防控措施，保障城市生命线，降低灾后影响。

城市韧性是指城市系统具备面对、响应特定的多重威胁的能力，同时具备从中恢复并将其对公共安全健康和经济的影响降至最低的能力。

城市韧性系统指“为了城市强健平稳发展而减弱脆弱性因素并提高抗扰能力而建构的城市系统”（状态、准则、目标），即基于城市韧性原则运行的强健的城市系统。

详细规划中应积极推广应用智慧技术来赋能城市韧性，建设会自主感知、自我判断、自动反应的城市，建设机器和人一起学习的城市。

案例 T1111 都江堰山水格局诊断与模拟

都江堰从源头一条河道流下来变成七条，造就了中华天府之国。在规划中采用大数据分析技术，发现了城市风与水的规律，即除了水在变，风也在不断转向：白天正好与水形成完整的循环，晚上风与水完全同流向。

通过城市智能模拟平台进行风流、水流和日照等数据采集，实现 36 平方千米大规模的风场、水流和地形等要素模拟。第一次清晰地看到了城市中最大的两个自然要素水流和气流的模拟关系。用科学的手段挖掘出适宜当地风流和水流变化关系的空间格局，破除了原境外公司规划设计方案中采用方格网而忽视山水格局的布局形式，形成了“山水堰城”完全统一的格局。特别重要的是，把绿带和水带全部融为一体，还解决了公共服务设施的布局，并为未来的任何一次地震布局了一个带状的逃逸通道，这是百年大计、千年大计的布局。祖先留下来的东西是经历史筛选、淘汰过的，中华民族有大量古老的智慧需要学习。针对城市的山水格局，一是站在大量的城市建设的历史智慧上，二是站在现代科学的基础上进行论述，这样才能创造一个新时代中华文明的规划。

来源：上海同济城市规划设计研究院有限公司。

原理 T112 详细规划地下空间

详细规划需要落实上位规划的地下空间要求和标准，根据地下空间现状资源条件、地面建设状况等评价地下空间开发潜力，细化地下空间开发利用分区，统筹地上、地下空间规划，保护地下水资源和地下矿产，明确地下交通设施、地下防灾设施和其他地下公共服务设施的位置、开发深度、建设规模以及连通和避让的通则，保障地下空间资源开发利用的战略性、前瞻性与长效性。

拓展阅读 T1121 实现地下空间综合开发利用

地下空间的开发利用应结合轨道站点，根据用地功能引导不同职能服务圈的发展，将地上空间与地下空间相结合，实现功能复合的高强度开发。同时，地下空间综合开发应当特别注意以下四类区域。

（1）地质条件敏感区：受地震断裂、岩溶塌陷、砂土液化等地质灾害因素影响，在地下空间开发利用前应开展地质详细勘探工作。

（2）地下文物埋藏区：地下空间开发利用应以保护文物为前提。

（3）地下空间开发利用一级重点地区：结合重要交通枢纽和重点功能区，地上地下空间相结合，形成功能复合的高强度开发地区。

（4）地下空间开发利用二级重点地区：结合重要轨道交通站点和功能区建设，综合利用地下空间，形成局部地下步行网络的地区。

案例 T1121 姜堰智慧教育小镇

姜堰智慧教育小镇立足于丰富的地下空间功能，规划主要控制公共设施的地下空间，其余地块的地下空间参照相关设计规划加以控制。

主要控制公共设施的地下空间，如控制商业办公区两侧的地下空间，其中地下一层为商业设施，地下二层为停车空间；研发区、企业服务区等则考虑地下停车空间。

来源：上海同济城市规划设计研究院有限公司。

原理 T113 详细规划对接用地管制

城镇空间、农业空间、生态空间及海洋空间都有包括建设用地、农用地和生态用地在内的具体用地。我国国土空间用地管理制度尚处于初级阶段，对待以上三种用地尚未形成精准、细化、统一的使用审批与许可管理制度。针对目前初级阶段的管理模式，详细规划应有特别的应对，具体包括以下三方面。

（1）建设用地现有的管理模式为“地块管制＋规划许可”，详细规划必须改变粗放的用地管理模式，细化不同的建设用地类型，以精准的用地分类促进建设用地的集约高效使用。

（2）农用地现有的管理模式为“地类管制＋指标约束”，针对未来出现无青年种地的历史性挑战，详细规划应更多考虑设置智能农业、机器人农业、生态农业和生物农业，从而将外部青年导入农业空间用地从事未来农业生产，带动农用地现有管理模式的改革进步。

（3）生态用地现有的管理模式为“分区管制＋准入条件”，详细规划应细化明确生态走廊和生态板块的边界、范围、管控指标、保护与治理路径，加强对各地块的微生态功能设计，引导未来精准生态治理方向，带动粗放式的生态用地管理模式向未来精准融合的生态用地管理模式提升。

详细规划要适应社会经济与文明发展的大趋势，关注三类用地相互转换的关系及动态平衡，制定具体用途转用规则、细化管制指标、构建监督体系等。

在分析论证的基础上，对土地分类和土地使用兼容性控制的原则和措施进行说明，合理确定各地块的规划控制指标。

拓展阅读 T1131

根据地类的主要功能制定差别化、精细化的用途管制措施：

一是对于耕地和具有重要生态功能的用地实行更加严格的管理，细化用途转用管控规则。

二是按照业态类型和用地特点等制定分类管理的措施，支持和规范农村产业发展用地。

三是加强土地用途转用的管理，完善“制度＋技术”的监管体系。

原理 T114 详细规划对接建造控制

详细规划建造控制需要综合考虑建筑限高、经济因素、社会环境、历史文物保护、城市景观（望山见水、视线通廊）、基础设施条件等综合因素。

（1）建筑高度控制：建筑高度采取分区控制方式，与强度分区相衔接，严格控制高层建筑。建筑高度分区应符合地区空间景观构架的要求；应突出地区风貌特征，强调城市的整体肌理；应控制视线通廊，突出标志性景观。

（2）建筑界面控制：通过建筑控制线和贴线率进行建筑界面控制，提高街道、广场等公共空间的整体性和沿街界面的连续性。重要路段沿线可开展街道界面设计，细化功能业态、界面形式等管控要求，提高街道活力和空间环境品质。

案例 T1141

扫二维码了解以下内容：北京城市副中心建筑高度引导示意图，北京城市副中心大运河城市天际线控制示意图

来源：上海同济城市规划设计研究院有限公司，《北京城市副中心总体城市设计和重点地区详细城市设计方案》，2017。

北京城市副中心建筑高度控制

北京副中心控制性详细规划强调了对建筑高度的管控，建立覆盖城市副中心全域的建筑高度管控体系，强化突出“一带一轴多组团”的城市空间格局，塑造错落有致、富有韵律的城市整体空间形态，避免出现大面积高度一致的建筑群。

针对主要河道、五河源、六环公园、城市绿心等重要自然水绿公共空间，行政中心、副中心站、环城影城、创新文化发展轴等重要城市功能区，通州古城、路县古城、张家湾古镇 3 处历史文化保护区，都明确了建筑高度控制要点。

副中心控规着重塑造错落有致、富有韵律的城市天际线，严格限制大运河两侧的城市建设，加强对超高层建筑与布局的管控，避免出现大面积高度一致、屋顶轮廓线单一的建筑群。

（1）大运河北侧天际线由西北向东南依次在五河源小中河西侧、运潮减河南侧和副中心站规划 3 个标志性建筑高点，在源头岛、运河文化广场、市政府广场规划 3 个空间低点，形成 5 段具有代表性的建筑天际线。

（2）大运河南侧天际线由东南向西北依次在城市绿心观景塔、垂直城市建筑群、运河商务南段建筑群和五河源地标建筑 A 规划 4 个标志性建筑高点，在通惠河和城市绿心规划 2 个空间低点，形成 5 段具有代表性的建筑天际线。

原理 T115 详细规划应刚弹兼顾

详细规划编制中对公共服务设施、基础设施等公益性设施应采用刚性方式来控制其下限，经营性用地则应按各个规划控制单元的承载力刚性控制其总量。对单个地块层面则可以采取弹性控制方式，需要同时避免“不足”和“溢出”的情况。详细规划的编制应从国土空间整体发展调控的视角出发，依据近、远期建设发展战略及经济社会发展需求，引导城乡土地开发的良性运转。

拓展阅读 T1151

区分必要的刚性需求与不确定的弹性需求，刚弹结合，设立“弹性指标池”，作为应对建设发展不确定性和特定项目支持的弹性指标。同时，对综合性的非量化指标进行规划意图的有效传导，结合刚弹结合的指标引导进行二次校核和细化，实现与原控规的衔接过渡，并建立数据平台，构建反馈机制，对工作机制创新进行探索。

街区指引是在国土空间规划"一张蓝图绘到底"的背景下，上下结合，改善规划传导机制的一种探索，也是对接城市治理工作的一种尝试，是从静态到动态引导过程的转变。需要把握"刚弹结合"和"制度保障"两个关键词，达到精明增长、高效利用资源的目标。

通过分类指导、分区管控、分颗粒度编制，在中心城区、新城、特定地区单元开展控规编制工作。政府需要牢牢守住城市的底线和公共利益，其规划精细与准确程度应高于其他地区。分类指导是指划定建设主导、生态复合和战略留白 3 类街区，进行因地制宜、与标准相适的控规编制。分区管控是指综合考虑区域特征和历史发展脉络，区分地区差异、分清轻重缓急，并对既有控规进行综合评估，明确可适用范围，有序实现街区控规全覆盖。分颗粒度编制是指区分刚性、弹性内容，在规划表达上采取不同深度的表达方式。

原理 T116 详细规划对接地块开发模式

详细规划应对规划控制单元的资金投入与产出进行客观分析评价，为确定规划控制单元科学合理的开发模式提供依据，同时应验证详细规划方案建筑总量以及总量分配到不同功能业态的合理性，并对详细规划方案进行调整与优化。

案例 T1161

扫二维码了解以下内容：原土地利用规划图，调整后土地利用规划

来源：上海同济城市规划设计研究院有限公司。

宁波市文创港拓展区城市设计

1. 原土地利用规划图

规划范围总用地面积 283.97 公顷，其中城市建设用地面积 272.27 公顷，水域面积 11.7 公顷。在城市建设用地中，居住用地面积 58.29 公顷，占比 21.4%，其中可开发用地 36.33 公顷；商住混合用地面积 9.45 公顷，占比 3.47%，其中可开发用地 9.45 公顷；商业服务设施用地面积 65.07 公顷，占比 23.9%，其中可开发用地 52.28 公顷。总可开发用地 98.06 公顷，占城市建设用地面积的 36%。

2. 调整后土地利用规划

调整后，宁波市文创港拓展区规划范围总用地面积 283.97 公顷，其中城市建设用地面积 272.22 公顷，水域面积 11.75 公顷。在城市建设用地中，居住用地面积 74.29 公顷，占比 27.29%，其中可开发用地 55.63 公顷；商住混合用地面积 36.0 公顷，占比 13.22%，其中可开发用地 32.38 公顷；商业服务设施用地面积 40.72 公顷，占比 14.96%，其中可开发用地 25.22 公顷。总可开发用地 113.23 公顷，占城市建设用地面积的 41.6%。

3. 开发调整要点总结

（1）适当提高商住混合用地占比。

（2）优化绿地水系，与地块开发相结合。

（3）滨江增加小体量的商业文娱等公共功能用地。

（4）取消原公交站场用地。

（5）调整地块二用地性质，将原商办地块调整为沿东侧锦堂路和西侧规划运河等主要城市公共界面布置。

案例 T1162

北京副中心家园规划

以北京副中心“0402 家园中心”详细规划为例，作为新建地区，相比于既有建成区的更新，较多国有用地的出让在实施机制、产权分割和后期管理上都有优势。在具体操作中需注意控制土地出让价格，同时需明确土地出让条件，保障家园中心公益性功能可以实施落地。

来源：上海同济城市规划设计研究院有限公司。

原理 T117 重传导：传导要素的层次与内容

任何一个空间单元内都可能涉及一个或多个规划分区，不同的规划分区包含不同的功能地类、具有不同的空间特征。如果一个空间单元包含两个及以上的规划分区，建议在空间单元内建立子空间单元，将管制目标接近或有相似管制要求的要素构成合集纳入同一要素空间，构建“子单元—街坊—地块”管制和传导层次。

在内容上，包括传导指标和管制指标。其中，传导指标用以保障上位规划强制性内容能够顺利传导，包括土地要素的“量”、城乡空间的“布局”、控制边界的“线”及基础设施的“点”等；管制指标则以“双评价”为基础，严格落实城镇空间、生态空间、农业空间等不同空间的管制区域与规则，在避免空间分割的同时，制定差别化的管控细则。

案例 T1171

北京市控制性详细规划编制技术标准与成果规范（2020 年）

扫二维码了解以下内容：
北京城市副中心 0402 家园中心详细规划实施路径

北京市详细规划编制工作包含街区指引、街区控规、综合实施方案三个层级的内容。

街区指引发挥承上启下的重要作用，重点传导总体规划、分区规划在规模、空间、品质方面的刚性要求，分解至街区层面，作为街区控规编制和管理的重要依据和技术支撑。

街区控规发挥底线管控的重要作用，是详细规划的重要层级，在街区指引的指导下，明确街区内各类用地及建筑资源、近期重点实施任务和规划方案。

综合实施方案发挥指导和促进规划实施的重要作用，是详细规划的最终层级。依据街区指引、街区控规等上位规划和工作层级的要求，面向街区内近期建设计划目标和年度工作任务，从技术方案、实施路径、成本测算等方面作出全面、具体的计划安排。

来源：北京市规划和自然资源委员会。

感知评价篇

第16章

国土空间数据库的建设与维护

原理 B101 系统建构空间感知数据体系

国土空间的认知、管理和优化需要真实、有效的信息作为科学支撑。最为理想的状态是用感知数据构建对物理空间的完整映射，为推演各类方案策略、实施效果评估提供情景模拟的数字信息空间。系统建构空间感知数据体系，应充分提升数据质量，增强数据“准确性、精确性、全面性、时效性”，满足国土空间规划的科学性要求。

系统建构空间感知数据要从以下四方面着手。

（1）认知感知空间表象信息。需包括定位、定性、定量、定质、定时。

（2）理解感知空间在不同层级中的状态。需要理解城市不同尺度下的状态，包括其所处层级中的状态、其在高一层级单元中的状态以及在低一层级单元中发挥的作用。

（3）理解城市系统关联性。要充分理解城市不同的系统要素构成，以及它们之间的关系。如产业、生态、交通等系统并非孤立地存在着，而是相互联系、相互影响的，如只顾单个系统的发展则会造成城市整体发展的失衡。

（4）理解不同时间频率下的空间变化特性。要理解地区的过去、现在以及未来的发展变化，即在时间轴线上的变化，时间变化还包括不同的频率，如秒、分、时、天、月等。

拓展阅读 B1011 空间规划八大数据来源

通过空间感知技术、互联网技术等方式可扩展空间规划工作的数据源范畴。以城市研究与空间规划的实践需求为导向，结合数据获取方式的差异，笔者总结了八类数据来源（见表 16-1）。这八类数据来源基本覆盖了目前空间规划工作所涉及的数据使用范围，具体为航天遥感、航空遥感、地表感知、统计数据、专题调研、规划成果、网络获取、自设平台。其中，统计数据、专题调研和规划成果是过去规划工作中依赖性较强的数据来源。这些数据由规划主体参与实地调研，与有关部门对接，获得第一手资料，其价值很高，但是人力物力成本也相对较大。走向国土空间规划后，数据范围需要进一步扩展以满足不断更新的规划要求。以航天遥感、航空遥感为代表的遥感探测技术支撑了中观、宏观尺度的地理监测。地表感知所包含的通信基站、摄像监控等传感设备，可以提供更为精细化的观测数据。互联网中的各类门户网站、社交平台等，都蕴含着巨大的潜在研究价值。自设平台通过建立媒介及其反馈机制，可以有针对性地获取一定的信息。

来源：作者工作笔记。

表 16-1 以城市研究与空间规划为实践导向的八类数据来源

数据来源	具体内容	获取方式	特点	典型数据源举例	典型数据举例	数据格式
航天遥感	遥感影像	主动	卫星遥感拍摄，尺度宏观	GoogleEarth、USGS、NASA	遥感影像	带有地理信息的图像等
航空遥感	航摄仪；无人机	主动	专业陆地影像拍摄，尺度宏观—中观	测绘部门；自持航拍设备	航拍影像	带有地理信息的图像等
地表感知	摄像头；传感器；通信基站	主动	监测内容多样，尺度微观	交通部门；安保系统；通信机构；自有设备	视频、图像、手机信令	视频、图像、信号等
统计数据	社会经济科技等统计数据资料	主动	官方机构公开发布，权威性强	各国统计机构；专利统计机构	统计年鉴；人口普查；经济普查；专利信息	文档、表格、图片等
专题调研	综合：较精细数据、实地照片、社会人文风貌记录	主动	课题项目来源，形式灵活多变。传统规划调查方法多为此类	相关合作机构；团队调研记录	地区高精度统计数据；实地问卷调查记录	文档、表格、图片等
规划成果	城乡规划成果：现状梳理、问题总结、对策制定	主动	历史工作成果作为未来工作的数据资料基础	官方发布的法定规划成果；团队内部自有的规划项目成果	《上海市城市总体规划（2017—2035 年）研究报告》	文档、表格、图片、设计专有文件格式（如 DWG）、纸质材料等
网络获取	POI 数据；街景图像；环境监测数据；交通记录数据；社交网络数据等	主动	公开或有偿获取、动态灵活、典型的大数据来源	高德 / 百度地图；腾讯 / 百度街景；中国空气质量在线监测分析平台；中国铁路 12306；微博、Facebook	上海市街景图像数据；上海市 $PM_{2.5}$ 数据；长三角高铁线路及班次数据；微博签到数据	文档、表格、图片、视频等
自设平台	自主设立网站收集数据	被动	依托自有平台被动获取数据，存在平台的设计、引导、安全性等方面的工作	WUPEN 网站（http://www.wupen.org/）	意见反馈	不限定

原理 B102　国土空间规划数据分类

国土空间数据库建设过程中，数据分类首先需要遵循的通用原则是兼顾使用效果与管理效率，降低数据流动过程中的综合成本。数据分类标准不是唯一的，需要具体按照不同的使用要求和管理要求进行制定与实施。结合国土空间规划工作特点，在数据库建设中应至少包含这几方面数据：城市核心要素信息（建筑、道路、水系、绿地和地形），空间流动信息，生态环境信息与社会舆情信息。在此基础上，可根据需要，合理增加更多种类的数据。

对上述数据库应包含的数据类别阐述如下。

（1）城市核心要素信息：建筑、道路、水系、绿地和地形。这五类要素可以勾勒出所有城市的基本空间信息底板，是未来城市数字空间建设不可或缺的关键要素，是国土空间信息化服务的基本保障，应建立起统一化的信息标准。如缺少这一类的信息则空间规划无法开展。

（2）空间流动信息：自然流、人流和功能流。这一类数据体现社会运作的时空脉搏。如缺乏此类信息则会使得空间规划仅存于空间，而与社会发展的真实需求脱节。

（3）生态环境信息：碳中和信息、空气质量、风环境、热环境等数据强调对于自然环境的关注，是新时代生态文明建设、新型城镇化迈向高质量发展阶段的重要考量。这其中需要重点关注碳中和信息。碳中和（carbon neutrality）是指在一定时间内，人类直接或间接产生的温室气体排放总量，通过植树造林、节能减排、碳捕捉等形式，抵消自身产生的二氧化碳排放，实现二氧化碳的相对“零排放”。碳中和的一边是碳排，另一边是碳汇，碳中和即让二氧化碳排放量“收支相抵”，因此碳中和的实现一边是加强节能减排，另一边是提升碳汇能力。强化对于碳排放相关数据的掌控不仅仅与本国经济的可持续发展有关，更与世界减碳行动的开展、人类文明的存续息息相关。

（4）社会舆情信息：突出人的主观意志与城市智能生命的互动协调，在传统的空间感知的基础上，增加对社会要素（如个体和群体）的情绪感知。当今时代，互联网的使用率迅速增长。通过社交媒体进行互动成为在全球范围内共享各种信息、传达意见的常用方式。社交媒体平台诸如微信、微博等为民众、组织、企业和政府提供了便捷的社会舆情信息渠道，来获取各类能够反映人们意见、情绪、观点的信息。与此同时，随着大智移云链技术的不断发展以及在城市场景中的应用，城市也获得了能够感知、判断、反馈、学习的自主意识，朝着城市智能生命体的方向不断演进。基于社会舆情信息可实现对城市智能生命体的“情商”测度。

拓展阅读 B1021

城乡规划九大领域数据分类

城乡规划数据可以按照不同的分类方法进行分类，结合学科的应用性特征，从规划的九大领域对数据进行分类。表 16-2 列举了各领域的数据示例、数据格式与数据用途，清晰地反映了数据在规划各个领域的使用情况，具有较强的系统性与应用性。

来源：作者工作笔记。

表 16-2 城乡规划九大领域数据分类

规划领域	数据示例	数据格式	数据用途
城乡区域	城市间高铁班次联系	csv	分析城市之间高铁联系强度与城市群高铁流网络结构
城市生态	城市千米网格碳排	shp	分析城市内部碳排空间分布特征
城市产业	高新技术企业	shp	分析城市内部高新技术企业（分行业）空间分布特征
城市动力	发明专利分布	shp	分析城市内部创新成果（分行业）空间分布特征
城市社会	城市人口热力	shp	分析城市人口聚集特征与时序变化特征
城市文化	城市微博舆情	txt	分析城市情绪变化趋势，城市情商高低
城市流动	道路交通态势	shp	分析城市内部道路拥挤的空间与时序变化特征
城市空间	用地绩效	shp	分析城市用地（分类型）的使用效率
城市安全健康	城市网格预期寿命	shp	分析城市居民健康与空间形态的关系

原理 B103 对数据进行批判性利用

数据按照不同的标准进行分类，如大数据与小数据、低频数据与高频数据、定性数据与定量数据。这些数据之间并非是绝对对立的关系，而是相互佐证与补充的关系。大数据的特征是覆盖范围广、更新频度高，依托大数据进行的数学分析通常是从宏观层面把握对象之间的相关关系，是一种趋势分析；而小数据是针对小范围的研究对象进行的细致考察，能够精确地解释研究对象的因果关系。综合两类数据则能同时把握研究对象的宏观统计特征以及微观内在机理。

以居民通勤的影响因素研究为例来说明大数据和小数据的关系。通常使用手机信令数据作为大数据，分析区域内所有居民的通勤时空分布特征；使用居民出行调查作为小数据，分析居民在选择工作地时的考虑因素（收入、通勤时间、交通工具）；并结合居民的自身属性（学历、年龄、性别、人生阶段），分析不同居民的选择倾向。结合上述大数据与小数据，可以更为全面地剖析目标地区居民的通勤特征影响因素。

案例 B1031

扫二维码了解以下内容：
全国县域产业结构示意图

来源：作者工作笔记。

会泽县产业结构分析

在分析云南省会泽县产业结构时，首先将全国 2073 个县域作为对象进行全样本分析，使用散点图的方式分析所有县域的产业结构特征，发现人均 GDP 高于 50000 元 / 人的县域的第二产业比例较高，大多数发达的县域仍旧以第二产业为主。

在此基础上细致分析会泽县的发展情况，选取 2006 年指标与会泽县相同、2015 年指标高于会泽县且同样是山区类型的县域，作为会泽县的对标县域（见表 16-3）。基于对对标县域的区位条件与产业发展特征等方面的深入剖析，制定会泽县未来的发展策略。

表 16-3 会泽县对标县域对比（2015 年）

县域	省份	户籍人口（万人）	地区生产总值（亿元）	人均 GDP（元 / 人）	第二产业比例（%）	第三产业比例（%）
德化县	福建	33	182	55261	60	35
右江区	广西	36	206	57087	47	41
宜都市	湖北	40	501	125249	63	29

原理 B104 建立国土空间规划数据平台

国土空间规划数据平台要以国土资源、测绘地理信息等各类数据为基础，聚合集成政府和社会各类国土空间相关数据，覆盖国土空间规划、建设、运行治理等全生命周期。为各类与国土空间相关的规划、管理、决策、服务提供有力的信息支撑，有效提升国土空间治理能力的现代化水平。

（1）建立全面、翔实、准确的权威性国土空间数据资源体系。

（2）建立统一的国土空间数据资源信息化标准。

（3）建立国土空间基础信息云管理与服务平台。

（4）建立并完善国土空间基础信息应用服务的有效机制。

拓展阅读 B1041 国土空间基础信息平台建设总体框架

扫二维码了解以下内容：
国土空间基础信息平台总体架构

来源：《国土空间基础信息平台建设总体方案》。

国土空间基础信息平台以云管理与服务平台为支撑，按照“共建、共用、互联、共享”的原则，建设国土空间基础信息资源体系和管理与服务体系，为国土空间规划编制、行政审批、空间开发利用监测监管、空间决策分析等工作提供空间数据和信息技术保障。

（1）接入基础测绘、遥感、土地、地质、矿产资源、地质环境、不动产等信息资源。

（2）共享发改、环保、住建、交通、水利、农业、林业等部门国土空间相关信息。

（3）建成贯穿部、省、市、县四级，部门联动、开放共享、安全可靠的分布式国土空间基础信息服务平台。

原理 B105 建立城市数据联盟

针对目前国土空间规划工作中存在的数据缺失与数据质量不高等问题，空间规划应依托多渠道、多元的数据来源，形成纵向与横向兼顾、运营机制健全的城市大数据联盟。

（1）纵向：“国、省、市、县、乡镇”五级规划需要形成空间大数据系统的纵向联动。

（2）横向：规划编制单位与政府、企业、自然资源主管部门及其他业务单位之间需要达成共识，形成数据资源的横向协同。

（3）建立运营管理机制：建立一套与城市数据库配套的运营管理制度，为国土空间规划实施与治理体系提供长久性运行的制度保障与科技支撑。

拓展阅读 B1051

CiMA（人类数字城市图谱）全球科学家计划

人类数字城市图谱（City intelligence Mapping Alliance，CiMA）全球科学家计划是为了实现联合国可持续发展目标（Sustainable Development Goals，SDGs），为人类生活的城市共同应对气候变化的挑战，也为了促进城乡与自然和谐发展，以“提升城市的生命韧性”为核心目标，建立的跨城市交流、多主体参与的城市三维图谱。

计划将以全球范围内 13861 个城市为底板，基于建筑、道路、水系、绿地、高程五要素构建城市数字图谱，促进全球城市的数字化发展。

来源：世界人工智能城乡规划联盟（GUPAIL）、世界规划教育组织（WUPEN），CiMA（人类数字城市图谱）全球科学家计划。

B 2

第 17 章

国土空间诊断

B 2

原理 B201　国土空间诊断的基本假设

国土空间诊断的基本假设：国土空间具有“正常健康”状态，国土空间诊断就是确定偏离“正常健康”状态的偏移（或偏移值）及造成偏离的原因。

原理 B202　国土空间问题及病症的三大方面

国土空间面临着诸多复杂问题及病症，可以归结为以下三种类型。

（1）国土空间上的自然环境与建成环境的矛盾冲突。

（2）国土空间上的各系统要素间的关系失衡。

（3）国土空间上的文明延续与创新无法交接。

拓展阅读 B2021　国土空间问题及病症梳理与界定

扫二维码了解以下内容：
改革开放 40 年以来的 25517 篇学术文献分析图谱

中国科学院和中国工程院两院院士吴良镛先生、住房和城乡建设部原副部长仇保兴教授等多位知名学者对空间问题及病症都开展了深入的调查与深刻的研究，将空间问题与病症归纳为九大问题：交通空间严重拥堵、空气污染雾霾严重、建成环境内涝积水成灾、资源能源消耗过度、生态空间严重破坏、安全保障系统不力、基础设施脆弱短命、空间运行效率低下、空间文化传承缺失。

中国规划设计研究院将国土空间问题及病症归纳为六大问题：第一，国土空间上建成环境的空间发展呈现低质量失衡；第二，国土空间上的生态环境资源的矛盾性与复杂性凸显；第三，国土空间上的基础设施建设的数量与质量整体滞后；第四，国土空间上的建筑空间供需与价值双向失衡；第五，国土空间上的交通供需不均衡且整体品质有待提升；第六，国土空间上的建成环境安全隐患多且应对能力薄弱。

吴志强院士团队采用自然语义处理与科学知识图谱方法，对改革开放 40 年以来的 25517 篇学术文献进行了分析，将国土空间可持续发展存在的问题归纳为以下六大类别。

（1）“资源生态”问题，具体为系统性应对灾害能力薄弱，治理与修复面临复杂情况和能源、资源供需矛盾。

（2）“经济产业”问题，具体为产业结构及布局失调，效率不足，供需不平衡和人才匮乏、代际断裂。

（3）“社会文化”问题，具体为社会包容度低、归属感弱，历史文化保护与创新缺失，以及社会资源配置不协调。

来源：中国工程院重大咨询研究项目，《中国城市建设可持续发展战略研究》。

（4）“空间建设”问题，具体为城市设施建设水平滞后，空间“供、需、用”三者矛盾和空间尺度失控、多样性差。

（5）“政策治理”问题，具体为城建政策粗放、低效以及规划、治理结构不清。

（6）“区域发展”问题，具体为城市发展不均衡不充分、分化加剧和城市群内部缺乏系统统筹协调。

原理 B203 国土空间诊断需遵循“以数明律”原则

国土空间诊断应导入以“人工智能”为领雁的“大智移云链”新技术，依托国土空间数字信息化技术，快速实现空间“形”和“流”的显态呈现；依托国土空间智能诊断技术，进行空间发展规律的挖掘，以规律进行空间病症的诊断；并进一步分析病兆产生的关键所在，将有限的资源合理分配到严重偏移发展规律的病症痛点之上，避免诊断言过其实或是诊断失枝脱节。

案例 B2031

扫二维码了解以下内容：
世界大都会河岸功能热力分析示意

来源：上海同济城市规划设计研究院有限公司，《北京城市副中心大运河生态文明带综合规划》。

北京城市副中心大运河凹岸舒缓平铺，凸岸紧凑抬升

世界大都会的母亲河的活力由两部分构成，分别为室内功能的集聚和室外人群的活动。通过比较河道沿岸活力点的空间分布，可以发现：

（1）河岸线凸形区域一般建筑密度较高，以室内功能为主，如办公大楼、银行等，因此活力点分布较为稀疏。

（2）河岸线凹形区域由于视野面比较宽旷，具有更多的城市展示面，容易集聚各类城市公共活动空间，如咖啡馆、餐厅、会所、俱乐部、精品酒店等，但地价和租金也更为昂贵。

这种河道沿岸活力点的分布规律在伦敦泰晤士河、巴黎塞纳河、布里斯班河、柏林施普雷河、纽约南海岸、东京隅田川等世界大都会的母亲河都得到了规律验证。

在北京城市副中心大运河生态文明带综合规划中，编制团队将北京城市副中心大运河一带按照水岸形状分为凹岸和凸岸，建筑组团根据凹凸岸线分布。凸岸地区形成高点集群，功能垂直分布；凹岸地区层层退让，功能按层次分布。

原理 B204 国土空间诊断的三种思想方法

国土空间诊断有以下三种思想方法。

（1）循律推理法：诊断基于空间发展问题的一般规律，判断特定空间问题。

（2）循证对比法：诊断基于空间发展问题的客观证据，并结合规划师经验，对照政府发展愿景和人民期盼诉求。

（3）循史分析法：诊断基于特定规划空间的历史发展脉络，确定其发展阶段，确定该发展阶段上的问题发生的原因机理、问题推演和治理方案。

案例 B2041　基于循律推理法的绍兴古城活力家园功能配置诊断

来源：上海同济建筑设计研究院（集团）有限公司、绍兴市国土空间规划研究院联合编制团队，《绍兴古城智慧复兴规划设计》。

规划编制团队基于西安古城、开封古城、扬州古城、南京古城、苏州古城、绍兴古城 20 米 ×20 米精度的时空热力数据，采用贝叶斯优化（Bayesian Optimization）的 XGB 增强树算法，构建典型古城的家园活力与十元功能的

图 17-1 西安古城活力

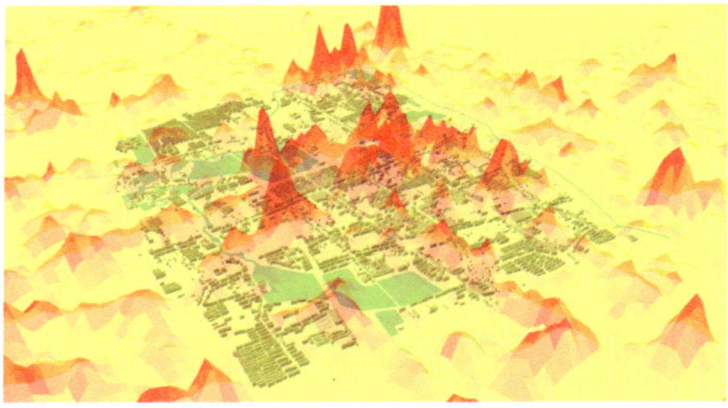

图 17-2 开封古城活力

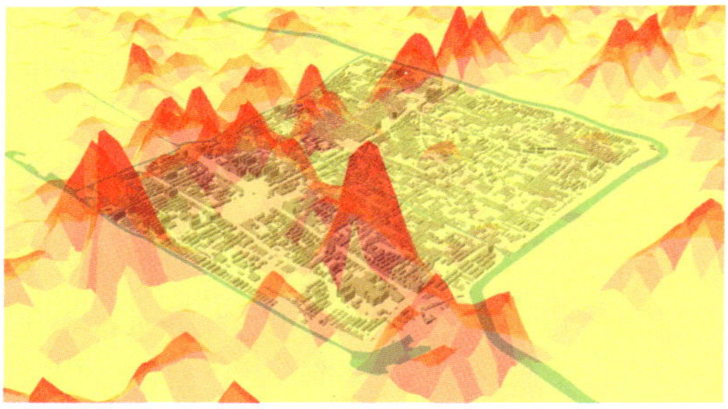

图 17-3 扬州古城活力

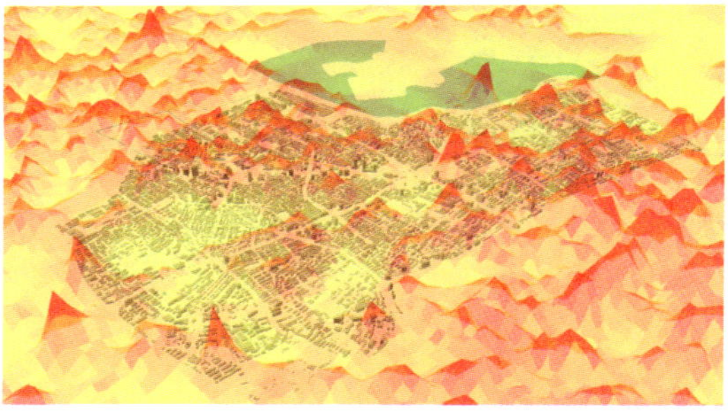

图 17-4 南京古城活力

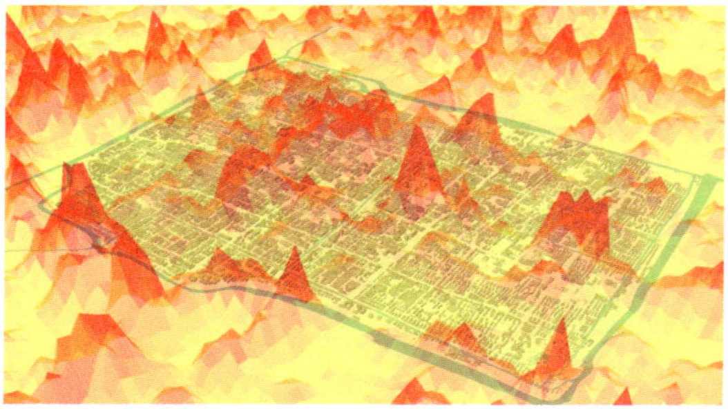

图 17-5 苏州古城活力

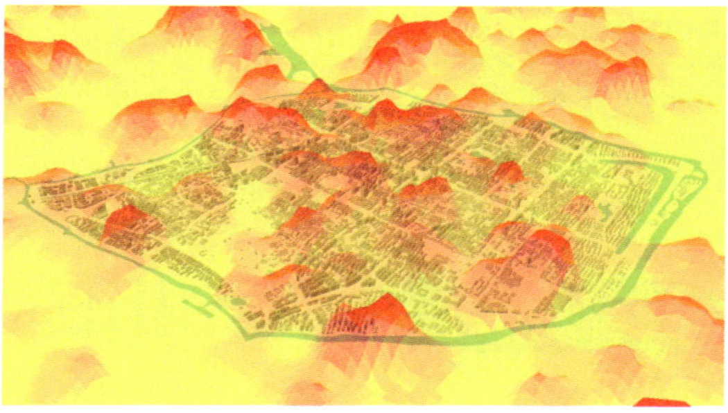

图 17-6 绍兴古城活力

影响模型。在此基础上，根据 Shapley Value 算法对模型进行后验解读，识别城市十元功能密度对于城市家园活力正向影响的阈值，对绍兴古城亟需提升活力的家园进行循律推理与精准诊断（见图 17-1—图 17-6）。

案例 B2042

基于循律推理法的前湾浙沪合作创新区人民期盼诉求诊断

规划编制团队基于 3071 条微博舆情数据，采用自然语言处理方法，获取 445 个前湾浙沪合作创新区的人民期盼诉求的关键词，进行高频词汇的数量与类型分析。研究发现，前湾浙沪合作创新区人民期盼诉求可分为四个层级：价值与自我（21%）、尊重与富强（17%）、安全与归属（31%）、基础与需求（31%）。对照人民期盼诉求，诊断基于空间发展问题的客观证据（见图 17-7）。

来源：上海同济城市规划设计研究院有限公司，《前湾浙沪合作创新区规划方案国际竞赛》。

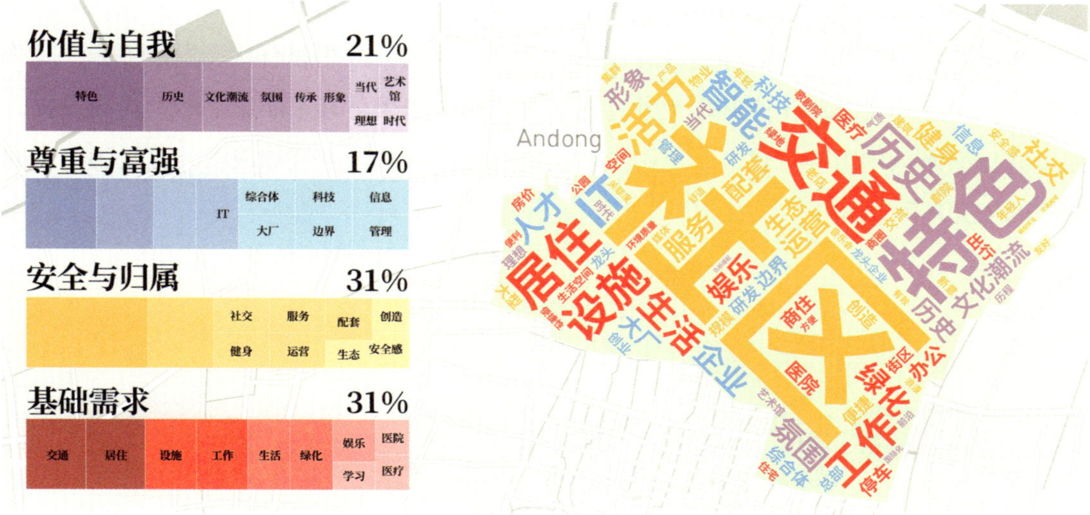

图 17-7 前湾浙沪合作创新区人民期盼诉求诊断示意

案例 B2043

基于循史分析法的台州城市发展阶段诊断

基于对世界各国或地区人均 GDP 和城镇化率关系研究，揭示城镇化率超过 50% 的国家或地区在走向稳定城镇化过程中，逐渐出现“Y”形道路分化趋势。“Y”形道路分化为 Stand 道路与 Lay 道路。其中，Stand 道路指依靠智力创新的“智力城镇化”道路；Lay 道路指依靠资源环境、廉价劳动力、土地低效扩张的“体力城镇化”道路。

城镇化率 60% 左右是决定城镇化“Y”形道路分化的起始点，城镇化率 75% 左右是决定城镇化道路是向“智力”还是“体力”发展的关键点。

台州 2021 年的人均 GDP 约为 8.74 万元，城镇化率约为 63.6%。倘若按照城镇化率每年提升 1 个百分点的演进趋势，台州的城镇化率预计将在 10 年

来源：作者工作笔记。

扫二维码了解以下内容：城镇化率分析示意，台州与世界以及全国各省份的城镇化里程比较

后增长至 75% 的关键点，智力城镇化转轨的窗口期仅为 10 年。

基于循史分析法，台州已经迈过了城镇化道路是向“智力”还是“体力”发展的起始点，如何全面提升“台州制造”的能级，迈向全球价值链的中高端，是台州的时代考题。台州应抓住转瞬即逝的智力城镇化转轨的 10 年窗口期，科技创新赋能“新智造”，加快建设全球先进智能制造业基地，从而实现从制造业大市向制造业强市跃升，打造成为全球“工业 4.0 标杆城市”，完成智力城镇化转轨和永续发展。

原理 B205　国土空间诊断回归到文明发展的基本认识

国土空间诊断要遵循国土空间生命自育规律，即没有规划干预过程下的规律。国土空间本来即为生命体，那么即便没有规划，客观世界也会按照固有状态发展下去，其中尤其需要关注的便是国土空间本土独特的韧性机制，如果是有正面影响的则需要发扬，如果有负面影响则需要改良。尊重国土空间自育规律将会降低规划成本，这是国土空间诊断的依据基础。

原理 B206　国土空间诊断需遵循“以流定形，形流相成”的思想方法

空间的“形”是物质基础，也是空间中各种“流”的容器。“流”在“形”的范围内产生和运行，并受到“形”的影响和制约。空间之所以具有生命力是因为流动无处不在，没有了“流”，空间便成了毫无生机的躯壳，空间中丰富多彩的流动是空间的灵魂，“形”的存在是为了支撑“流”的运行，“流”的状态则是诊断“形”的重要标准。因此，国土空间诊断应遵循“以流定形，形流相成”的思想方法。

拓展阅读 B2061　“以形定流”和“形流相成”

对于国土空间规划而言，空间，即“形”，是规划控制和干预的主要对象，世界上大部分国家都有自己的国土空间分类标准和规划控制原则。相比之下，

来源：作者工作笔记。

规划手段往往无法直接作用于“流”，而需要借助干预“形”来间接影响国土空间中的各种“流”。根据国土空间规划工作中对“形—流”关系的认知和判断，可以分为两种不同的思想方法。

（1）将“形”作为空间规划的终极服务对象，以形态学、政治形象、空间序列甚至平面图案作为推敲国土空间形态的基础，而将国土空间中的“流”作为城市形态的附属品。

（2）尽管也以空间的“形”作为管理和干预的主要对象，但同时也认为相比于“形”，空间中“流”的顺利运行是规划更为深层次的目标。这种思想更多地将国土空间作为生命体看待，将空间中的“流”与自然界的水流、空气流等无意识的流加以区分，强调前者是具有特殊生命力、流动意愿和价值标准的，核心是空间中人的需求。

这两种不同的思想方法分别呈现出“以形定流”和“形流相承”的特点，前者绵延千年，影响至今；而后者更体现对人的重视，接近空间运行的本质，近百年来才萌芽初现，是社会民主进步的产物，随着认知科学技术的发展而逐渐成熟。

原理 B207 国土空间诊断体系的八大核心领域

国土空间诊断体系从学理上必须包含但不限于以下八大核心领域。

（1）区域城镇群落、交通与基础设施网络诊断。

（2）区域地质地貌、生态环境诊断。

（3）人口社会、公服设施布局诊断。

（4）经济结构、产业门类与上下游产业链诊断。

（5）科技创新资源与动力及其空间分布诊断。

（6）历史文化遗产级别与分布、文旅结合诊断。

（7）交通网络、对外交通节点、轨道与道路运营、停车设施诊断。

（8）空间形态密度、高度、色彩诊断。

来源：作者工作笔记。

案例 B2071 区域城镇群落、交通与基础设施网络诊断

综合利用机器学习、可视化分析、空间计量模型等技术手段，构建区域创新网络、信息联系网络、产业经济网络、交通联系网络，诊断分析城市在区域群落中的网络结构与搭接问题。区域城镇群落、交通与基础设施网络诊断应遵从以下步骤。

（1）从创新、经济、高铁、信息等方面综合分析区域中城市协同网络的特征，并对网络进行组团划分，辨析城镇群落网络的结构与格局，诊断各城

市在城镇群落中的等级地位，对城市未来的发展提供战略引导。

（2）对不同类型网络进行对比分析，更加明确各类网络的特征。通过考察目标城市在不同网络中的测度，明确目标城市在城市群落中的地位，明确目标城市在各类网络中的优势以及有待提升的方面。

（3）进一步可分析目标城市的各区县在其所在省份内与其他区县的外联格局，再进一步明确目标城市各区县的外联强度、主联方向和未来战略。

长三角是我国经济最发达、发展最完善、一体化程度最高的城市群。从专利合作、企业总分、高铁班次和信息四个维度考察长三角城市群之间的联系，四类网络呈现出不同的特征，如专利合作聚集性明显，经济网络在浙江省城市间联系紧密，信息网络分布最为均衡。但四类网络也有共同点，即沪宁廊道的联系均很紧密，表明这条廊道的发展程度最高。

基于四类联系计算综合联系，将城市划分为四个等级，以表征其在城市群中的外向连接地位。任何城市都能确定自身城市在网络中的地位，由此制定与其他城市的联动策略，这种联动部分依赖于地理邻近性（如交通基础设施），部分可以以跨越地理界限的方式展开（如专利合作与企业总分）。

案例 B2072

区域地质地貌、生态环境诊断，青岛市西海岸新区以 CFD 风模拟为导向，科学优化现状风廊道

扫二维码了解以下内容：西海岸新区历年风玫瑰图，西海岸新区冬夏两季 30 米高度风速模拟图

通过大数据与人工智能赋能生态环境诊断，寻求能、水、物、气、地、生等城市生态流动要素的特征与规律，为科学的生态治理提供建设性意见。完整的生态智能诊断体系根据诊断内容可以划分为适宜性评价、环境问题诊断性评价和空间格局建议性评价三个大体维度。

（1）适宜性评价以双评价为典例，需结合特定建设需求，通过对生态环境的综合承载力评估进行空间及量级的判断。

（2）环境问题诊断性评价包含较多内容，通常是根据对标案例或建立人工智能模型找到某一具体对象的数值异常，此类型生态诊断较多集中于能、热、水、碳、气等客观物理环境的诊断。

（3）空间格局建议性评价一般为向空间规划布局提供建议的地理信息图示，城市生物多样性诊断、城市生态安全格局与风廊道诊断等都属于此列。

本案例介绍山东省青岛市西海岸新区进行的风环境诊断，此研究旨在缓解城市热岛效应、改善风环境，提高人体舒适度。研究使用了历史风向数据、热岛效应高发时期背景环境数据和污染最严重时期背景环境数据进行三方比对，并对 30 米以下人类活动的主要空间进行 CFD 风模拟，得出现状风廊道及其堵点、城市湍流点等，为后续风廊道建设提供科学指引。

来源：上海同济城市规划设计研究院有限公司，《西海岸新区城市发展战略研究》。

案例 B2073

人口社会、公服设施布局诊断

1. 人的五层架构理论

任何一个国家的发展来源的第一资源都是来自“人—青年人—受过高等教育的青年人—具有创新创意的青年人—能创业的青年人”五个层级（见图 17-8）。有持续的人才能带来可持续的发展；青年人才会带来蓬勃的生气；受过高等教育的青年人才会带来基于知识层面的朝气；具有创新创意的青年人才能从无到有创造多元奇迹；最终能创业的青年人才能带来资金、就业岗位。

来源：作者工作笔记。

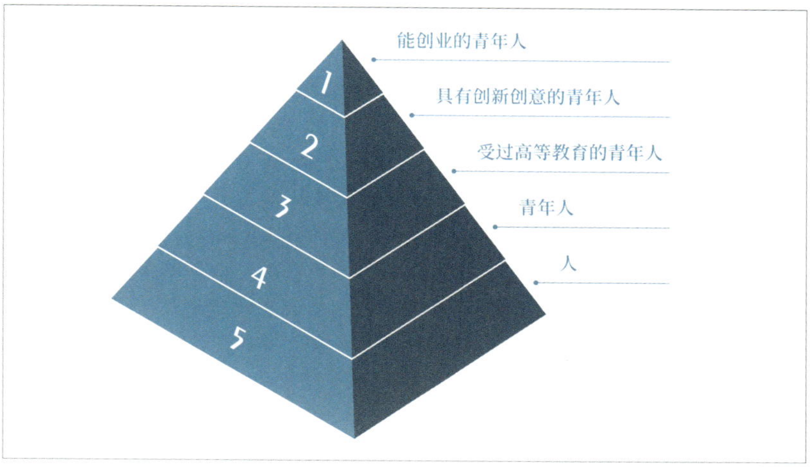

图 17-8 人的五层理论

2. 人口创新力诊断

利用大数据与人工智能技术，从社会经济角度分析人口与创新力发展的关系，挖掘影响人口创新力的关键要素，建构人口创新力计算模型，精准诊断一个城市或地区的人口创新力。基于一个城市或地区的青年人口数量、高等在校生数量、创业青年数量，计算得到人口创新力规模优势指数，基于专利授权数量、国际论文发表数量，计算得到人口创新力质量优势指数，在此基础上，综合规模优势指数与质量优势指数，构建人口创新力综合优势指数（见图 17-9）。

在青岛市西海岸新区战略规划项目的研究中发现，基于青年人口和高等院校分析国家级新区人口规模优势指数诊断得出，西海岸人口质量优势指数较弱，人口规模提升动力不足。基于万人创业公司数和院士工作站分析国家级新区人口质量优势指数诊断得出，西海岸新区人口质量指数排名第二，仅次于滨海新区。因此，西海岸新区人口创新力短板主要体现在“创新人口规模”上，且青年人口至少有 50 万人的缺口，高等院校至少有 20 所的缺口。

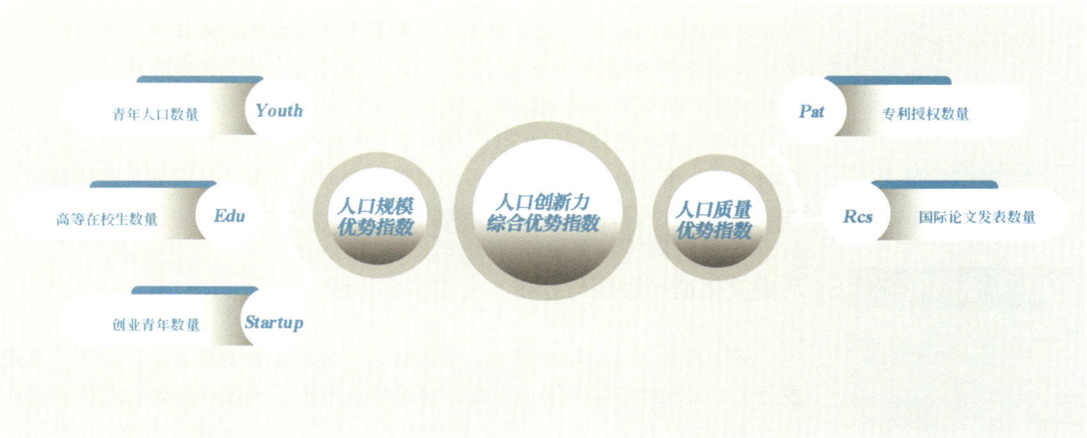

图 17-9 人口创新力综合优势指数建构

案例 B2074

经济结构、产业门类与上下游产业链诊断

扫二维码了解以下内容：
台州补强产业门类，台州产业链补强策略（以新能源智能网联汽车产业链为例），台州主导产业识别示意图

来源：上海同济城市规划设计研究院有限公司与台州市城乡规划设计研究院联合编制团队，《台州湾新区国土空间总体规划（2020—2035 年）研究报告》。

经济产业诊断，即将经济和产业发展视为城市发展的核心，将产业支撑放在城镇化进程的首要位置，从产业规模、产业结构、产业分布、产业协作、产业链、产业创新等方面对城市产业情况进行全面智能诊断，通过发展经济产业，完善城市功能，提升城市职能，是国土空间规划全诊断体系中关系城市经济与民生的重要一环。

在浙江省台州市经济产业诊断中，利用产业图谱技术，精准识别出四大优势产业集群，包括汽车产业集群、设备制造产业集群、高端模具产业集群和医药健康产业集群，并从沪浙地区产业基础出发，锁定可以进行区域补强的产业门类，包含电力电子元器件制造和机械智能制造等，为完善台州产业链、实现经济产业升级，提供有效支撑。

案例 B2075

科技创新资源与动力及其空间分布诊断，长三角城镇群创新要素智能评价与配置

扫二维码了解以下内容：
长三角长短板诊断

来源：作者工作笔记，《长三角全球科创集群的发展战略研究》。

城市发展动力机制是城市发展的根本原因，是转变城市发展模式的基础动因，是推动城市化进程的支撑力量，是体力城镇化向智力城镇化转型的关键因素。对城市发展动力机制的研究，将有助于了解和把握城市发展的根本动力，进而确保城市的可持续发展。在大数据动态采集与人工智能技术基础上，学习城市发展规律，从动力影响关键要素出发，建构城市动力发展模型，对城市发展的动力机制进行全面考察，诊断城市智商、城市投资、城市创新力、城市动力引擎、城市动力机制、城市动力效益、城市动力持续性、城市创新力与创新要素等方面，发现城市发展的问题与关键点，为城市未来可持续、高效的发展提供科学依据，具体包括：城市动力引擎识别、城市动力效益评价、城市动力驱动机制、城市创新力长短板诊断、城市创新要素智能配置等。

本案例介绍了对长三角城镇群进行的创新长短板诊断和要素智能配置。创新长短板诊断是针对城市现状，找到制约城市创新发展的关键因素及其优势，集中在 R&D/GDP、FDI/GDP、高校在校生、人均 GDP、休闲文化服务设施和万人创业青年六大要素上；创新要素智能配置则是在城市长短板判别和城市创新力 AI 模型基础上，通过 DEA 差额变数等限制条件进行城市间的创新要素互换以达到区域创新力最大的目标（见图 17-10）。

此研究基于更广阔的视野，将城市内部创新发展转化成了一个区域竞合、互相牵制、取长补短的过程。同时创新要素的区域配置还明确了具体指标与具体城市交换的具体数量，为区域创新合作提供指导。

案例 B2076

历史文化遗产级别与分布、文旅结合诊断

来源：上海同济建筑设计研究院（集团）有限公司、绍兴市国土空间规划研究院联合编制团队，《绍兴古城智慧复兴规划设计》。

城市历史与文化诊断对国土空间规划与治理具有重要意义。任何一座城市的历史文化都有其独特性。通过对城市的形成、发展脉络的把握，可以认识城市的发展机制，识别城市发展过程中的社会问题，发掘城市的文化特征。

城市文化与城市社会环境、日常生活组织、城市阶级和阶层等内容相联系。

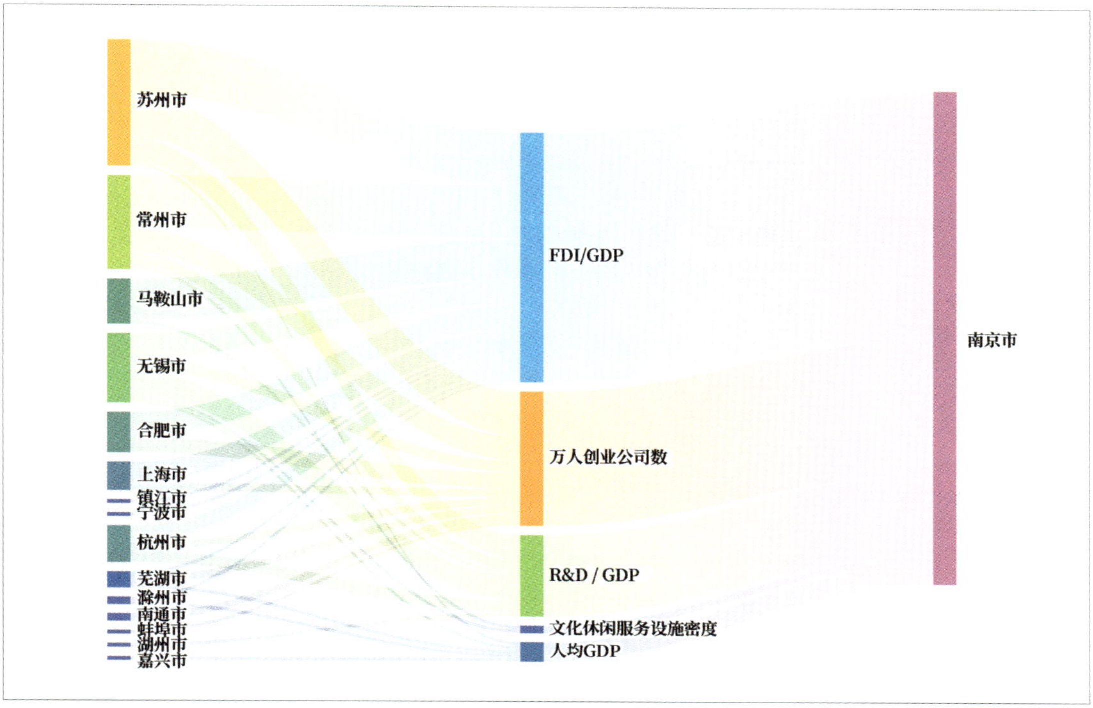

图 17-10 基于和板理论的城市创新关键要素智能配置——以南京为例

城市通过塑造城乡规划决策者的社会观而确定城市治理方向，通过影响规划师的价值观而干预城市基本要素，通过影响公众和个人的人生观而间接塑造城市形象。

在历史文化诊断中，需要同时关注城市发展演变的自然条件和历史背景，以及在此基础上形成的城市空间格局和文化遗产，还包括对城市文化和精神内核的感知，主要包括对城市历史沿革和文化要素的认识和分析。

（1）对城市历史沿革的认识和分析。包括城市历史的发展、演进以及城市发展的脉络。分析城市格局的演变，包括城市的整体形态、功能布局、空间要素等。分析城市历史发展中的自然与社会条件，包括政治、经济、文化、交通、景观等内容。从城市历史中汲取空间智慧，指导国土空间治理与建设。

以绍兴古城的城市色彩诊断为例，编制团队挖掘了维也纳、米兰、阿姆斯特丹等世界著名古城的 1 万张街景图片，采用 MASK 提取维也纳、米兰、阿姆斯特丹的街景建筑部分城市色彩，发现古城色彩结构为“四主多辅”，以冷灰、象牙灰等灰色系颜色为主，以靛青、玫瑰红等颜色为辅。基于四主多辅的基本规律，研究发现绍兴街道靛青占比 10.50%，远高于古城靛青占比均值 4.50%，因此建议减小靛青占比，并合理添加点缀色。

（2）对城市历史文化要素的感知和分析。物质要素包括气候、建筑形式与色彩、公共空间等内容。非物质要素包括历史任务与事件、传统民俗、文化艺术、神话传说等。

以编制团队对台州湾新区的历史文化感知诊断为例，通过爬取打卡地点为柯桥的社交媒体数据与旅游网站评论信息，汇总为舆情文本集合，对此进行要素感知分析，提取舆情文本中出现的历史文化要素并与《台州历史文化

扫二维码了解以下内容：
台州湾新区国土空间规划色彩诊断，台州湾新区历史文化要素感知诊断

遗产保护名录》相比对，得到感知分析图。图中黑色字体标注的对象为舆情信息中出现的文化要素，即市民主要感知要素；红色字体标注的对象为舆情信息中未出现的文化要素，即缺乏感知要素。台州诸如大奏鼓、秦汉三国文化、黄沙狮子、榧树词调、七月七文化、无骨花灯等传统历史文化要素都需要更好地开发，以此为后续规划工作中历史文化要素挖掘与激活展开提供支撑。

案例 B2077

扫二维码了解以下内容：
拟合空间句法结果和交通态势以识别异常路段

来源：上海同济城市规划设计研究院有限公司，《无锡太湖湾科创带国土空间规划》。

交通网络、对外交通节点、轨道与道路运营、停车设施诊断：无锡市以空间句法为导向，科学优化道路结构

路网结构的设计常依赖于主观判断，缺乏定量层面的度量，同时缺乏必要的反馈。本案例旨在从路网结构本身的供给水平和现状道路交通的需求水平两部分出发，对于路网的合理与否做出评价，并提供科学反馈。在无锡太湖湾科创带城市设计项目中，使用了空间句法中的“接近性”“中间度”等指标对路网结构的合理性进行诊断。其中，道路的“接近性”一般度量了道路间与其他道路容易发生直接联系、容易到达的程度；“中间度”则度量了街道网络中的路径被选择的频率，即衡量道路的区位特征。交通态势来自高德地图，是对实时路面情况平均车速和交通拥堵情况的监测数据，可以用于对重点改进的部分提供参考意见。

案例 B2078

绍兴古城智慧复兴空间密度、高度、色彩诊断

1. 在景观视觉方面，构建空间参数关联模型和视线动态穿透模型

（1）空间参数关联模型。通过本地区与同类地区的城市形态样本来分析空间密度、高度的关联关系，显示规划范围内由于存在新建建筑，层高差异较大。

（2）视线动态穿透模型。通过视线分析 ISOVIST 原理构建了三维的空间观景评价方法，可以直观地分析景观对象和观景点之间的视觉联系，并对阻碍景观视线的障碍物建筑进行识别，进而直观地评估古城主要街道与周边的山体资源的互望效果，并据此提出建筑布局优化的建议。

2. 城市色彩诊断

（1）采用 SegNet、MASK 模型提取街景要素，对城市建筑色彩和环境色彩结构进行识别，并根据社交网络大数据上符合青年人偏好的代表性色彩进行置入，构建规划区域场景色彩体系。

（2）通过对创意场景和场地现状的图像融合分析，生成未来场景的色彩意象，输出场地现状的色彩评价结论并提出色彩规划建议。

（3）通过研究街道场景色彩对青年人的情绪影响，评估改造后对未来青年人的吸引力。根据配置结果，在古城中增加绿色，并在特定地段适当点缀一些红、黄、橙等色彩，这将会显著提升古城空间品质以及对青年人的吸引力，对塑造有特色的古城复兴空间产生积极的影响。

来源：上海同济建筑设计研究院（集团）有限公司、绍兴市国土空间规划研究院联合编制团队，《绍兴古城智慧复兴规划设计》。

V 实施治理篇

第 18 章 国土空间规划实施与治理

第 19 章 国土空间规划评价优化

第 18 章

国土空间规划实施与治理

原理 V101 国土空间治理的内涵

国土空间治理是国家现代治理体系的重要组成部分，是多方相关主体协同参与，对各类国土空间要素的使用和保护进行统筹安排，并实施保护、开发、利用、修复和整治，保障国家生态、生活和生产在空间上有序运行，实现国土安全、粮食安全、生态安全、经济高质量发展、社会和谐、人民幸福、文明传承创新等永续发展目标的过程。

拓展阅读 V1011 联合国两大机构关于治理的定义

联合国全球治理委员会（Commission on Global Governance）认为，治理是综合个人和制度、公共和私营部门管理其共同事务的各种方法的综合，主要目的是使相互冲突的不同利益得以调和，并采取联合行动的持续过程，它既包括正式的制度安排也包括非正式的制度安排。

联合国开发计划署（United Nations Development Programme，UNDP）认为，“治理是基于法律规则和正义、平等的高效系统的公共管理框架，贯穿于管理和被管理的整个过程，它要求建立可持续的体系，赋权于人民，使其成为整个过程的支配者”。开发计划署的定义说明了法治和人民性对治理至关重要。

来源：UNDP. Public Sector Management，Governance，and Sustainable Human Development New York，1995，9.

拓展阅读 V1012 中国关于治理的定义

党和国家政策文件中的社会治理内容代表了国家决策意义上对社会治理范围的界定，直接影响地方实践。由于缺乏权威定义，中央在党政文件中采取了列举任务的务实办法。

从党的十八届三中全会到十九届四中全会，党中央文件中社会治理的领域、内涵比较清晰，主要包括基层自治、社会组织治理、预防和化解社会矛盾、公共安全及国家安全体系四大核心领域，作为顶层设计的社会治理体系还包括社会治理的组织保障（社会治理体制）、基础平台和制度建设（信息化平台、信用体系和社会规范体系）（见表 18-1）。

具体看，党的十八届三中全会决定首次提出社会治理，列举了社会治理的上述四大基本领域，其中网络管理和信息安全、国家安全体系是对新时期新问题的回应。

党的十八届四中全会着重从社会规范体系方面进行部署，提出推进社会治理体制创新和法律制度建设，加强社会组织立法和制定社区矫正法[1]，发挥市民公约、乡规民约、行业规章、团体章程等社会规范在社会治理中的积极作用。这里，社会规范、法治建设是社会治理工作体系的范畴。

党的十八届五中全会提出了社会治理的基础制度建设。有关利益保护、决策风险评估、矛盾预警排查调处化解部分属于十八届三中全会有关预防与化解社会矛盾的范围，社会心理服务体系和疏导、危机干预机制部分是对十八届三中全会预防和化解矛盾中“心理干预”的具体化，有继承也有发展。

1.2020 年 7 月 1 日，《中华人民共和国社区矫正法》正式实施。

社会治安、惩治违法犯罪、安全发展、国家安全部分对应于十八届三中全会的公共安全部分。社会治理体制和共建共享的社会治理格局部分是社会治理的组织架构，国家人口基础信息库、相关实名登记制度和社会信用体系建设属于社会治理的基础工程和制度建设。

党的十九大报告延续了十八届三中全会四大核心领域与社会治理体制、社会治理格局的表述。值得注意的有：一是在公共安全体系之外又独立强调了社会治安防控体系建设，并在保护人身和财产权基础上强调保护人格权，是对人民权利意识发展的回应；二是在社会心理服务体系建设基础上，提出了社会心态的引导，这是矛盾化解模块得到强调的部分。报告提出打造共建共治共享的社会治理格局，发展了十八届五中全会共建共享社会治理格局的表述，“共治”一词更直接地倡导了多元主体参与治理。

党的十九届三中全会决定在统筹推进党政军群机构改革部分，提出完善社会治理和公共服务管理体制，将社会治理与公共服务并列。党的十九届四中全会决定大体也延续了四大领域的划分，同时将社会组织、边疆治理、家庭家教家风建设融入基层治理，将国家安全明确纳入社会治理并独立于传统公共安全内容。

表18-1 十八届三中全会以来党的重要会议报告、决定中社会治理的范围

四大领域	十八届三中全会	十八届五中全会	十九大
基层自治	居民自治、网格化管理和基层综合服务管理平台	社区服务	社区治理体系
社会组织	社会组织活力激发和在华境外非政府组织管理	社会组织参与扶贫、人才资源开发和人才引进	发挥社会组织作用
社会矛盾化解	重大决策稳定风险评估机制，诉求表达、心理干预、矛盾调处、权益保障机制，行政复议案件审理机制，调解工作体系，信访工作	利益表达、协调、保护机制，重大决策风险评估制度，社会矛盾排查预警和调处化解综合机制，信访和调解工作；社会心理服务体系和疏导、危机干预机制	预防和化解社会矛盾，正确处理人民内部矛盾；加强社会心理服务体系建设，培育自尊自信、理性平和、积极向上的社会心态
公共安全	公共安全体系、国家安全	社会治安综合治理；安全教育、安全发展和预警应急机制；国家安全体系建设	安全发展和公共安全体系建设；社会治安防控体系建设

原理V102 空间治理的人民主体性

国土空间规划的根本目的是实现人民更美好的生活。规划成果文件和审批过程应公开并接受全社会监督。在编制、审批过程中，依托政府、市场、社会等不同动力机制，通过多渠道宣传平台与当地人民进行多轮充分沟通，听取人民意愿，汇聚人民智慧，并落实完善到国土空间规划的相应内容中，对接好人民需求安排功能空间。在规划编制和实施过程中应善于推动规划目标的实现。随着智能通信工具的普及，空间规划通过智能数字平台汇聚了更广泛的青年人力量，应鼓励青年人共同参与到规划的监督实施过程中。

案例 V1021 浙江省嘉兴市建立公众参与和社会协调制度

来源：上海同济城市规划设计研究院有限公司联合编制团队，《嘉兴市市国土空间总体规划（2021—2035 年）研究报告》。

充分应用新媒体、广播电视、传统纸媒等多渠道宣传平台，加强对嘉兴市国土空间总体规划成果的舆论宣传，在规划的编制、审批、实施、修改和监督检查阶段，均向社会公开，广泛收集公众和社会各界对规划实施情况的意见和建议，发挥公众监督、集思广益的作用。

原理 V103 依据审批工作经验，优化规划实施程序

为了让国土空间规划成为有效的国家治理工具，规划审批人员不应只是规划审批的被动参与者，而应提前与规划编制人员充分沟通审批中会重点关注的战略规划内容，同时将审批难点和容易操作的内容告知编制单位。因此，规划审批工作不应是被动的后期程序，而应前置主动参与到规划编制过程中，规划编制团队中应有有审批工作经验的成员参与其中。

在实施过程中如发现审批难点，例如，规划确定的某些宏观指标难以分解为项目开发管控指标，为满足区域发展和市民需求的规划意图缺少规划依据作为支撑，社会经济环境的宏观变化导致规划指标与现实环境不符，国家和区域开发新政策在规划审批中受到法律法规滞后的制约等，均应在后续规划编制中对相关指标或空间安排进行相应调整和改进。

原理 V104 合理统筹资源配置和利益的关系

国土空间规划是重要的公共政策，各级国土空间规划内容在脱密后应依法依规向全社会公开传达。国土空间规划主管部门应建立规划公开和规划传达的程序，确保让规划相关方及时准确了解规划内容。

国土空间资源配置与国家和区域发展的效率性和公平性密切相关。国土空间治理应依据自然地理格局和社会经济发展战略布局，对国土空间要素进行统筹安排，兼顾效率与公平，协调不同地区间的资源配置和利益关系。在规划组织、编制和实施的全过程中都应强调区域的协同治理机制，强化地区间的相互理解和配合，尤其是在都市圈规划、城市群规划等特殊类型的国土空间规划中。

原理 V105　规划实施作为全生命周期的重要环节

世界上没有一劳永逸的空间规划。规划实施过程中应及时发现空间规划编制中存在的缺陷和问题，并将其作为下一轮规划需要补充研究和考虑的内容。对于不能满足空间发展需求的内容，比如，未考虑科创中小企业集群、大学生创新创业等空间，又比如，城市 5G 网络的普及带来了大量新型交往方式、改变了商业空间的需求等，都应该视作实施发现的原有规划的不足，成为下一轮规划更新优化的基础。从规划编制开始，经过规划实施，再回到新一轮的规划编制，是一个完整的生命周期。空间规划重编制轻实施的历史问题，应该在国土空间规划制度建立之初就得到重视，并通过建立专门的规划实施反馈机制，从根本上解决这一问题。使规划实施过程的知识和经验积累，反馈支撑下一轮规划的提升，形成规划编制与规划实施双向互动的闭环，才能培育空间规划生命螺旋式上升更新的永续内生动力。

案例 V1051　上海市编制多轮城市总体规划方案（见表 18-2）

以效益为导向，从生态效益、社会效益和经济效益方面选取碳汇能力、人群活动强度、地均税收等的环比变化指标，持续定期开展用地效益评价，并将评价结果作为未来控制各类用地开发指标和制定土地利用政策的依据，不断提升土地集约利用水平。

表 18-2：上海市历次城市总体规划方案概况

规划名称	编制年份
《上海市都市计划》	1949 年
《关于上海城市总体规划的初步意见》	1959 年
《上海市城市总体规划》	1986 年
《上海市城市总体规划（1999 年－2020 年）》	1999 年
《上海市城市总体规划（2017—2035 年）研究报告》	2017 年

来源：上海市规划公示网站，https://www.supdri.com/2035/。

原理 V106　实施落地是检验规划有效性的重要依据

各级各类空间规划的有效性是通过规划实施过程来实现的，因此规划实施是检验规划有效性的重要依据。规划审批和规划实施的成效性是检验空间规划编制思路是否正确、内容是否到位、举措是否可行、力度是否精准、表达是否有效的评判依据。

原理 V107 国土空间规划实施重点

空间功能要素管控和分区管控是空间规划实施的重点，不仅应明确空间功能要素，更应当明确各类空间的数量及其分布关系。空间分区规划实施应以功能要素落地为基础，以空间要素配置为重点，以不同层级分区的规划审批事权为界限。国家级和省级层面的规划实施，应以主体功能区划定为重点，建立主体功能区与国土空间资源配置的直接关系；市县级层面的规划实施，应将政策、功能、约束性指标、准入条件和应达到的标准作为工作重点；乡镇级和区县级的规划实施，应以细化的地类管控为工作重点，应依照规划传导的要求，对街坊和地块提出定性、定量、定位指标，并明确各类配套的建设要求和环境要求。

案例 V1071 山东省济南市规划形成面向事权、面向管控的成果体系

济南市规划形成面向事权、面向管控的成果体系，分为提交国务院审批的报审版成果和服务地方政府管理的地方版成果。

整体成果包括 2 个报告 +2 个技术指引 +1 个近期规划 +1 个地方性法规 +1 个公众读本。

2 个报告即 1 个报审版、1 个地方版报告。报审版（文本 + 图集）以法条形式编写，文字精简，体现上级监督内容，是国务院审批的法定文件，文本中加下划线部分为强制性内容。地方版以政府管理文件形式编写，作为自然资源局审批规划、行使职权的蓝本。

2 个技术指引即专项规划指引与区县指引，分别对专项规划、区县规划提出战略性、底线性要求，是与各市直属部门、区县政府事权衔接的文件。

1 个近期规划即《济南市国土空间近期规划（2020—2025 年）》，是对济南未来五年计划及空间落位的详细描述，是将长远战略分解到近期五年的内容，与国民经济和社会发展规划相衔接。

1 个地方性法规即《济南市国土空间规划条例》，对济南市规划的制定、修改、实施、用途管制、许可审批、监督等提出要求。

1 个公众读本则是面向社会大众的读本，作为规划的介绍宣传，内容综合但更强调人民关注的问题，具体内容可涉及以上各项内容。

来源：上海同济城市规划设计研究院有限公司、济南市规划设计研究院、济南市勘察测绘研究院联合编制团队，《济南市国土空间总体规划（2020—2035 年）研究报告》。

原理 V108 高度重视空间规划实施的时序设计

国土空间规划必须对规划实施时序进行统筹设计。不恰当的时序设计将导致空间规划实施困难甚至实施失败。尤其在存量更新的渐进式和精准性要求下，应顺应空间更新的内在机制，尽可能减少城乡空间更新中对正常生产和生活的干扰。城市发展是一个生

命过程，应根据城市不同的生命阶段，对每个生命阶段进行科学和精准的时序设计，这将直接影响规划实施和规划审批过程的安全和顺利。

案例 V1081　**山东省济南市制定近期规划和年度实施计划的编制规范**

通过制定近期规划和年度实施计划的编制规范，解决近期规划需要制定的重点任务和项目清单，指导近期规划对上坚决贯彻落实国土空间总体规划，实现总体规划分阶段、按时序逐步落实；指导近期规划衔接“十四五”规划和各类专项规划，搭建近五年的国土空间开发保护框架，对近期重大战略、重点项目落地形成空间引导和有力的支撑保障；指导近期规划编制年度实施计划，将总体规划落到实处、细处。

来源：上海同济城市规划设计研究院有限公司、济南市规划设计研究院、济南市勘察测绘研究院联合编制团队，《济南市国土空间总体规划（2020—2035 年）研究报告》。

案例 V1082　**浙江省温州市“规划目标—行动领域—行动计划”的逻辑框架**

在“规划目标—行动领域—行动计划”的逻辑框架下，结合温州市发展目标与策略，分解落实为近期实施的 23 项行动计划，每一项行动计划与市级部门、区县政府相挂钩，明确目标实施、动态跟踪和维护的责任主体，并附表。制定近期建设的重大项目共 69 项，包含 45 项重大基础设施项目和 24 项重大产业平台项目，在空间分布上主要集中在中心城区，并附表。

来源：上海同济城市规划设计研究院有限公司吴志强院士联合设计团队，《温州市国土空间总体规划(2021—2035 年)研究报告》。

原理 V109　建立上下沟通有效传导链

空间规划不是单一部门的专业性政策，它应是各方发展意识的凝聚载体。上下沟通渠道不畅往往是制约规划有效传导和实施的关键挑战。例如，在省级规划中，对人民利益负责的是省委省政府，直接影响规划决策的是省自然资源厅，规划编制应当协调人民的利益与政府的决策，使省委省政府的政策与人民的利益保持一致，同时确保空间使用的合理性。而在实际工作中，规划编制单位往往只能影响部门决策，但存在倾听人民诉求和上传能力不足的问题。为确保规划的可实施性，应当建立有效的机制，形成与主要领导间的有效沟通链，实现决策意图、人民需求、专业诉求之间的高效互动。

原理 V110　保障规划实施上下传导的有效性

不同层级的空间规划内容，实质上反映的是不同层级政府的事权划分，包括央地关系、省和市县关系、县和乡镇等上下级关系。因此，规划传导内容必须是事权切割后的实质性内容，而非形式性内容。

例如，保护国家公园和国家级自然保护区、确保耕地总量指标、预留国家战略性空间廊道、对国家层面各类空间格局进行战略性安排等，是国家层面的事权，应当作为向省级国土空间规划传导的关键内容，构成中央政府审批省级国土空间规划和考核规划实施成效的核心要素，对于不属于国家事权的规划内容应赋予省级行政单位相应的自主权。其他层级的国土空间规划同样如此。

规划成果的表达应依据不同的传达对象、不同的规划意图选择恰当的技术语言，如规范性文件、政策文件、技术标准、规划文本、规划导则和规划图则等，实现精准传达。

原理 V111 保障规划实施各部门间的协同性

国土空间规划的实施往往涉及同级多个公共行政主管部门，如土地供应计划需要与发改委主导编制的《国民经济和社会发展规划》相配合；保护和建设项目实施需要住房、建设、环保、文化遗产保护等部门相协调；交通建设等外部性影响比较大的项目涉及与周边地区的主管部门协商。规划实施必须建立相应的协同机制和程序，确保空间规划实施主管机构与其他同级政府部门形成共识和合力，与邻近地区的同级空间规划实施主管政府部门顺畅沟通和友好协商。

案例 V1111 浙江省嘉兴市成立国土空间规划委员会

嘉兴市成立国土空间规划委员会，市长为主任，办公室设于市自然资源和规划局，下辖两区五县，各园区管委会、各市直管理部门作为成员参加，统筹重大政策研究和制定，协调国土空间规划的重大问题和决策，审议嘉兴市级国土空间规划、区县国土空间规划、各专项规划、详细规划及村庄规划的相关事宜。

来源：上海同济城市规划设计研究院有限公司联合编制团队，《嘉兴市国土空间总体规划（2021—2035 年）研究报告》。

案例 V1112 河南省加强国土空间规划横向指导约束

强化对相关专项规划的指导约束。制定省级国土空间专项规划编制清单，未纳入清单的原则上不再编制空间类相关专项规划，确需增补的由行业主管部门提出，经国土空间规划议事协调机构同意后纳入编制计划。加强省级总体规划对相关专项规划编制的指导约束，专项规划不得违背总体规划确定的

来源：上海同济城市规划设计研究院有限公司、河南省国土资源调查规划院、河南省城市规划设计研究总院股份有限公司联合编制团队，《河南省国土空间规划（2020—2035 年）研究报告》。

空间布局、约束性指标、重大工程和相关强制性内容。经依法批准后的专项规划纳入国土空间基础信息平台，叠加至国土空间规划“一张图”中。

原理 V112 治理体系的数字化转型与智能技术导入

在空间数字化条件下，应将精准、精密和精确的空间数字技术工具用于提升区域空间治理的现代化和空间治理能力。数字化转型与智能技术的导入，推动规划从传统城市管理、村镇管理及社区管理向今天的空间治理转变。“让人民成为城市的主人”中的“人民”不再是抽象概念，而是可以通过数字化具化为人民中的个体需求，具有群落精细化特征。数字化让所有人的需求得到精准显现，人民参与得到更强大的技术支撑。

案例 V1121 浙江省兰溪市推进智慧城市治理

推进城市管理向城市智慧治理迭代，推进城市从城市个体治理能力向城市群落治理能力转变。一个城市与周边群落城市之间的协同治理能力，通过群落的协同完成城市个体的安全、有序、高效和幸福创新。

创建基于“三感”的智能感知大数据库 CBDB+ 基础，形成包括点、网、流的“新基建”支撑体系、城市智能治理（iGovernance）平台、以人的需求为根本的人工智能推演技术、以家园为原型的治理单元和协同创新智能化组织网络五大关键突破城市智慧治理架构，推动城市管理、规划等主体与城市治理走向智化。

来源：上海同济城市规划设计研究院有限公司，《兰溪市国土空间总体规划》。

案例 V1122 推动国土空间数字化高效治理改革

建立国土空间基础信息平台。以国土空间“一张图”为基础，汇集现状、规划、管理、社会经济各类数据，建设国土空间基础信息资源管理与服务体系，建成省、市、县上下贯通、部门联动、安全可靠的国土空间基础信息平台，为国土空间规划编制和监督实施、国土空间用途管制、开发利用监测监管、生态修复等提供数据支撑和技术保障。

构建国土空间规划“一张图”实施监督信息系统。以国土空间基础信息平台为底板，完成省、市、县、乡四级国土空间规划和村庄规划成果入库和汇交，并将详细规划和相关专项规划成果整合叠加后向省级平台汇总，建成省市县通用、信息全面、权威统一的全省国土空间规划“一张图”实施监督信息系统，为国土空间规划动态监测评估预警和实施监督提供信息化支撑。

推进国土空间数字化高效治理。基于国土空间基础信息平台和“一张图”实施监督信息系统，建立部门间数据共享机制，为各级政府、自然资源主管部门及相关部门、规划编制与评估单位、科研院所、企事业单位、社会公众

来源：上海同济城市规划设计研究院有限公司、河南省国土资源调查规划院、河南省城市规划设计研究总院股份有限公司联合编制团队，《河南省国土空间规划（2020—2035 年）研究报告》。

提供应用服务，逐步实现可感知、能学习、善治理、自适应的智慧规划，推进国土空间网格化、标准化、数字化、精准化治理。

原理 V113 规划实施的有效监测监控

明确规划实施效果评价的主体系统，包括人大政协监督，专家组定期评估，市民监督，上级主管部门考核。

结合规划管控有效性、发展目标实现度、人民幸福满意度等维度，定期开展国土空间规划的实时评价，及时发现和处置违反规划的行为。

建立国土空间规划信息平台和国土空间变化感知平台，整合各类国土空间规划数据、国土空间变化实时感知数据，实时评价各类变化的合规性，建立监督反馈体系。

发现问题后应快速进行分拣处理，开展关于反映的问题是否符合原规划内容和审批程序的技术检验。如果问题属实，由上级相关部门责成违规行政主管部门和违规主体进行限期修正，建立有效的规划监测监控体系。

案例 V1131 完善规划评价与动态调整机制

各级国土空间规划按照“一年一体检，五年一评估”的原则，建立定期评估调整机制。在国家重大政策调整、主要控制指标调整或重大战略布局调整的情况下，结合国民经济社会发展实际，及时开展评价调整程序，调整相关规划实施策略、指标等内容。相应涉及的市县级国土空间规划落实省级规划调整的内容，予以评估调整。建立规划编制、审批、修改和实施监督的全程留痕制度。

来源：上海同济城市规划设计研究院有限公司、河南省国土资源调查规划院、河南省城市规划设计研究总院股份有限公司联合编制团队，《河南省国土空间规划（2020—2035 年）研究报告》。

案例 V1132 按照“谁审批谁监管”的原则实现国土空间规划动态维护

以温州市国土空间规划“一张图”实施监督信息系统为支撑，按照“谁审批谁监管”的原则，针对国土空间规划实施过程、规划实施绩效及城市空间运行体征进行动态监测、发现问题、及时预警、定期评价，实现国土空间规划动态维护。

来源：上海同济城市规划设计研究院有限公司吴志强院士联合编制团队，《温州市国土空间总体规划(2021—2035 年）研究报告》。

第19章

国土空间规划评价优化

原理 V201 国土空间规划的评价

国土空间规划的评价是对规划主体本身的评价，包括规划成果的评价、规划实施的评价和规划体制机制的评价。因此，国土空间规划的评价应该是系统全要素的、多层全方位的和全生命周期的。要强调的是，在某一个发展阶段，对某一特定空间，空间规划必须突出过程发展中的主要矛盾和关键要素，并考核自身在空间运行发展过程中是否起到了阶段性的规划引领作用。

原理 V202 国土空间规划评价的重要性

各级国土空间规划都应建立定期评价制度。国土空间规划评价不仅应对规划编制成果进行评价和反思，也要对空间规划实施过程问题进行检查，进而对地方国土空间规划的体制机制的有效性进行系统评价。规划评价是地方规划体制、规划水平和规划管理队伍素质提升的必要环节，是规划动态更新维护的基础条件，也是提升国土空间现代治理能力的重要保障。

原理 V203 国土空间规划评价的组织方式

国土空间规划评价的组织方式包括上级对下级的考核型评价和本级的内省型评价，二者皆是不可或缺的。各级政府都应结合自身情况制定对本级和下级国土空间规划的评价制度和标准。相关学术组织也可组织对一个或多个城市的评价，形成对空间规划实施效果的系统认识及有效性提升的建议报告。

原理 V204 国土空间规划评价的三个维度

虽然国土空间规划评价制度尚处于从无到有的建构阶段，其具体制度还有待逐步完善，但是国土空间规划评价绝不应当局限于国土空间发展状态与规划成果之间的一致性程度评价，而应当是面向规划全生命周期的评价。国土空间规划评价应包含三个维度：规划内容评价，实施效果评价和体制机制评价。

原理V205 规划成果评价的主要内容

规划成果评价以往是在成果形成阶段和新一轮规划编制阶段作为一个环节开展的，在系统性和动态性方面十分薄弱。为了确保国土空间规划成果的动态优化，应当将规划成果评价作为规划编制和实施过程中持续开展的工作。规划成果评价至少应包含以下内容。

（1）规划确定的战略目标和体现的指标是否适应时代主流价值观的发展。例如，脱贫阶段的空间规划经常会把经济发展作为主导性价值，随着发展水平的提升，空间规划应当将建设“生态文明”作为核心目标，强调“可持续发展”“碳中和”“综合平衡发展”“人民美好生活”和“文化的传承与发展”等新时代价值观。规划评价必须在充分考虑地域差别和发展阶段差异的前提下，审视规划成果所体现的价值追求是否与时代发展相一致。

（2）空间发展战略目标与空间战略要素是否匹配。空间要素的配置格局必须服务于国土空间规划战略目标的实现。例如，一个城市的战略目标是成为某一个地域的中心城市，规划评价就应对每一项战略目标所需的支撑要素进行核对。

（3）各类空间要素的选址和布局是否符合生态规律、社会经济发展规律、文化传承规律。例如，通过定量分析公共服务设施、公共绿地等空间要素的空间差异性，评价城市空间资源配置的均衡度、公平性和有效性。

（4）空间邻近要素之间的组合是否合理。各类空间要素都有其外在的社会、经济和环境影响，因此必须评价在空间上存在接近和相邻关系的群落是否运行良好。例如，通过住区家园诊断、生产园区诊断、公共生活诊断等方法，评价局部区域空间的效率和投入产出比，以此作为优化细部空间的依据。

原理V206 规划实施评价的主要内容

国土空间规划的实施应体现生态文明和高质量发展要求，强化对国土空间布局、空间资源要素配置与空间管控等核心问题的关注。规划实施评价既要关注空间发展状态与规划目标的一致性情况，也要关注规划是否促进了地方发展和人民幸福。规划实施评价应尽可能采用量化分析方法来阐明实施绩效或与目标的偏离值。规划实施评价的主要内容包括以下七个方面。

（1）规划实施结果是否符合上级规划和本级规划确定的战略目标和刚性要求，如基本农田、自然保护区、历史文化街区等是否得到了有效保护。

（2）规划实施结果是否满足环境、经济和社会可持续发展的需求，如国土空间使用的绩效情况、生态设施和重大基础设施的建设情况等。

（3）规划实施结果是否提升了人民的幸福生活水平，如教育、医疗、公园等基本公共服务的建设情况是否均衡并满足可达性要求，建筑容量控制是否符合人民对良好居住环境的要求。

（4）规划实施结果与远期规划目标、年度计划目标的差异和差距情况。

（5）违法用地和违法建筑的生成、处置和变化情况。

（6）规划实施各阶段的重点事项安排是否合理、是否具有延续性。

（7）影响规划实施的关键趋势和关键问题有哪些。

原理 V207 规划实施的有效性评价

国土空间规划应当通过有效传达、有效实施和有效监督确保其有效性。

（1）有效传达。各级国土空间规划成果都应以直白、准确、清晰的文字和图示语言表明其设定的战略意图、管控要求，并明确责任主体，各级国土空间规划都应严格遵守上位规划设定的规定性要求，正确理解并反映上位规划的指导性要求。

（2）有效实施。地方政府和规划主管部门应严格依据国土空间总体规划，结合地方发展要求制订年度实施计划，分解并落实规划提出的各项保护、修复和建设任务，组织国土空间详细规划的编制和审批，并依照规划开展规划审批。

（3）有效监督。应通过上级监督、同级监督、人民监督等方式对国土空间规划的实施情况进行监督，建立规划监督信息平台，定期评估规划的实施成效。

原理 V208　规划体制机制评价的主要内容

体制机制是否合理顺畅在很大程度上决定了国土空间规划的编制、实施和管理水平。提升国土空间治理能力，必须对体制机制开展评价并依照评价结论进行完善。体制机制评价的主要内容包括以下五个方面。

（1）规划编制单位的选择是否恰当。编制单位和项目负责人对该类型规划的编制是否有丰富的经验和创新的思考，团队配备和精力投入是否到位等。

（2）规划编制过程是否完整，是否具有完备的逻辑性。规划编制程序的缺省和规划编制程序的倒置会造成规划逻辑的混乱，继而影响规划的实施效果。例如，在城市性质确定之前，先行确定空间的结构和格局，甚至划定各类管控线，往往会造成空间管控要求与空间发展动力或战略目标相悖，继而在实施过程中失控。

（3）是否具备了支撑规划有效实施的现代审批制度、现代管理体制和政府执政能力，如管理者的价值观、理解力、执行力、协调力等是否到位。如果缺少现代空间治理体系和现代治理能力，规划只能沦为挂在墙上的装饰品。

（4）地方政府各层级间、各部门间是否形成了合理的权责分工和协同机制。规划实施工作需要上下联动、部门协作，不同层级间和部门间在规划实施方面的职责既有重叠又各有侧重，彼此之间的良好联动和传导有利于更好地实现规划目标，协作关系不善往往成为规划实施的破坏因素。

（5）规划委员会制度、规划信息公开制度、公众参与制度、定期城市体检和规划评价制度等是否建立并得到有效执行，代表提案是否得到有效回应。

案例 V2081　落实人民政府的主体责任和监督职能

来源：上海同济城市规划设计研究院有限公司与四川省国土科学技术研究院（四川省卫星应用技术中心）联合编制团队，《川西北生态示范区国土空间规划（2020—2035 年）研究报告》。

落实四川省人民政府在国土空间规划实施中的主体责任和监督职能。加强两州（甘孜藏族自治州及阿坝藏族羌族自治州）、各部门在编制、审批、实施、监督、评估、调整等规划全流程的联动协作，建立规建管一体化的实施机制。推进属地内规划任务和指标的分解落实，做好规划指导协调和执法监督。

原理 V209 遵循法定程序，完成规划评价后的修正优化

在规划实施过程中往往会遇到上级规划的重大战略调整，如重大项目建设、行政区划调整、规划定期评估认为原规划不合时宜等情形，要求对当前规划进行修改。规划修改必须遵循法律法规要求的程序，各地方的空间规划修改和优化必须依照上位法律法规要求来制定本级政府责任范围内规划修正优化的操作程序，确保修正优化程序合法、合理、公平和透明。

案例 V2091 完善规划评估与动态调整机制

来源：上海同济城市规划设计研究院有限公司、南京大学、海南省海洋与渔业科学院、海南国源土地矿产勘测规划设计院联合编制团队，《海南省国土空间规划（2020—2035 年）研究报告》

市县级国土空间总体规划强制性内容调整需遵循自上而下传导的原则，在市县级规划中应予以调整落实，报原审批机关批准。市县级国土空间总体规划一般性内容调整，应根据市县级规划评价结论进行修改，并报原审批机关的同级自然资源管理部门批准。

案例 V2092 完善地方性法规及配套政策工具

来源：上海同济城市规划设计研究院有限公司、济南市规划设计研究院、济南市勘察测绘研究院联合编制团队，《济南市国土空间总体规划（2020—2035 年）研究报告》。

规划的编制要与后续的规划实施、修改、审批管理、监督实施等配合完成。应建立配套的技术标准与法规体系，形成一份法规文件作为规划实施的指导与保障，对规划的制定、修改、实施、用途管制、许可审批、监督等内容提出明确要求，保障规划的严肃性。

案例 V2093 健全依法决策的体制机制

来源：上海同济城市规划设计研究院有限公司联合编制团队，《嘉兴市国土空间总体规划（2021—2035 年）研究报告》。

启动《嘉兴市国土空间总体规划实施管理办法》等系列条例规范制定工作，确保国土空间规划管理全面纳入法制轨道。

原理 V210 空间规划的实施为下一轮规划提供链接支撑

空间规划从编制到实践的全生命周期，既有依法行政的刚性，也有实施过程中的修正与提升优化，两个方面构成了国土空间规划螺旋式上升的闭环模式。国土空间规划实施过程在一个单生命周期中是最后一个环节；而对于一个空间域的永续发展过程，一套规划的实施是从一个生命周期走向下一个生命周期的链接环节。

参考文献

第 1 章　文明与空间规划

【1】　王建军，吴志强．城镇化发展阶段划分 [J]. 地理学报，2009,64(2):177-188.

【2】　吴志强，陈秉钊，唐子来 .21 世纪的城市建筑：走向三大和谐 [J]. 城市规划，1999(10):20-22+64.

【3】　吴志强，干靓，胥星静，等．城镇化与生态文明——压力，挑战与应对 [J]. 中国工程科学，2015,17(8):88-96.

【4】　吴志强，王伟．新时期我国城市与区域规划研究展望 [J]. 城市规划学刊，2008(1):23-29.

【5】　吴志强，杨秀，刘伟．智力城镇化还是体力城镇化——对城镇化的战略思考 [J]. 城市规划学刊，2015(1):15-23.

【6】　吴志强，杨秀，王伟．中国城镇化的发展方向与城乡规划应对 [J]. 政府管理评论，2017(00):65-80.

【7】　吴志强，张修宁，鲁斐栋，等．技术赋能空间规划：走向规律导向的范式 [J]. 规划师，2021,37(19):5-10.

【8】　吴志强．“人居三”对城市规划学科的未来发展指向 [J]. 城市规划学刊，2016(6):7-12.

【9】　吴志强．德国城市规划的编制过程 [J]. 国外城市规划，1998(2):30-34.

【10】　吴志强．德国空间规划体系及其发展动态解析 [J]. 国外城市规划，1999(4):2-5.

【11】　吴志强．对规划原理的思考 [J]. 城市规划学刊，2007(6):7-12.

【12】　吴志强．国土空间规划的五个哲学问题 [J]. 城市规划学刊，2020(6):7-10.

【13】　吴志强．空间规划的基本逻辑与未来城市发展 [J]. 国土资源科普与文化，2020(3):4-11.

【14】　吴志强．论进入 21 世纪时中国城市规划体系的建设 [J]. 城市规划汇刊，2000(1):1-5+79.

【15】　吴志强．论新时代城市规划及其生态理性内核 [J]. 城市规划学刊，2018(3):19-23.

【16】　吴志强．融合生态文明 回归规划要义 面向技术赋能——解读《国土空间规划标准体系建设三年行动计划》[J]. 未来城市设计与运营，2022(1):15-16.

【17】　杨保军，陈鹏，董珂，等．生态文明背景下的国土空间规划体系构建 [J]. 城市规划学刊，2019(4):16-23.

【18】　庄少勤．新时代的空间规划逻辑 [J]. 中国土地，2019(1):4-8.

【19】　吴志强，刘晓畅，赵刚，等．空间效益导向替代简单扩张：城市治理关键评价指标 [J]. 城市规划学刊，2021(5):8.

第 2 章　国土空间规划体制

【20】　林坚，吴宇翔，吴佳雨，等．论空间规划体系的构建——兼析空间规划、国土空间用途管制与自然资源监管的关系 [J]. 城市规划，2018,42(5):9-17.

【21】　孙施文．从城乡规划到国土空间规划 [J]. 城市规划学刊，2020(4):11-17.

【22】　孙施文．国土空间规划的知识基础及其结构 [J]. 城市规划学刊，2020(6):11-18.

【23】　吴志强，于泓．城市规划学科的发展方向 [J]. 城市规划学刊，2005(6):2-10.

【24】　赵广英，李晨．国土空间规划体系下的详细规划技术改革思路 [J]. 城市规划学刊，2019(4):37-46.

【25】　赵民．国土空间规划体系建构的逻辑及运作策略探讨 [J]. 城市规划学刊，2019(4):8-15.

【26】　赵燕菁．论国土空间规划的基本架构 [J]. 城市规划，2019,43(12):17-26+36.

【27】　中共中央、国务院关于建立国土空间规划体系并监督实施的若干意见 [N]. 人民日报，2019-05-24(001).

【28】　王新哲．地级市国土空间总体规划的地位与作用 [J]. 城市规划学刊，2019(4):6.

第 3 章　国土空间规划的价值观与思想方法

【29】　郝庆，彭建，魏冶，等．“国土空间”内涵辨析与国土空间规划编制建议 [J]. 自然资源学报，2021,36(9):2219-2247.

【30】　刘合林，聂晶鑫，罗梅，等．国土空间规划中的刚性管控与柔性治理——基于领地空间与关系空间双重视角的再审视 [J]. 中国土地科学，2021,35(11):10-18.

【31】　田莉，夏菁．土地发展权与国土空间规划：治理逻辑、政策工具与实践应用 [J]. 城市规划学刊，2021(6):12-19.

【32】 吴志强，李欣 . 城市规划设计的永续理性 [J]. 南方建筑，2016(5):4-9.
【33】 吴志强 . 城市规划思想方法的变革 [J]. 城市规划汇刊，1986(5):2-7.
【34】 吴志强 .《百年西方城市规划理论史纲》导论 [J]. 城市规划汇刊，2000(2):9-17.

第 4 章　省域与区域国土空间规划

【35】 GRANQVIST K, HUMER A , MANTYSALO R. Tensions in city-regional spatial planning: the challenge of interpreting layered institutional rules[J]. Regional Studies,2020,55(5):844-856.
【36】 KIESSLING N, PUTZ M. Assessing the regional governance capacities of spatial planning: the case of the canton of Zurich[J].Regional Studies, Regional Science,2020,7(1):183-205.
【37】 PURKARTHOFER E, HUMER A , MANTYSALO, R. Regional planning: an arena of interests, institutions and relations[J].Regional Studies,2021,55(5):773-777.
【38】 WANG L, SHEN J F. Spatial planning and its implementation in provincial China: a case study of the Jiangsu region along the Yangtze River plan[J].Journal of Contemporary China,2016,25(101):669-685.

第 5 章　市县域国土空间规划

【39】 钱慧，裴新生，秦军，等 . 系统思维下国土空间规划中的农业空间规划研究 [J]. 城市规划学刊，2021(3):74-81.
【40】 王新哲，钱慧，刘振宇 . 治理视角下县级国土空间总体规划定位研究 [J]. 城市规划学刊，2020(3):65-72.
【41】 王新哲 . 地级市国土空间总体规划的地位与作用 [J]. 城市规划学刊，2019(4):31-36.
【42】 吴志强，刘晓畅，赵刚，等 . 空间效益导向替代简单扩张：城市治理关键评价指标 [J]. 城市规划学刊，2021(5):15-22.
【43】 吴志强，郑迪，邓弘 . 大都市战略空间制胜要素的迭代 [J]. 城市规划学刊，2020(5):9-17.
【44】 张尚武，金忠民，王新哲，等 . 战略引领与刚性管控：新时期城市总体规划成果体系创新——上海 2040 总体规划成果体系构建的基本思路 [J]. 城乡规划学刊，2017(S1):52-60.
【45】 郑迪，吴志强 . 大都市区国土空间规划中的战略预测分析方法研究 [J]. 规划师，2021,37(18):41-47.
【46】 自然资源部国土空间规划局 . 新时代国土空间规划：写给领导干部 [M]. 北京：中国地图出版社，2021.

第 6 章　乡镇域国土空间规划

【47】 雷诚，孙萌忆，丁邹洲，等 . 产镇融合演化路径及规划策略探讨——江苏省小城镇发展 40 年 [J]. 城市规划学刊，2020(1):93-101.
【48】 刘迪，朱慧超，俞为妍 . 中国传统社会小城镇本土化城市设计刍议 [J]. 城市规划学刊，2017(S2):206-210.
【49】 彭震伟，张立，董舒婷，等 . 乡镇级国土空间总体规划的必要性、定位与重点内容 [J]. 城市规划学刊，2020(1):31-36.
【50】 王新哲，李航，彭灼 . 镇开发边界的定位与作用研究 [J]. 城市规划学刊，2021(2):66-71.
【51】 中国建筑设计研究院有限公司 . 村庄整治技术标准：GB / T 50445—2019[S]. 北京：中国建筑工业出版社，2019.

第 7 章　村庄空间规划设计

【52】 陈小卉，闾海 . 国土空间规划体系建构下乡村空间规划探索——以江苏为例 [J]. 城市规划学刊，2021(1):74-81.
【53】 耿慧志，李开明 . 国土空间规划体系下乡村地区全域空间管控策略——基于上海市的经验分析 [J]. 城市规划学刊，2020(4):58-66.
【54】 刘彦随 . 中国乡村振兴规划的基础理论与方法论 [J]. 地理学报，2020,75(6):1120-1133.
【55】 乔路，李京生 . 论乡村规划中的村民意愿 [J]. 城市规划学刊，2015(2):72-76.
【56】 申明锐 . 从乡村建设到乡村运营——政府项目市场托管的成效与困境 [J]. 城市规划，2020,44(7):9-17.

【57】 孙莹，张尚武．城乡关系视角下的乡村治理变迁与发展 [J]. 城市规划学刊，2022(1):89-95.
【58】 杨贵庆．城乡共构视角下的乡村振兴多元路径探索 [J]. 规划师，2019,35(11):5-10.
【59】 袁源，赵小风，赵云泰，等．国土空间规划体系下村庄规划编制的分级谋划与纵向传导研究 [J]. 城市规划学刊，2020(6):43-48.
【60】 杨贵庆．乡村建设，多点"陪伴式规划"[N]. 浙江日报，2021-11-10.

第 8 章　生态与环境修复系统

【61】 LI T, LV Y, FU B, et al. Bundling ecosystem services for detecting their interactions driven by large-scale vegetation restoration: enhanced services while depressed synergies[J]. Ecological Indicators , 2019, 99: 332-342.
【62】 LIU L, ZHANG H, GAO Y, et al. Hotspot identification and interaction analyses of the provisioning of multiple ecosystem services: Case study of Shaanxi Province, China[J]. Ecological Indicators , 2019, 107: 105566.
【63】 ROCES-D.AZ J V, VAYREDA J, BANQU.-CASANOVAS M, et al. Assessing the distribution of forest ecosystem services in a highly populated Mediterranean region[J]. Ecological Indicators , 2018, 93: 986-997.
【64】 SCHIRPKE U, CANDIAGO S, EGARTER VIGL L, et al. Integrating supply, flow and demand to enhance the understanding of interactions among multiple ecosystem services[J]. Science of the Total Environment, 2019, 651: 928-941.
【65】 ZHONG L, WANG J, ZHANG X, et al. Effects of agricultural land consolidation on ecosystem services: Trade-offs and synergies[J]. Journal of Cleaner Production, 2020, 264: 121412.
【66】 彭建，王仰麟，景娟．城市景观功能的区域协调规划 [J]. 生态学报，2005,25(7):1714-1719.
【67】 王凯，伍星，傅伯杰．生物多样性与生态系统多功能性的关系研究进展 [J]. 生态学报，2022,42(1):10-12
【68】 王云才，申佳可，彭震伟，等．适应城市增长的绿色基础设施生态系统服务优化 [J]. 中国园林，2018,34(10):45-49.
【69】 俞孔坚，王春连，李迪华，等．水生态空间红线概念、划定方法及实证研究 [J]. 生态学报，2019,39(16):11-21.
【70】 张立伟，傅伯杰．生态系统服务制图研究进展 [J]. 生态学报，2014,34(2):16-25

第 9 章　社会与公共服务系统

【71】 WIMMER M A, SCHERER S. Supporting communities through social government in co-creation and co-production of public services: the SocialGov concept and platform architecture[J]. International Journal of Public Administration in the Digital Age (IJPADA), 2018, 5(1): 18-35.
【72】 NM ORTEGA GALÁN, AMO R O, E ANDINA DÍAZ, et al. The Sustainability of Public Social Services: A Qualitative Study[J]. Sustainability, 2020, 12.
【73】 本刊编辑部，吴志强，黄晓春，等．"人工智能对城乡规划的影响"学术笔谈会 [J]. 城市规划学刊，2018(5):1-10.
【74】 吴志强，冯凡，鲁斐栋，等．城市韧性空间设计 [J]. 时代建筑，2020(4):84-89.
【75】 吴志强，甘惟．转型时期的城市智能规划技术实践 [J]. 城市建筑，2018(3):26-29.
【76】 吴志强，李欣，郭子渊，等．北京城市副中心公共服务设施创新规划模式 [J]. 北京规划建设，2019(2):20-23.
【77】 吴志强，王凯，陈韦，等．"社区空间精细化治理的创新思考"学术笔谈 [J]. 城市规划学刊，2020(3):1-14.
【78】 吴志强．人工智能辅助城市规划 [J]. 时代建筑，2018(1):6-11.
【79】 赵鹏军，罗佳，胡昊宇．基于大数据的生活圈范围与服务设施空间匹配研究——以北京为例 [J]. 地理科学进展，2021,40(4):541-553.

第 10 章　产业与科技创新系统

【80】 CORNELL UNIVERSITY I, WIPO. The Global Innovation Index 2017 [R]. Ithaca, Fontainebleau, Geneva, 2017.
【81】 CRESPO N F, CRESPO C F. Global innovation index: Moving beyond the absolute value of ranking with a fuzzy-set analysis [J]. Journal of Business Research, 2016, 69(11): 5265-71.
【82】 JANKOWSKA B, MATYSEK-J　DRYCH A, MROCZEK-D　BROWSKA K. Efficiency of national innovation

systems: Poland and Bulgaria in the context of the Global Innovation Index [J]. Comparative Economic Research, 2017, 20(3): 77-94.

【83】 LIU X-H, SHAN M-Y, ZHANG L-H. Low-carbon supply chain resources allocation based on quantum chaos neural network algorithm and learning effect [J]. Natural Hazards, 2016, 83(1): 389-409.

【84】 SOHN S Y, KIM D H, JEON S Y. Re-evaluation of global innovation index based on a structural equation model [J]. Technology Analysis & Strategic Management, 2016, 28(4): 492-505.

【85】 WIPO. Global Innovation Index 2021: Tracking Innovation through the COVID-19 Crisis [R]. Geneva: World Intellectual Property Organization, 2021.

【86】 ZHANG F, WANG Y, LIU W. Science and Technology Resource Allocation, Spatial Association, and Regional Innovation [J]. Sustainability, 2020, 12(2): 694.

第 11 章　遗产与文化创新系统

【87】 BONENBERG W. The role of cultural heritage in sustainable development. Values and valuation as key factors in spatial planning of rural areas[C]//International conference on applied human factors and ergonomics. Springer, Cham, 2019: 124-134.

【88】 CHIGUDU A, CHAVUNDUKA C. The tale of two capital cities: The effects of urbanisation and spatial planning heritage in Zimbabwe and Zambia[C]//Urban Forum. Springer Netherlands, 2021, 32(1): 33-47.

【89】 JANSSEN J, LUITEN E, RENES H, et al. Heritage as sector, factor and vector: conceptualizing the shifting relationship between heritage management and spatial planning[J]. European Planning Studies, 2017, 25(9): 1654-1672.

【90】 崔翀，宋聚生，高原．深圳市特色文化遗产保护的体系构建与思考 [J]. 城市规划学刊，2020(5):100-108.

【91】 杨涛．国土空间规划视角下的国家文化遗产空间体系构建思考 [J]. 城市规划学刊，2020(3):81-87.

第 12 章　交通与网络链接系统

【92】 BATTY M. The new science of cities[M]. MIT press, 2013.

【93】 BOEING G. Urban spatial order: street network orientation, configuration, and entropy[J/OL]. Applied Network Science, 2019, 4(1): 1-19. DOI:10.1007/s41109-019-0189-1.

【94】 MANAUGH K, BADAMI M G, EL-GENEIDY A M. Integrating social equity into urban transportation planning: A critical evaluation of equity objectives and measures in transportation plans in North America[J]. Transport policy, 2015, 37: 167-176.

【95】 MEYER M D. Transportation planning handbook[M]. John Wiley & Sons, 2016.

【96】 段进．国家大型基础设施建设与城市空间发展应对——以高铁与城际综合交通枢纽为例 [J]. 城市规划学刊，2009(1):33-37.

【97】 陆化普，李瑞敏．城市智能交通系统的发展现状与趋势 [J]. 工程研究 - 跨学科视野中的工程，2014,6(1):6-19.

【98】 潘海啸，任春洋．轨道交通与城市公共活动中心体系的空间耦合关系——以上海市为例 [J]. 城市规划学刊，2005(4):76-82.

【99】 孙斌栋，涂婷，石巍，等．特大城市多中心空间结构的交通绩效检验——上海案例研究 [J]. 城市规划学刊，2013(2):63-69.

【100】 吴志强，李欣．历届世博会到达交通组织的比较研究 [J]. 城市规划学刊，2006(4):61-67.

第 13 章　智能与基础设施系统

【101】 MEEROW S, NEWELL J P. Spatial planning for multifunctional green infrastructure: Growing resilience in Detroit[J]. Landscape and Urban Planning, 2017, 159: 62-75.

【102】 SETO K C, DHAKAL S, BIGIO A, et al. Human settlements, infrastructure and spatial planning[J]. 2014.

【103】 TODES A. New directions in spatial planning? Linking strategic spatial planning and infrastructure development[J]. Journal of Planning Education and Research, 2012, 32(4): 400-414.

【104】 胡庭浩，常江，拉尔夫 - 乌韦 · 思博 . 德国绿色基础设施规划的背景、架构与实践 [J]. 国际城市规划，2021,36(1):109-119.

【105】 吴志强，何睿，徐浩文，等 . 论新型基础设施建设的迭代规律 [J]. 城市规划，2021,45(3):9-14.

第 14 章　城市设计

【106】 BARNETT J. Urban design as public policy: Practical methods for improving cities[M]. New York: Architectural Record Books, 1974.

【107】 BROWN S, VENTURI I. Learning from Las Vegas[M]. Art, Architecture and Engineering Library, 1972.

【108】 MUELLER N , ROJAS-RUEDA D , KHREIS H , et al. Changing the urban design of cities for health: The superblock model[J]. Environment International, 2019, 134:105132.

【109】 SITTE C. City planning according to artistic principles[M]//Camillo Sitte: The birth of modern city planning. 1889: 129-332.

【110】 STOJANOVSKI T. Urban design and public transportation–public spaces, visual proximity and Transit-Oriented Development (TOD)[J]. Journal of Urban Design, 2020, 25(1): 134-154.

【111】 DONGEN R , TIMMERMANS H. Preference for different urban greenscape designs: A choice experiment using virtual environments[J]. Urban Forestry & Urban Greening, 2019, 44:126435.

【112】 边兰春，陈明玉 . 社会—空间关系视角下的城市设计转型思考 [J]. 城市规划学刊，2018,01:18-23.

【113】 沈尧，卓健，吴志强 . 精准城市设计面向社会效应精准提升的城市形态 [J]. 时代建筑，2021,01:26-33.

【114】 王建国 . 从理性规划的视角看城市设计发展的四代范型 [J]. 城市规划，2018,4201:9-19+73.

【115】 吴志强，李欣 . 北京城市副中心规划工作思路创新 [J]. 城市规划学刊，2019,S1:138-141.

【116】 吴志强，伍江，张佳丽，等 ."城镇老旧小区更新改造的实施机制"学术笔谈 [J]. 城市规划学刊，2021,03:1-10.

【117】 杨俊宴，朱骁 . 人工智能城市设计在街区尺度的逐级交互式设计模式探索 [J]. 国际城市规划，2021,3602:7-15.

【118】 杨俊宴 . 全数字化城市设计的理论范式探索 [J]. 国际城市规划，2018,3301:7-21.

第 15 章　详细规划的内容与编制

【119】 CORTINOVIS C, HAASE D, ZANON B, et al. Is urban spatial development on the right track? Comparing strategies and trends in the European Union[J]. Landscape and urban planning, 2019, 181: 22-37.

【120】 FRICKE C. Spatial governance across borders revisited: Organizational forms and spatial planning in metropolitan cross-border regions[J]. European Planning Studies, 2015, 23(5): 849-870.

【121】 GRÊT-REGAMEY A, ALTWEGG J, SIRÉN E A, et al. Integrating ecosystem services into spatial planning—A spatial decision support tool[J]. Landscape and Urban Planning, 2017, 165: 206-219.

【122】 JANIN RIVOLIN U. Global crisis and the systems of spatial governance and planning: a European comparison[J]. European Planning Studies, 2017, 25(6): 994-1012.

【123】 KNIELING J, OTHENGRAFEN F. Planning culture—a concept to explain the evolution of planning policies and processes in Europe?[J]. European Planning Studies, 2015, 23(11): 2133-2147.

【124】 KÜHN M. Peripheralization: Theoretical concepts explaining socio-spatial inequalities[J]. European Planning Studies, 2015, 23(2): 367-378.

【125】 MÄNTYSALO R, KANGASOJA J K, KANNINEN V. The paradox of strategic spatial planning: A theoretical outline with a view on Finland[J]. Planning Theory & Practice, 2015, 16(2): 169-183

第 16 章　国土空间数据库建设与维护

【126】 董祚继 . 从土地利用规划到国土空间规划——科学理性规划的视角 [J]. 中国土地科学 ,2020,34(5):1-7.

【127】 韩文静，邱泽元，王梅，等．国土空间规划体系下美国区划管制实践对我国控制性详细规划改革的启示 [J]. 国际城市规划，2020,35(4):89-95.
【128】 孔宇，甄峰，李兆中，等．智能技术辅助的市（县）国土空间规划编制研究 [J]. 自然资源学报，2019,34(10):2186-2199.
【129】 林坚，赵冰，刘诗毅．土地管理制度视角下现代中国城乡土地利用的规划演进 [J]. 国际城市规划，2019,34(4):23-30.
【130】 秦萧，甄峰，李亚奇，等．国土空间规划大数据应用方法框架探讨 [J]. 自然资源学报，2019,34(10):2134-2149.
【131】 杨俊宴，史北祥．城市规划设计的技术簇群与培养途径研究——基于一级学科的视角 [J]. 城市规划，2015,39(10):31-38+51.
【132】 赵广英，李晨．基于立法视角的空间规划体系改革思路研究 [J]. 城市规划学刊，2018(5):37-45.
【133】 甄峰，张姗琪，秦萧，等．从信息化赋能到综合赋能：智慧国土空间规划思路探索 [J]. 自然资源学报，2019,34(10):2060-2072.
【134】 庄少勤，赵星烁，李晨源．国土空间规划的维度和温度 [J]. 城市规划，2020,44(1):9-13+23.

第 17 章 国土空间全诊断

【135】 BARTHELEMY M. The structure and dynamics of cities[M]. Cambridge University Press, 2016.
【136】 BATTY M. Big Data，Smart Cities and City Planning[J]. Dialogues in Human Geography, 2013, 3(3):274-279.
【137】 BATTY M. The size, scale, and shape of cities[J]. science, 2008, 319(5864): 769-771.
【138】 FREEMAN, L. C. (Ed.). (2017). Research methods in social network analysis. Routledge.
【139】 GRAHAM M，SHELTON T. Geography and the Future of Big Data, Big Data and the Future of Geography [J]. Dialogues in Human Geography, 2013, 3(3):255-261.
【140】 SKRIMIZEA E. Scale: The Universal Laws of Growth, Innovation, Sustainability, and the Pace of Life in Organisms, Cities, Economies, and Companies[J]. 2021.
【141】 段进．中国城市规划的理论与实践问题思考 [J]. 城市规划学刊，2005(1):24-27.
【142】 林家彬．我国"城市病"的体制性成因与对策研究 [J]. 城市规划学刊，2012(3):16-22.
【143】 孙施文．现代城市规划理论 [M]. 北京：中国建筑工业出版社，2007:13-15.
【144】 吴良镛．中国城市发展的科学问题 [J]. 城市发展研究，2004(1):9-13.
【145】 吴志强，李翔，周新刚，等．基于智能城市评价指标体系的城市诊断 [J]. 城市规划学刊，2020(2):12-18.
【146】 吴志强，刘晓畅．改革开放 40 年来中国城乡规划知识网络演进 [J]. 城市规划学刊，2018(5):11-18.
【147】 叶锺楠，吴志强．城市诊断的概念、思想基础和发展思考 [J]. 城市规划，2022,46(1):53-59.
【148】 张庭伟．复杂性理论及人工智能在规划中的应用 [J]. 城市规划学刊，2017(6):9-15.

第 18 章 国土空间规划实施与治理

【149】 ANDRES, RODRIGUEZ-POSE, NICHOLAS, et al. Is there a global link between regional disparities and devolution?[J]. Environment & Planning A, 2004.
【150】 FRIEDMANN J. Strategic spatial planning and the longer range[J]. Planning Theory & Practice, 2004, 5(1): 49-67.
【151】 MEIJER A, BOLÍVAR M P R. Governing the smart city: a review of the literature on smart urban governance[J]. international review of administrative sciences, 2016, 82(2): 392-408.
【152】 潘海霞，赵民．关于国土空间规划体系建构的若干辨析及技术难点探讨 [J]. 城市规划学刊，2020(1):6.
【153】 上海市规划局．上海市编制多轮城市总体规划方案 [EB/OL]. https://www.supdri.com/2035/, 2022-04-08.
【154】 吴志强．论进入 21 世纪时中国城市规划体系的建设 [J]. 城市规划汇刊，2000(1):1-5. 2000(01):1-5
【155】 张京祥，陈浩．空间治理：中国城乡规划转型的政治经济学 [J]. 城市规划，2014(11):7.
【156】 张京祥，夏天慈．治理现代化目标下国家空间规划体系的变迁与重构 [J]. 自然资源学报，2019, 34(10):11.
王伟进．社会治理范围的模糊、清晰与泛化——理论、政策与实践的三种视角 [J]. 社会学评论，2021,9 (6) :83-99.

第 19 章　国土空间规划评价优化

【157】 ALEXANDER E R, FALUDI A. Planning and plan implementation: notes on evaluation criteria[J]. Environment and planning B: Planning and Design, 1989, 16(2):127-140.

【158】 PEARMAN A D. Uncertainty in planning: characterisation, evaluation, and feedback[J]. Environment and Planning B: Planning and Design, 1985, 12(3):313-320.

【159】 杜坤，田莉．城市战略规划的实施框架与内容：来自大伦敦实施规划的启示 [J]. 国际城市规划，2016, 31(4):7.

【160】 汪军，陈曦．西方规划评估机制的概述——基本概念、内容、方法演变以及对中国的启示 [J]. 国际城市规划，2011(6):6.

【161】 吴江，王选华．西方规划评估：理论演化与方法借鉴 [J]. 城市规划，2013(1):7.

【162】 周姝天，翟国方，施益军．英国空间规划的指标监测框架与启示 [J]. 国际城市规划，2018, 33(5):6.

其他重要参考文献

【163】 BÖKEMANN D. THEORIE DER RAUMPLANUNG. Regionalwissenschaftliche Grundlagen für die Stadt-, Regional-und Landesplanung[M]. Walter de Gruyter GmbH & Co KG, 2015.

【164】 HOTZAN J. DTV-ATLAS STADT[J]. Von den ersten Gründungen bis zur modernen Stadtplanung. München: dtv-Verlag, 1994.

【165】 KAISER E J, GODSCHALK D R, CHAPIN F S. Urban land use planning[M]. Urbana: University of Illinois press, 1995.

【166】 Methoden und Instrumente räumlicher Planung /. Akademie für Raumforschung und Landesplanung. -. Hannover: ARL, 1998. ISBN 3-88838-525-3. Best.-Nr. 525.

【167】 都市计画教育研究会．都市计画教科 [M]. 彰国社，1987.

【168】 渡部与四郎．都市计画 · 地域计画 [M]. 技报堂出版，1973.

【169】 菲利普 · 伯克．城市土地使用规划 [M]. 吴志强译制组．北京：中国建筑工业出版社，2009.

【170】 改订农村计画学编集委员会，高桥强．农村计画学 [M].2003.

【171】 吴志强，李德华．城市规划原理 [M]. 第 4 版．北京：中国建筑工业出版社，2010.